A. AUPETIT, L. BROCARD, J. ARMAGNAC
G. DELAMOTTE, G. AUBERT

❧ ❧

Les
Grands Marchés
financiers

FRANCE (Paris et Province) — LONDRES
BERLIN — NEW-YORK

❧

LIBRAIRIE FÉLIX ALCAN

Les
Grands Marchés
financiers

LIBRAIRIE FÉLIX ALCAN

A. AUPETIT, L. BROCARD, J. ARMAGNAC

G. DELAMOTTE, G. AUBERT

❦ ❦

Les
Grands Marchés
financiers

FRANCE (Paris et Province), LONDRES
BERLIN, NEW-YORK

---

*Conférences organisées à la Société des élèves et anciens élèves
de l'École libre des Sciences politiques.*

ET PRÉSIDÉES PAR

MM. P. DESCHANEL, J. BUFFET, P. CAMBON, P. BEAUREGARD

RAPHAEL-GEORGES LÉVY

LIBRAIRIE FÉLIX ALCAN
108, BOULEVARD SAINT-GERMAIN, PARIS

—

1912

LES

GRANDS MARCHÉS
FINANCIERS

*Ces pages, que publie la Société des Elèves
et Anciens Elèves de l'Ecole des Sciences Politiques, reproduisent les conférences organisées
cette année par sa section de Finances et de
Législation. C'est la continuation de l'œuvre
commencée en 1908 par l'étude des « Forces
productives de la France » et poursuivie en
1910 par l'examen de « La politique budgétaire en Europe ».*

*Nous avions trouvé, il y a quatre ans, un
véritable intérêt à étudier quelques-unes des
questions les plus actuelles de la production
nationale, soit dans le domaine de l'agriculture, soit dans celui de l'industrie, de la
marine marchande, du commerce d'exportation ou des colonies* [1].

1. *Les Forces productives de la France.* Préface. Félix Alcan, édit.
1908.

Après cet « examen intérieur », nous avons cru utile « d'étudier la force financière des États, aussi importante que la force militaire, car négliger l'une peut avoir des conséquences aussi funestes que de ne pas tenir compte de l'autre[1] ». D'où une série d'études sur les budgets de l'Allemagne, de la Grande-Bretagne, de l'Empire ottoman, de la Russie, et sur la comparaison du budget français avec ceux-ci.

Il convenait cette année d'examiner la situation des grands marchés financiers en France, en Allemagne, en Grande-Bretagne et en Amérique ; car la force financière d'un État, au point de vue politique comme au point de vue économique, ne dépend pas seulement de ses ressources budgétaires, mais aussi des qualités de son marché et, par suite de la solidarité financière internationale, celui-ci doit nécessairement être comparé aux marchés étrangers. Au point de vue privé d'autre part, la diffusion incessante des valeurs mobilières accroît chaque jour le nombre des personnes qui, pour leurs affaires, ont besoin de connaître l'organisation des Bourses de valeurs. Telles sont les principales raisons qui ont

---

1. *La Politique budgétaire en Europe. Les tendances actuelles.* Préace. Félix Alcan, éditeur. 1910.

déterminé le choix des sujets traités au cours des conférences groupées en ce volume. Pour les écouter, de hautes personnalités de la diplomatie, de la politique, de l'armée, de savants économistes et financiers, invités par notre Conseil, sont venus en grand nombre, avec les membres de la Société, s'asseoir dans l'amphithéâtre de la rue Saint-Guillaume. Le succès obtenu par ces réunions tient surtout au talent des éminents orateurs qui nous ont apporté le fruit de leur expérience et de leurs études.

Nous sommes heureux de pouvoir les remercier ici d'avoir bien voulu répondre à l'appel de notre président, M. Paul Deschanel, et nous ne doutons pas que leur œuvre soit accueillie avec la plus vive satisfaction par les lecteurs amis de la science financière.

1er Juin 1912.

INTRODUCTION

DISCOURS

DE

M. Raphael-Georges Lévy

Professeur à l'École libre des Sciences politiques.

I

Messieurs[1],

L'École des sciences politiques a pour habitude
d'ouvrir chaque hiver, pendant quelques soirées,
ses portes à ce que j'appellerai le public de ses
amis. Ceux qui montent alors en chaire n'ont
plus seulement en face d'eux des élèves, attentifs
à suivre les leçons de leurs professeurs, mais des
hommes et des femmes distingués qui s'intéressent aux mouvements de l'esprit public, et qui,
sachant le soin que les maîtres de la rue Saint-
Guillaume apportent à la formation de l'esprit
de leurs disciples, aiment à venir se rendre
compte par eux-mêmes de quelques-unes des
idées maîtresses de l'enseignement qui s'y donne.
C'est une sorte d'extension universitaire à
rebours, s'il est permis de s'exprimer ainsi. Les
prolongements des grands centres d'instruction
anglais et américains ont porté aux masses popu-
laires, dans les quartiers ouvriers des villes, les
bienfaits d'une culture supérieure : les savants et

1. Allocution prononcée par M. Raphaël-Georges Lévy le 19 janvier 1912.

les lettrés sont descendus au milieu des masses de travailleurs voués au dur labeur quotidien, et leur ont appris quelque chose de ce qui occupe les méditations de leur propre vie. Ici, nous nous adressons à un auditoire d'élite, composé de personnages qui tiennent une place éminente parmi leurs compatriotes et qui, dans tous les ordres de la pensée ou de l'action, ont rendu et rendent chaque jour des services à leur pays. Beaucoup d'entre eux pourraient utilement prendre la parole dans cette enceinte et nous faire profiter de leur expérience des choses et des hommes, au lieu de nous écouter. Nous ne leur en sommes que plus reconnaissants de vouloir bien assister à nos réunions et d'en rehausser l'éclat par leur présence.

Nous inaugurons ce soir la sixième session des conférences, organisées alternativement par la section diplomatique et par la section économique et financière de la Société des Anciens Elèves et Elèves de notre école. La première série, en 1907, a été consacrée à la politique étrangère en Europe ; la seconde, en 1908, à l'étude des forces productives de la France; la troisième, en 1909, nous a fait passer en Asie : ce continent a fourni le thème d'exposés politiques, dont le souvenir est encore présent à toutes les mémoires et qui trouvent dans les événements, dont la Chine est en ce moment le théâtre, un regain d'actualité. En 1910, revenus aux finances, nous avons examiné celles d'un certain nombre de grands États, l'Angleterre, l'Allemagne, la Turquie, la Russie ; nous avons comparé leurs budgets avec le nôtre et essayé d'en tirer d'utiles leçons. L'année dernière, c'est l'Amérique du Nord qui nous a occupés : d'éloquents orateurs nous ont parlé du Canada et de l'impérialisme britannique ; du Mexique et de son développement économique. Ils nous ont montré comment les États-Unis concevaient leur rôle mondial et quelle action ils se proposaient d'exercer sur les mers après l'ouverture du canal de Panama. L'interprétation de la fameuse doctrine de Monroë nous a appris que, si les Américains du Nord entendent écarter toute intervention étrangère, ils ne se désintéressent nullement de ce qui se passe dans le reste du monde.

A la fin de chaque session, les conférences ont été réunies en un volume qui donne au lecteur l'occasion de repasser les sujets traités. Dans une préface, l'un des présidents s'est efforcé, en résumant l'œuvre de ses collaborateurs, de présenter les idées générales qui se dégagent de l'ensemble des exposés. Ces publications ont été très goûtées ; elles ont reçu du public un accueil qui a dépassé nos espérances et qui nous a singulièrement encouragés à persévérer dans la voie inaugurée il y a six ans. Ces petits livres, qui ont par milliers trouvé leur chemin dans mainte bibliothèque en France et à l'étranger, sont comme une émanation de l'École des Sciences politiques : celle-ci tient à honneur de conserver le contact avec les destinées des principales nations de la terre. Elle pourrait s'appliquer à juste titre la belle devise

humani nihil a me alienum puto,

soucieuse qu'elle est de suivre partout l'évolution de la pensée des peuples, source des grands événements dont la trame de l'histoire est faite. Mobiles et passions politiques d'un côté, ressorts économiques et financiers de l'autre, n'est-ce pas là le tout des communautés humaines ? et, lorsque nous aurons achevé de parcourir le cycle dont nous avons tracé à l'avance la direction générale, n'aurons-nous pas esquissé une sorte de tableau de la vie publique à la surface du globe et formé comme une petite encyclopédie à l'usage des futurs hommes d'État, nombreux parmi ceux qui viennent s'asseoir sur les bancs de l'amphithéâtre la rue Saint-Guillaume ?

II

Le sujet choisi cette année, pour la série de nos conférences, est celui des grands marchés financiers. Il appartient au président de la première d'entre elles d'expliquer le motif qui nous a fait nous arrêter à ce thème et l'opportunité toute spéciale qui nous l'a en quelque sorte imposé. Point n'est besoin d'évoquer le souvenir, encore vivant et vibrant, de ce que furent les mois d'été et d'automne en 1911. Les négociations engagées, les incidents diplomatiques et autres, les discussions dans la presse et ailleurs, tenaient le pays en haleine. Chacun de nous ouvrait le matin son journal avec anxiété, se demandant quels avaient été les événements de la veille et ceux qu'il fallait prévoir pour le lendemain. Chacun aussi, après avoir pris connaissance des dépêches politiques, jetait un coup d'œil sur le compte rendu des diverses bourses du monde et examinait les cours des fonds d'État et des autres valeurs qui s'y négocient, pensant y trouver quelque indice sûr de la situation générale et de la façon dont elle était envisagée dans les principaux pays. Ce simple fait indique l'importance prise dans la vie moderne par ces marchés financiers, que l'on désigne communément du nom de bourses ; il s'y échange des valeurs mobilières, c'est-à-dire des fonds d'État, des obligations et des actions de sociétés industrielles, de banques, d'entreprises de toute sorte. Il s'y échange aussi des capitaux mobiliers, sous leur forme la plus liquide, c'est-à-dire du numéraire, des espèces monnayées, des billets de banque, des lettres de change, des chèques, des mandats, des virements en compte courant, qui se transmettent par la poste, le télégraphe, les câbles sous-marins. Ces transactions donnent lieu à des opérations multiples, qui portent sur des milliards de francs et qui s'accomplissent à l'intérieur des frontières de chaque pays, d'un pays à l'autre et d'un continent à l'autre, à travers les océans. Nous donnerons une idée de leur importance en rappelant qu'à la bourse de New-York il n'est pas rare de voir, en une journée, s'échanger plus d'un million de titres : en supposant la valeur moyenne de chacun d'eux égale à 100 dollars ou 520 francs, on voit que, pour une seule place, le mouvement d'affaires dépasse souvent 500 millions de francs.

Il n'est pas besoin d'autre justification à notre programme de 1912. Avant d'entrer dans quelques détails à son égard, il nous paraît utile de préciser la nature des titres qui forment l'objet des transactions quotidiennes dont nous avons fait pressentir l'ampleur, et dont les cotes enregistrent les fluctuations parfois violentes, presque toujours significatives. Ces valeurs mobilières, pour employer l'expression la plus communément adoptée afin d'en désigner l'ensemble, se divisent en deux catégories distinctes, les obligations et les actions. Les premières, à leur tour, comprennent les promesses de payer qui émanent des Trésors publics et celles qui sont créées par des sociétés ou des particuliers. Les fonds d'État constituent une des parties les plus importantes de la masse des valeurs. Les dettes publiques sont en augmentation constante : elles représentaient, au 31 décembre 1910, une part importante des 800 milliards de francs, total des valeurs mobilières à cette date. Dans la plupart des budgets modernes, on les voit augmenter régulièrement. Des exemples comme ceux de l'Angleterre, qui lutte sans trêve pour réduire le capital de cette charge, sont rarement suivis : il n'est guère d'autre grande nation qui puisse se vanter d'avoir en 1912 une dette moins considérable en capital qu'en 1816, et dont le service d'intérêt lui coûte la moitié de la somme qu'elle exigeait il y a un siècle. La première affirmation de son indépendance que fait un État moderne est d'emprunter, et encore avons-nous vu souvent des principautés, non encore affranchies des liens de vassalité qui les attachaient à une puissance suzeraine, émettre des titres de rente sur les marchés qui voulaient bien accueillir leurs demandes de fonds.

Ce n'est pas seulement la guerre qui amène la création de ces dettes publiques, dont les taux varient depuis les 8 p. 100 que la Chine payait il n'y a pas bien longtemps à ses créanciers jusqu'au 2 1/2 anglais et au 2 p. 100 américain. Les travaux publics de toute sorte, les monopoles et les exploitations d'Etat, qui jouent un si grand rôle dans la vie de beaucoup de nations modernes, les lois dites sociales, provoquent des emprunts considérables. La tendance dangereuse des gouvernements, qui accaparent un nombre de plus en plus grand d'industries, à commencer par celle des chemins de fer, est une cause permanente d'accroissement ininterrompu des dettes publiques. C'est ainsi que les œuvres de la paix concourent avec celles de la guerre à aggraver la charge qui pèse de plus en plus lourdement sur les épaules des contribuables.

L'étude des fonds d'Etat, de leur naissance, de leur vie, de leur transformation par voie de conversion, de leur disparition, est une des plus instructives de la statistique financière. Elle est utile à un triple point de vue : elle donne une idée du développement de l'économie nationale, elle mesure le crédit par la cote accordée aux diverses émissions, elle permet enfin de juger, d'après leur marche, la façon dont les finances d'un pays sont dirigées : quand on voit les Etats-Unis amortir, en moins d'une génération, presque la totalité de la dette contractée par eux lors de la guerre de sécession, on conçoit quelle force pour l'avenir recèle un budget ainsi dégagé. On aura une idée moins avantageuse des finances de l'Empire allemand, après avoir constaté qu'en pleine paix, depuis sa fondation jusqu'à nos jours, il s'est endetté de près de 5 milliards de marks, soit plus de 6 milliards de francs.

Les valeurs autres que les fonds d'Etat comprennent des obligations et des actions. Les

premières constituent l'un des objets favoris de
l'épargne et ne sont pas en général soumises à
des fluctuations bien étendues ; elles entrent dans
les portefeuilles des capitalistes au moment de·
leur émission et ne voient leurs cours se modifier d'une façon notable que sous l'empire de deux
facteurs principaux : un changement profond
dans la situation de la société débitrice, qui
éprouverait des difficultés à assurer le service de
ces titres — ou bien une modification dans l'allure générale du loyer des capitaux, un renchérissement de l'argent par exemple, qui ferait
baisser le niveau de toutes les valeurs, parce que
le public ne se contenterait plus des mêmes taux
d'intérêt.

Les actions sont sujettes à des oscillations de
cours plus fréquentes et bien plus amples que les
obligations. Ici en effet, ce qui est promis aux
possesseurs des titres, ce n'est pas un revenu fixe,
mais une partie aliquote des bénéfices de l'entreprise : dès lors, c'est une quantité variable, susceptible de modifications profondes et fréquentes.
On peut diviser les actions en trois grandes
catégories : chemins de fer, banques, entreprises
diverses. Chez les nations dont les voies ferrées
ne sont pas exploitées par l'Etat, les actions des
compagnies qui les possèdent et les exploitent, ou
se bornent à les exploiter, jouent un rôle considérable dans le mouvement des valeurs mobilières. Aux Etats-Unis, ce rôle est prépondérant :

il s'explique par les dimensions d'un réseau qui atteint 400.000 kilomètres et par la part qu'il a prise dans le développement du pays, dû avant tout aux communications que le rail a établies entre les divers points d'un immense et fertile territoire. Nul ne s'étonnera que les fluctuations de la cote de ces titres à New-York soient l'indice le plus sûr de l'état du marché et que les échanges quotidiens qui portent sur eux surpassent de beaucoup, par le nombre des titres et l'importance des sommes, ceux des autres valeurs. Le chiffre de leurs recettes est la traduction la plus fidèle de l'activité économique des Etats-Unis : il n'est guère d'industrie ni d'exploitation agricole qui n'ait recours à eux.

Les actions des grandes banques d'émission, des banques de dépôt, des banques d'affaires, des banques hypothécaires, représentent, elles aussi, une fraction notable des valeurs qui se négocient sur les grands marchés financiers. Pour beaucoup d'entre elles, les dividendes vont en croissant, parce que des administrations prudentes s'efforcent de constituer, dans les premières années, des fonds de réserve importants qui grossissent peu à peu le capital et permettent ultérieurement d'améliorer le revenu des actionnaires. Pour celles d'entre elles qui reçoivent une concession de l'Etat, les exigences du fisc diminuent souvent la part de revenu réservée aux propriétaires du capital et augmentent celle du Trésor. La convention intervenue tout récemment entre l'Etat et la Banque de France et approuvée par la loi du 30 décembre 1911 en est une nouvelle preuve.

Les actions industrielles proprement dites, celles des usines métallurgiques, des fabriques, des manufactures, des entreprises de transports autres que les chemins de fer, de sociétés de toute nature, forment la troisième catégorie. Elles présentent en général les mouvements les plus amples et les plus fréquents, parce qu'il est de la nature de la plupart des industries de passer par des alternatives d'activité et de ralentissement, de prospérité et de chômage. Dès lors, il est naturel que les résultats s'en ressentent et que les dividendes augmentent ou diminuent selon ce que les Allemands appellent la « conjoncture ». Toufefois, ici comme pour les banques, des administrateurs prudents cherchent à accumuler des réserves de façon à égaliser les revenus : la cote nous fournit de nombreux exemples de ces actions dont le dividende a presque la fixité de celui d'une obligation ou qui ne se modifie que dans le sens de l'augmentation.

Voilà une esquisse de ce que l'on appelle communément les valeurs mobilières, formant l'objet des échanges quotidiens dont les marchés financiers sont le théâtre. L'énormité de ce capital, qui dépasse 800 milliards de francs, et la nature des créances ou des entreprises que représentent les

titres expliquent leur importance dans la vie économique. Nous ajouterons qu'une part considérable d'entre eux, en dépit de leur nom, correspond
non pas à des objets mobiliers, mais à des propriétés immobilières. Il est inutile de le démontrer
pour les actions et les obligations de crédits fon-
ciers, de mines, de carrières. Dans combien d'affaires les immeubles ne forment-ils pas une partie
de l'actif social ! Il faut se garder de croire que
le monde moderne ait donné à la propriété mobilière une prépondérance excessive par rapport à
la propriété foncière. Il a, dans une certaine
mesure, mobilisé celle-ci : mais le fond n'en reste
pas moins ce qu'il était. Il ne faut jamais perdre
de vue cette considération essentielle, ni se
laisser éblouir par les chiffres vertigineux des
valeurs inscrites aux cotes des différentes bourses:
la propriété du sol, du sous-sol, des constructions
et des travaux de toute nature édifiés sur la terre,
reste le fondement de la richesse. La théorie des
physiocrates n'est pas démentie par les développements du monde moderne ; ce n'est pas parce
qu'une société par actions se constitue afin d'acquérir la propriété d'un immeuble que la nature
de celui-ci se modifie. Cette propriété ainsi fractionnée pourra se transmettre plus aisément ;
mais elle ne deviendra pas pour cela analogue à
celle d'une créance ou d'un objet mobilier, au
sens propre du terme.

III.

Nous vous parlerons cette année des marchés financiers français, américains, anglais et allemands.

Pour la France, on séparera Paris et la province : le premier est assez important pour justifier la séance qui lui sera consacrée ; d'autre part, certains marchés de province ont pris dans les derniers temps un essor assez considérable pour qu'il soit bon de les étudier en détail et de montrer leurs progrès. On connaît en particulier le merveilleux développement de la région lorraine, dû à la mise en valeur des gisements de fer du bassin de Briey, qui produira bientôt 20 millions de tonnes de minerai par an et dont l'exploitation est une source d'activité pour les banques et les marchés locaux. Le choix des trois pays étrangers auxquels nos études ont été consacrées s'explique aisément : New-York, Berlin et Londres sont, avec Paris, les centres de la vie financière universelle et se présentent à nous sous des traits qui la caractérisent d'une façon bien distincte.

New-York est le théâtre d'une spéculation intense, que les valeurs indigènes suffisent à alimenter ; Berlin est surtout occupé par ses actions industrielles ; Londres est la place sur laquelle se négocie la plus grande variété de titres de diverses sortes ; c'est elle qui jadis tenait le premier rang entre toutes pour le département étranger. De même que l'industrie anglaise, durant le second tiers du XIXe siècle, avait à peu près le monopole de l'exportation des tissus et des produits métallurgiques, de même la Cité de Londres était le grand réservoir de capitaux auquel s'adressaient les pays désireux d'emprunter. Paris lui a quelque peu succédé dans ce rôle, mais les portefeuilles britanniques contiennent encore une bien plus grande quantité de titres étrangers que les nôtres, puisqu'on évalue à près de 100 milliards de francs le total des placements de cette nature faits par nos voisins insulaires[1]. La possession d'une énorme quantité de valeurs mobilières, dont les coupons viennent tous les ans grossir le revenu des Anglais, est presque une nécessité pour eux : comme ils importent beaucoup plus de marchandises qu'ils n'en exportent, et qu'en particulier ils tirent du dehors la majeure partie des céréales qu'ils consomment, ils ne peuvent continuer à vivre de cette façon que si la rente de leurs capitaux placés au dehors équilibre les dépenses qu'ils ont à faire régulièrement hors de leurs frontières.

L'Allemagne s'est transformée depuis un demi-siècle. Elle était jadis un pays agricole, qui

1. Voir la Revue des Questions diplomatiques et coloniales du 1er mai 1911 : *Les capitaux anglais à l'étranger*, par Raphaël-Georges Lévy.

exportait même des grains. Depuis que sa population a augmenté de 60 pour 100 en quarante ans, elle ne peut plus la nourrir avec les seuls produits de son territoire ; elle importe donc, comme l'Angleterre, des céréales, mais en quantité bien moindre. Elle a développé, avec une rapidité extrême, ses exportations d'objets fabriqués, de façon à se procurer, par les bénéfices de son industrie et de son commerce, l'excédent de ressources dont elle a besoin pour acquitter ses achats au dehors. La fortune de ses habitants se compose en partie de valeurs étrangères ; mais ces placements ne représentent qu'une fraction des emplois analogues faits par la France et l'Angleterre. D'ailleurs, la législation boursière que le Parlement a votée sous l'influence des agrariens a diminué beaucoup l'importance de Berlin comme marché international de valeurs mobilières. D'autre part, les taux d'intérêt élevés, qui, depuis le commencement du XX° siècle, ont persisté en Allemagne, ont beaucoup diminué l'intensité du courant qui, à une autre époque, y portait les banques et les particuliers vers les placements étrangers. Ces deux causes agissant simultanément ont ramené de plus en plus l'attention des bourses de Berlin et de Francfort vers les valeurs locales, en particulier vers les actions et obligations industrielles.

Le caractère distinctif des pays qui vont être passés en revue sera mis en lumière dans le chapitre qui est consacré à chacun d'eux. Il n'est pas moins intéressant de rechercher les rapports qui les unissent et l'action réciproque qu'ils exercent les uns sur les autres. Pour cela, il est nécessaire de rappeler que ce ne sont pas seulement les valeurs mobilières proprement dites, c'est-à-dire les rentes, les actions et les obligations, qui s'échangent à la Bourse, mais aussi les capitaux encore non placés, les capitaux flottants, représentés par le numéraire, les billets, les crédits de banque.

La question des marchés financiers a pris une importance de plus en plus grande, à mesure que, de nationaux, ils sont devenus internationaux. Elle est aujourd'hui politique, sans cesser d'être économique : elle a mêlé davantage les nations en intéressant plus particulièrement certaines d'entre elles à la prospérité des autres. Elle a mis en présence les communautés riches et celles qui le sont moins. Mais encore faut-il prendre garde que c'est surtout l'abondance des capitaux disponibles, qui fait, dans le cas qui nous occupe, la différence entre les peuples. Car certains d'entre eux peuvent avoir une richesse agricole ou industrielle considérable, et cependant ne pas posséder de réserves disponibles qui permettent les placements en valeurs mobilières, et surtout en valeurs étrangères.

Les États-Unis, qui ont une fortune évaluée à près de 600 milliards de francs, n'ont pour ainsi dire pas de marché de titres étrangers chez eux, tandis que la France, dont la fortune n'atteint pas à la moitié de celle de l'Amérique, en a un très développé. C'est en partie à ses habitudes d'épargne qu'elle doit d'avoir ainsi chaque année un gros excédent de capital à placer. Elle en consacre une partie à l'achat de valeurs étrangères et se constitue ainsi une réserve qui lui donne une force singulière sur le marché international des capitaux.

C'est précisément au point de vue de leur pénétration réciproque, que l'étude des divers marchés est la plus intéressante. La facilité et la rapidité des communications de toute nature qui relient aujourd'hui les pays les uns aux autres par delà les océans, à travers les déserts, par-dessus les chaînes de montagnes jadis considérées comme presque infranchissables, ou au moyen de tunnels de plusieurs kilomètres de long, rendent chaque place financière de plus en plus sensible aux événements qui se passent sur les autres. Le contre-coup d'une crise éclatant en Amérique ne laissera pas les marchés européens indifférents ; une panique à Shanghaï aura sa répercussion à Londres ; lorsqu'en 1893 les banques australiennes furent toutes ébranlées et que plusieurs d'entre elles sombrèrent, la Cité subit le choc en retour ; les affaires s'en ressentirent à *Lombard Street* et *Capel Court* [1]. Il con-

1. Noms sous lesquels on désigne les marchés de l'escompte et des valeurs à Londres.

vient d'analyser la mesure dans laquelle ces effets se font sentir. En ce qui concerne les valeurs cotées sur plusieurs places, la solidarité des mouvements s'explique d'elle-même : si les consolidés britanniques baissent en Angleterre, ils suivent à Paris une marche analogue : alors même que les capitalistes français ne conformeraient pas immédiatement leurs opérations à celles des rentiers anglais, des banquiers avisés, qui se tiennent constamment au courant des moindres fluctuations se produisant sur les divers points du globe, viendraient offrir à Paris des titres achetés à un prix plus bas à Londres ; ils profiteraient d'un écart de cote qui, sous le poids de ces offres, ne tarderait pas à disparaître. Ces opérations d'arbitrage ont lieu d'une façon régulière : grâce au télégraphe et au téléphone, elles se concluent avec une rapidité telle que les nivellements de cours sont pour ainsi dire instantanés.

Les valeurs mobilières cotées sur plusieurs places sont en minorité ; le plus grand nombre d'entre elles ne sortent pas des limites du territoire national : mais celles-ci ne sont pas entièrement soustraites aux influences du dehors, non pas que des offres ou des demandes directes se produisent du chef de l'étranger, mais parce qu'elles sont soumises à ce que nous appellerons l'ambiance du marché monétaire. En effet, en dehors des rapports qui se sont établis entre les marchés par suite de l'existence de ces valeurs internationales, de ces fonds publics ou de ces titres de sociétés qui se négocient en plusieurs endroits, il en est d'autres qui sont plus réguliers, plus généraux, plus persistants : nous voulons parler de ceux qui naissent de la circulation universelle de la monnaie. Celle-ci en effet apparaît de plus en plus aux yeux du monde avec son caractère véritable, celui d'espèces métalliques, indépendant de l'empreinte dont elles sont revêtues ; l'or est seul étalon chez la plupart des nations civilisées ; chez toutes il a force libératoire, et dès lors il va et vient avec la plus grande facilité, véhicule des capitaux qui tour à tour émigrent et reviennent à leur point de départ. Par monnaie, il ne faut pas entendre seulement ici les disques frappés par les différents gouvernements, mais tous les signes fiduciaires qui donnent à leurs possesseurs le droit immédiat de les échanger à vue contre du numéraire, ou leur confèrent un pouvoir d'achat égal, tels que les billets, les chèques, les crédits de banque.

Les facilités de communication, grâce auxquelles les valeurs mobilières se transportent aisément d'une ville à une autre, sont bien autrement efficaces lorsqu'il s'agit de faire voyager la monnaie, ou, pour employer l'expression dont on se sert souvent, l'argent. L'organisation perfectionnée des banques modernes, la sûreté des rapports qui existent entre les établissements de pays étrangers et éloignés, font que, sur un simple ordre télégraphique, des millions de francs passent d'un compte à un autre et que les capitaux se meuvent ainsi avec une rapidité égale à celle du fluide électrique. Ces capitaux sont en général attirés par un taux d'intérêt supérieur à celui qui se pratique dans le pays d'origine et s'emploient alors à escompter des lettres de change ou à faire des avances sur titres : ce sont là des emplois temporaires, qui ne persistent qu'aussi longtemps que l'écart entre le loyer de l'argent sur les deux places se maintient, ou que d'autres causes ne décident pas les prêteurs à rapatrier les sommes exportées par eux. Des raisons politiques par exemple peuvent déterminer ce retrait. Ainsi au cours de l'été 1911, les établissements français qui avaient fait passer en Allemagne, depuis plusieurs années, des centaines de millions, les ramenèrent à Paris. Leur place a été prise en partie par des capitaux américains, que certaines banques de New-York ont mis temporairement à la disposition de leurs correspondants de Berlin. On voit que ces déplacements ont pour caractère spécifique de n'être que momentanés.

Il en est d'autres qui sont au contraire déterminés par des circonstances différentes et qui ont pour résultat de transférer définitivement des capitaux d'un pays ou d'un continent à un autre.

Tels sont les envois de fonds qu'expédient régulièrement à leurs familles restées dans leur pays
les ouvriers hongrois, italiens et grecs qui s'ex-
patrient chaque année en grand nombre pour
aller travailler dans les deux Amériques ou dans
d'autres contrées européennes. C'est un fait bien
connu que l'heureuse influence exercée sur le
change et même les finances des péninsules tran-
salpine et hellénique par les centaines de millions
qu'elles reçoivent de ce chef. Dans ce cas les marchés financiers ne sont plus par eux-mêmes le facteur déterminant du courant qui se produit : l'origine en remonte à des sources profondes, aux lois
qui président à la répartition de la population sur
le globe et qui poussent les hommes à chercher le
travail là où il est le mieux rémunéré. Ici encore
on touche du doigt et on saisit sur le vif la transformation prodigieuse accomplie dans les conditions d'existence de l'humanité par l'organisation
moderne des moyens de transport rapides et peu
coûteux. Si les émigrants n'avaient pas à leur
disposition les paquebots qui les mènent en une
semaine, moyennant une somme qui ne représente que quelques jours de leur salaire, de l'autre
côté de l'Océan, ils ne pourraient songer à aller
ainsi louer leurs bras pour une période qui parfois ne dépasse pas une saison.

En résumé, les trois ordres de causes qui déterminent les grands mouvements monétaires, sont
les placements permanents de capitaux en valeurs

étrangères, les emplois temporaires de capitaux flottants en escomptes et en avances hors de leur pays d'origine, et enfin les expéditions de fonds faites par des nationaux qui travaillent au loin et, ne consommant sur place qu'une partie de leur salaire, remettent l'excédent à la mère patrie. De ces trois causes, la première agit directement et immédiatement sur le cours des valeurs et en particulier des fonds d'État. Les deux autres exercent une influence indirecte, puisque la cote varie selon l'abondance ou la rareté des disponibilités.

IV

Ces diverses considérations suffisent à démontrer l'intérêt des études qui vont se poursuivre au cours des conférences de l'hiver 1912. Mais il convient en même temps d'en définir la portée. Si les mouvements de la Bourse ont de l'importance au point de vue de la vie économique des nations, elles n'en sont pas le facteur essentiel ; il faut se garder de l'erreur dans laquelle tombent beaucoup d'hommes qui, s'émouvant outre mesure de certaines baisses des fonds publics, veulent y voir immédiatement le symptôme d'une situation politique alarmante, ou inversement qui, dans une époque critique, se rassurent dès qu'ils voient les cours remonter. Il y a certainement une corrélation entre l'état du crédit et celui de l'horizon diplomatique ; mais bien d'autres facteurs interviennent pour influencer la cote des valeurs. Il convient donc de n'en pas exagérer l'importance au point de vue politique. Il faut aussi éviter, à leur endroit, une erreur, dont les conséquences pourraient être bien autrement graves.

C'est un lieu commun que de répéter que l'argent est le nerf de la guerre, que les nations riches ont une grande supériorité sur celles qui le sont moins, que le sort même d'une campagne dépend des ressources financières des belligérants. Rien n'est plus dangereux que d'entretenir un peuple dans cette illusion. Certes, il n'est pas indifférent d'avoir des arsenaux bien garnis, un matériel en bon état, des munitions abondantes, un trésor de guerre qui permette de subvenir aux énormes dépenses de l'entrée en campagne et de la poursuite des hostilités. Mais toutes les grandes nations sont aujourd'hui à peu près également bien outillées à cet égard. Aucune d'entre elles ne serait arrêtée, au début, par des difficultés pécuniaires. Toutes ont assez de crédit pour emprunter des centaines de millions. La seule différence consisterait dans le taux d'intérêt à payer — et chacun sait que, lorsque l'existence nationale est en jeu, 1 ou 2 pour 100 de plus à promettre aux créanciers ne pèsent guère dans les résolutions à prendre.

Chassons donc une fois pour toutes de notre

esprit cette chimère qui consiste à croire que, parce qu'on est ou parce qu'on se croit le plus riche, on est le plus fort. Que l'on se souvienne de ce qui se répétait constamment, dans les premières années du siècle, à la veille de la lutte entre la Russie et le Japon. Les docteurs en politique se plaisaient à proclamer que ce dernier était bien trop pauvre pour lutter avec succès contre le colosse moscovite, appuyé sur l'argent français. Au bout de deux ans, le 4 pour 100 nippon était coté plus haut que le 4 pour 100 russe ; le ministre des finances de Tokio n'avait pas éprouvé plus de difficultés, au cours des hostilités, pour placer ses emprunts, que MM. Kokovtzef et Chipoff à Saint Pétersbourg. Faut-il rappeler ici les souvenirs de 1870 ? La différence entre les forces financières de la France et de la Prusse était alors bien plus grande qu'aujourd'hui. Elle n'a pas empêché la marche victorieuse des troupes allemandes sur notre sol. Bien plus : au bout de peu de mois, le gouvernement de la défense nationale, ayant besoin de se créer des ressources à l'étranger, dut émettre sur le marché de Londres des titres à 6 p. 100, qui sont restés connus dans l'histoire financière sous le nom d'obligations Morgan, d'après celui du banquier avec lequel l'emprunt a été contracté. Elles lui furent cédées à un prix tel que le taux réellement payé par le Trésor français, pour les 200 millions de francs environ qu'il reçut effectivement dépassait 7 p. 100 :

la souscription publique eut lieu au cours de
85 p. 100. A la même époque, la Prusse plaçait
ses rentes à un taux infiniment moins onéreux.
Il avait suffi de quelques victoires d'un côté, de
douloureuses défaites de l'autre, pour boule-
verser l'étiage du crédit. Si nous rappelons ces
tristes souvenirs, c'est pour montrer combien peuvent être rapides les modifications des cours des
fonds publics. Certes, les forces profondes du
pays ne sont pas atteintes aussi brusquement ;
elles existent encore et répondront aux appels
que leur adressera le gouvernement. Mais cet
instrument à la fois si délicat et si puissant qui
s'appelle le crédit marque, avec une violence
parfois excessive, la transformation qui s'opère
dans l'opinion des nationaux et des étrangers. Cette
transformation résulte peut-être moins encore des
conséquences immédiates des événements que
des craintes qu'inspire l'avenir. En face de la
défaite, chacun mesure les sommes qui vont être
nécessaires pour reconstituer tout ce que la guerre
détruit et parfois aussi pour payer la rançon du
désastre.

Sans mépriser la puissance de ce que nous
appellerons l'armement financier, nous persiste-
rons à penser qu'il ne représente que l'un des
éléments de la victoire et qu'à côté de lui il est
indispensable aux peuples jaloux de conserver
leur indépendance, d'avoir une armée puissante,
et, avant tout, des hommes vigoureux au moral

et au physique, prêts à se sacrifier à leur patrie et à combattre sans peur l'étranger qui les menacerait.

Nous ne songeons point, en présentant ces observations, à diminuer l'importance des éléments économiques dans l'ensemble de ceux qui constituent la puissance d'une nation ; nous désirons seulement rappeler qu'il convient de ne pas l'exagérer et surtout de ne pas perdre de vue les autres facteurs de la grandeur d'un peuple. C'est l'armement militaire, s'il est permis d'employer une pareille expression, qui est l'essentiel. Toutes les richesses du monde ne servent à rien si les mains qui en disposent ne savent pas tenir un fusil, si les hommes qui les possèdent ne sont pas pénétrés de la nécessité de songer à autre chose qu'à leur intérêt personnel immédiat et de faire dans leur vie une place aux préoccupations de la chose publique. Les études classiques, dont il a été si fort question dans les derniers temps et que des imprudents battent en brèche, nous ont appris que, chez le peuple romain, à de certaines époques, l'idée de patrie primait toutes les autres : elle imposait aux particuliers les sacrifices les plus complets, qui allaient jusqu'à l'immolation de l'individu et des sentiments de famille. Quand l'étude du latin n'aurait d'autre effet que de nous faire pénétrer dans la vie de communautés qui agissaient sous l'empire de mobiles aussi élevés, nous pensons qu'elle serait justifiée. En tout cas, il est essentiel que les considérations économiques ne dessèchent pas l'esprit des jeunes générations et ne les amènent pas à croire que toute la politique en ce monde dépend de la richesse. La fortune acquise, la grandeur de la production industrielle, l'intensité du mouvement commercial, sont des ressorts et des indices de la puissance d'une nation ; ce ne sont pas les seuls. C'est une vérité qu'il faut proclamer et qui doit nous servir à mettre à sa vraie place chacun des éléments que nous allons étudier.

I

LE MARCHÉ FINANCIER DE PARIS

CONFÉRENCE DE M. Albert AUPETIT

Chef de Service à la Banque de France.

DISCOURS DE M. Paul DESCHANEL

de l'Académie Française,
Président de la Chambre des Députés,
Président de la Société des élèves et anciens élèves
de l'École libre des Sciences Politiques.

Mesdames, Messieurs,
Mes chers Camarades [1],

Je suis bien heureux de me retrouver parmi
vous ; je serais plus heureux encore, si je voyais
à cette place celui qui devait ce soir présider
notre réunion, mon éminent ami Raymond Poin-
caré. (*Vifs applaudissements.*)

Nous devons nous consoler en pensant aux
services qu'il rend au pays et aux heureux débuts
qu'il vient de faire à la Présidence du Conseil
ainsi qu'au ministère des Affaires étrangères. Je
suis sûr d'être votre interprète en lui adressant,
avec nos regrets, nos vœux et nos espérances.
(*Applaudissements.*)

Avec plus d'autorité que personne, il vous eût
présenté le savant conférencier qui veut bien nous
apporter ce soir le fruit de ses travaux et de son
expérience. M. Albert Aupetit avait passé son
double doctorat en droit, il préparait ses examens
d'agrégation, lorsque l'occasion s'offrit à lui
d'entrer à la Banque de France. Il y fit une
carrière si rapide et si brillante, qu'il renonça
bientôt à l'enseignement ; il y est aujourd'hui,

1. Discours prononcé par M. Paul Deschanel le 2 février 1912.

vous le savez, Chef du Service Administratif et des Études Économiques. Il est plus compétent que qui que ce soit pour vous exposer l'organisation du marché financier de Paris, sous son triple aspect : marché de l'escompte, marché des placements de titres et marché de la négociation des titres.

Il vous dira les raisons pour lesquelles le marché de l'escompte à Paris est le premier du monde et quelle en est la qualité essentielle : l'élasticité, la souplesse.

En ce qui concerne le placement des titres, je ne sais quelles sont ses intentions, mais je souhaite qu'il nous donne quelques indications, quelques éléments pouvant servir de point de départ à une enquête devenue plus que jamais nécessaire, à mon sens, sur le placement des capitaux français à l'étranger. Il court là-dessus bien des légendes, qui inquiètent, qui alarment l'opinion publique ; je crois que le moment est venu de rejeter ce qu'il y a de faux et de retenir ce qu'il y a de vrai dans cette campagne afin de prendre les mesures nécessaires.

Enfin, en ce qui concerne le marché de la négociation des titres, il vous montrera l'organisation de la Bourse de Paris et le régime qui la régit, soit au point de vue législatif, soit au point de vue fiscal, il vous parlera des lois, pas toujours très heureuses à mon sens (je le dis tout bas), qui ont été votées et des travaux de la Commis-

sion extra-parlementaire qui a préparé de nouvelles mesures sur la matière.

J'ai hâte comme vous de l'entendre ; mais avant
· de lui donner la parole, vous me permettrez de
saluer les hôtes illustres que nous remercions de
tout cœur d'avoir bien voulu venir aujourd'hui au
milieu de cette jeunesse d'élite, d'abord l'illustre
Ambassadeur de la nation si chère à la nôtre, la
Russie, M. Iswolsky, dont la nomination comme
Ambassadeur à Paris a été au cœur de tous les
Français, et particulièrement de ceux que je vois
devant moi. (*Applaudissements.*)

Je m'en voudrais d'oublier M. le Général de
Lacroix et le Préfet de police M. Lépine (*Applaudissements.*)

Je donne la parole à M. Albert Aupetit. (*Applaudissements.*)

Mesdames, Messieurs [1],

Le très grand honneur qui m'est échu de vous entretenir du marché financier de Paris, m'a toujours paru accablant et si les insistances du Conseil de la Société des Anciens Élèves de cette grande Ecole Libre des Sciences Politiques ne m'avaient imposé le devoir de répondre à son appel trop flatteur, j'aurais vivement souhaité venir ce soir prendre place plus simplement parmi vous et y recueillir les enseignements singulièrement plus autorisés de quelqu'une de ces hautes personnalités dont la science et l'expérience sont précisément l'honneur et l'une des meilleures forces du marché de Paris.

Puisque, par une interversion des rôles dont je m'excuse, je me trouve occuper une tribune où nous aurions tous eu profit à voir monter plusieurs des auditeurs éminents que j'aperçois aux premiers rangs, permettez-moi de saluer leur présence et d'aborder sans plus tarder une tâche dont l'étendue me vaudra du moins votre très bienveillante indulgence. (*Applaudissements*).

1. Conférence faite par M. Albert Aupetit, le 2 février 1912.

Il serait en premier lieu bien difficile d'appliquer au marché de Paris quelque délimitation territoriale : il s'identifie à très peu près avec le marché financier français tout entier.

Dans l'ordre économique comme dans l'ordre politique, le progrès de tous les moyens de communication nous a conduits à un régime de centralisation qui assure au marché de Paris une prépondérance presque absolue sur les marchés provinciaux.

Il est permis, à certains égards, de le regretter et j'imagine que mon éminent ami Brocard, lorsqu'il viendra vous entretenir de ces derniers marchés, saura vous convaincre du très grand intérêt qui s'attacherait à voir réussir plus complètement encore les tentatives déjà faites pour doter certaines régions, d'une activité et d'un avenir industriel considérables, d'organes financiers plus spécialement adaptés à seconder leur développement.

Il n'en est pas moins vrai que Paris est devenu et demeure encore l'intermédiaire de presque toutes les transactions financières en France.

Les grandes banques parisiennes, avec leurs très nombreuses succursales, opèrent une telle concentration des capitaux, elles ont un rôle si prépondérant en matière de placements, qu'il n'est guère de région, — même parmi celles où subsistent des éléments de vie financière propre — qui n'en soit plus ou moins tributaire.

A l'exception de quelques bourses locales, notamment celles de Lille et de Lyon, où les valeurs régionales — charbonnages et industries du Nord et de la Loire — gardent un marché propre, la Bourse de Paris est pour la France entière le centre presque unique d'échange de titres où convergent, par de multiples intermédiaires, les ordres émanant de toute l'étendue du territoire.

La répartition de l'impôt de Bourse en 1908 s'effectuait dans la proportion de plus des 9/10 pour Paris et de moins de 1/10 pour tous les autres marchés réunis.

A défaut d'une délimitation territoriale, et puisqu'il nous faut envisager l'ensemble du marché financier français, il vous paraîtra au moins essentiel d'en préciser d'abord la nature et les divisions, à la lumière des principes magistralement posés par M. Raphaël-Georges Lévy, au début de votre première réunion.

Imaginons qu'il puisse être fait — comme on en a parfois tenté l'approximation — un inventaire des capitaux existant en France à un moment donné : terres, constructions, fonds d'exploitations, outillages de toute nature, meubles meublants, approvisionnements de marchandises et de numéraire métallique — tous les biens, en un mot, qui constituent le fonds de production et de jouissance de la nation.

Nous supposons cet inventaire d'abord fait en

considérant seulement la matérialité et la valeur des biens recensés, sans avoir égard à la personne qui les possède — et en y comprenant, d'ailleurs, indifféremment les biens des particuliers, ceux de l'Etat et de toutes autres personnes morales de droit public, civil ou commercial.

Si nous en venons ensuite à considérer le rapport de ces biens avec leur détenteur actuel, nous distinguons alors que si, pour un grand nombre de capitaux, le possesseur est, sans restriction, propriétaire de son patrimoine, — pour un très grand nombre d'autres la possession n'implique pas la même propriété absolue et discrétionnaire.

Ces derniers capitaux n'appartiennent au possesseur actuel qu'à titre en quelque sorte onéreux, sous réserve de certains droits appartenant à des tiers, détenteurs de titres de créance de nature et de forme d'ailleurs très diverses : créance du vendeur non payé, créance des prêteurs de toutes catégories, créance du rentier envers l'Etat, créance même de l'actionnaire à l'égard des sociétés, car, d'un point de vue exclusivement économique, on peut considérer le droit de l'actionnaire comme une simple créance sur un tantième déterminé de l'actif net de toute société anonyme.

Du même point de vue économique, nous n'avons pas à distinguer les créances qui bénéficient, à l'égard de tel ou tel élément du patrimoine grevé, d'un privilège ou d'un droit réel particulier ; avec ou sans spécification de gage, tout droit de créance nous apparaît en somme comme la représentation d'un capital transféré par son propriétaire à un autre possesseur, susceptible d'en faire usage sous des conditions déterminées de rémunération et de restitution.

On aperçoit ainsi comment les titres de créance se trouvent être un élément considérable des patrimoines individuels, sans qu'il y ait lieu d'en faire état dans un inventaire direct de la richesse publique, saisissant les capitaux eux-mêmes dans leur forme actuelle, qu'ils se trouvent libres de toute charge entre les mains de leur propriétaire ou qu'ils aient été transférés par celui-ci, demeuré détenteur d'un titre de créance représentatif.

Deux observations très importantes s'imposent toutefois : la première se réfère aux mouvements internationaux de capitaux qui modifient sensiblement notre point de vue.

Les créances correspondant à des capitaux transférés hors les frontières et dont le titre demeure aux mains de porteurs français constituent évidemment à la fois un élément de richesse individuelle et un élément de la richesse publique française, qu'un inventaire direct ne saisirait pas et dont il faut tenir compte.

Une correction inverse s'impose à l'égard des capitaux demeurés ou transférés en France bien que représentés par des titres de créance aux mains d'étrangers.

Seconde observation, non moins importante : si le développement à l'intérieur des frontières des mutations de capitaux et des titres de créance qui les représentent n'ajoute rien au total des capitaux à un moment donné, si ces titres disparaissent d'un inventaire en quelque sorte statique de la fortune nationale, — ils constituent au contraire, d'un point de vue dynamique, le plus puissant moyen d'accroissement de cette fortune.

Par ces transferts sous toutes leurs formes — dépôts en banque, escomptes commerciaux, prêts de toute nature aux individus, aux collectivités, à l'Etat, constitution surtout d'entreprises collectives — le capital est appliqué, au mieux de l'intérêt public, à l'œuvre de reproduction des richesses. D'oisif, il devient actif. Il se trouve mis aux mains les plus aptes à l'utiliser.

D'immenses entreprises interdites à l'effort individuel deviennent réalisables.

De là surtout l'essor prodigieux de la société anonyme, organe moderne de la production en grand qui déjà, comme on l'a dit, nous transporte, nous approvisionne, nous nourrit, nous habille, et qui, chaque jour, agrandit son domaine dans toutes les branches de la production.

Un inventaire général dressé en 1901, sur l'initiative et sous la direction de M. Fernand Faure, alors Directeur Général de l'Enregistrement, constatait l'existence en France de plus de 6.300 sociétés par actions dont le nombre s'accroît chaque année de plus d'un millier.

Et si à l'intérieur du pays les emplois nouveaux ne se trouvent ni assez larges, ni assez productifs pour retenir les nouveaux capitaux, ceux-ci franchissent les frontières, laissant aux mains de leurs propriétaires l'un de ces titres de créance dont nous parlions et qui en sont à la fois l'image fidèle et le gage de retour.

L'ensemble des organes par lesquels s'effectue le commerce de pareils titres sous toutes leurs formes constitue le marché financier.

Il est à remarquer en effet que si, au moment où naît un titre de créance, le capital lui-même se déplace tandis que le titre reste aux mains du propriétaire réel, — c'est, par la suite, le capital qui généralement demeure investi dans l'emploi productif qu'il a pu recevoir et c'est le titre à son tour qui circule, passe de main en main, transférant d'un propriétaire à un autre les marchandises, les mines, les usines...

« Le capital, comme on l'a dit, peut rester immobile, mais son image est sans cesse transportée d'un lieu dans un autre : c'est comme un jeu de miroir qui enverrait un reflet au bout du monde. La chose est dans un lieu, mais on en jouit partout. Qui en a le reflet la possède. »

Le marché financier assure précisément, et pour le définir d'un mot, la transmission et le commerce de ces *reflets*, je veux dire de ces titres de créance avec les droits qui s'y attachent, tandis que sur les marchés commerciaux s'échangent et se négocient les capitaux eux-mêmes dans leur forme et leur consistance matérielle.

Avant d'en marquer les divisions, il convient encore d'observer que tous les titres de créance ne sont pas également susceptibles d'une transmission facile et d'un commerce financier.

Aussi n'est-il pas de véritable marché pour ceux qui, par leur nature, ne peuvent être l'objet de mutations commodes et fréquentes de propriété.

Il en est ainsi en France à l'égard des titres de créances hypothécaires dont la création et la transmission gardent chez nous, par survivance juridique, une solennité qu'elles ont perdue dans un grand nombre de pays. Nous ne connaissons pas encore pour ces créances la forme aisément transmissible de la cédule hypothécaire ou de la lettre de gage susceptibles de cession et de circulation sans formalités. Il n'existe par suite de commerce des créances hypothécaires que pour celles qui ont pour gage le patrimoine immobilier d'une société et se trouvent en quelque sorte monnayées sous forme d'obligations. Toutes les autres échappent aux négociations du marché financier.

Il en est de même à l'égard des crédits de commandite industrielle ou commerciale consentis à des particuliers *intuitu personæ* et ne comportant ni par leur nature, ni par leur régime juridique, une substitution facile des prêteurs.

Seules les commandites par actions peuvent alimenter de titres transmissibles le marché financier : elles lui ont même fourni son plus large approvisionnement de titres industriels jusqu'en 1867, c'est-à-dire tant que la constitution des sociétés anonymes demeura subordonnée à l'autorisation restrictive du Gouvernement.

Une dernière réserve doit être faite en ce qui concerne d'une manière générale les prêts directs de particulier à particulier, effectués sans intermédiaire sous des formes excluant un véritable commerce du titre de créance.

A ces exceptions près, le marché financier français — envisagé dans toute son ampleur — s'étend aux négociations de toutes les autres formes des transferts de capitaux.

Pour en délimiter les provinces — appropriées chacune par l'évolution naturelle des faits et du droit au négoce d'une catégorie spéciale de titres de crédit — il suffit de caractériser d'un mot ces différentes catégories.

Des crédits à court terme, et le plus souvent à vue, naissent du simple dépôt en banque de l'excédent momentanément inemployé des capitaux et sont susceptibles de transferts par chèques ou virements ; d'autres crédits, de durée également limitée, résultent des rapports entre vendeurs et acheteurs de marchandises de toute nature et se matérialisent sous forme de lettres de change tirées par le vendeur sur l'acheteur, susceptibles d'une circulation illimitée par voie de simple endos intermédiaire.

Toutes les transactions relatives à ces crédits, dont les banques se trouvent l'organe principal sinon exclusif, constituent d'une manière générale le marché d'escompte, aussi souvent appelé marché monétaire, en raison du rôle intermédiaire particulièrement important qu'y joue l'instrument métallique des échanges.

Les titres de crédit à plus long terme, — rentes, actions, obligations, transmissibles par simple tradition sous la forme au porteur ou par inscription de transfert sous la forme nominative, — sont l'aliment d'un marché distinct ou plutôt de deux marchés ayant d'ailleurs entre eux d'étroites relations, l'un assurant l'émission première des titres, et l'autre leur circulation, leurs innombrables mutations ultérieures.

Le premier a encore les banques pour organe principal — banques spéciales ou banques mixtes d'escompte et de placement — car en France la spécialisation des banques de dépôts et d'escompte est loin d'être aussi nettement accusée qu'en Angleterre, et les mêmes établissements se trouvent jouer à la fois des rôles sensiblement distincts.

Le marché de circulation des titres enfin, celui sur lequel s'achètent et se vendent les titres antérieurement émis — marché bien spécial et quasi exclusif celui-là — c'est la Bourse avec son organisation complexe, ses intermédiaires officiels ou officieux, tout son régime, en France, si spécial et qui nous eût fourni matière suffisante à d'importants développements, s'il ne m'avait paru plus conforme aux vues synthétiques qui ont inspiré le programme de ces conférences d'envisager successivement les trois grandes divisions du marché financier de Paris, c'est-à-dire du marché français, qui toutes trois, par leur forte organisation, par les ressources dont elles disposent, par l'orientation donnée à leur activité, par l'importance du capital monétaire qui leur sert — comme nous le verrons en terminant — de commune garantie, concourent également à cette force incomparable, à ce prestige partout révéré de la puissance financière française qui ne dispense certes pas un pays, comme nous le disait naguère si justement M. Raphaël-Georges Lévy, de tout autre effort, mais qui, à l'heure de certaines délibérations redoutables, peut ajouter aux raisons hésitantes de sagesse, son poids décisif. (*Applaudissements.*)

I

Le mécanisme fondamental du marché d'escompte est en somme des plus simples.

Chaque banquier intermédiaire reçoit des particuliers, disposant momentanément d'un excédent de ressources, le dépôt temporaire de ces capitaux que les propriétaires gardent, d'ailleurs, la liberté de retirer, soit à terme fixe, soit moyennant un préavis, soit beaucoup plus souvent et dans la plus large mesure, simplement à vue, à première réquisition.

Dès que ces dépôts ont atteint une certaine importance, leur retrait simultané devient assez improbable pour que le banquier puisse se borner à en conserver libre une simple fraction, suffisante pour assurer les remboursements courants et qu'il acquière la possibilité de prêter lui-même le surplus, à termes d'ailleurs assez courts et combinés de telle manière que le jeu des remboursements et des prêts nouveaux maintienne en permanence les disponibilités pratiquement indispensables.

Tout le commerce de banque repose essentiellement sur ce calcul de probabilités.

Les emplois à court terme des dépôts en banque sont de natures diverses — ouvertures de crédits en compte courant, prêts sur titres, reports dont nous verrons l'importance à propos du fonctionnement de la Bourse — mais l'utilisation de beaucoup la plus considérable, celle qui offre les garanties les plus appréciées d'un remboursement exact et prochain et d'une large division des risques, c'est l'escompte d'effets de

commerce par lequel les banques achètent aux
vendeurs de toutes marchandises leurs créances
à quelques jours, quelques semaines ou quelques
mois d'échéance sur les acheteurs.

Ainsi se constitue, comme contre-partie principale des dépôts dont elles disposent, un portefeuille commercial des banques. Par leur intermédiaire, le capital momentanément libre se
trouve affecté aux besoins temporaires de crédit
commercial et industriel. Il permet à la production et à l'approvisionnement d'anticiper par de
nouveaux achats sur le règlement des précédents.
La différence entre l'intérêt servi aux dépôts,
généralement minime en raison de la faculté de
retrait à vue, et le prélèvement d'escompte,
variable suivant l'importance des remises et les
garanties offertes, pratiqué à l'égard des créa-
teurs ou endosseurs d'effets de commerce — cette
différence, dis-je, rémunère le travail d'appréciation et de discrimination des risques, le travail
non moins important d'aménagement de la trésorerie qui doit procurer en toutes circonstances la
rentrée des sommes nécessaires aux retraits de
dépôts, la garantie aussi assurée à ces dépôts par
le capital et les réserves des banques en dehors
des emplois auxquels ce capital et ces réserves
peuvent être directement affectés.

Je ne saurais omettre d'indiquer enfin le rôle
tout spécial, à la fois parallèle et complémentaire, des banques d'émission, — parallèle en ce

qu'elles reçoivent également des dépôts et pratiquent des escomptes directs soumis à certaines garanties spéciales, complémentaire en ce que l'émission des billets leur permet d'emprunter au public, dans des conditions et des limites déterminées, un capital qui assure aux banques particulières le moyen de réescompter périodiquement une partie plus ou moins considérable de leur portefeuille et d'en conformer ainsi beaucoup plus aisément l'importance aux besoins du commerce, aux retraits du public et, d'une manière générale, aux nécessités de leur trésorerie.

De cette organisation, dont en tous pays les éléments essentiels sont sensiblement comparables, quelle est, sur le marché français, la véritable caractéristique, l'originalité propre et la raison profonde de supériorité, pouvons-nous dire, puisqu'à maintes reprises, de toutes parts et même de ces États-Unis, dont vous entendiez l'autre jour un éloge d'ailleurs si justifié, on est venu naguère demander à la France des enseignements à cet égard ?

Cette caractéristique nationale — que nos conférences comparatives doivent évidemment surtout dégager — n'est certes pas le mouvement de centralisation qui depuis une trentaine d'années a, peu à peu, placé sous le contrôle des grands établissements de crédit parisiens des provinces sans cesse plus étendues du marché d'escompte français. Que n'a-t-on pas dit à ce sujet?

Nous avons entendu regretter avec grande éloquence les avantages du temps ancien où, dans sa ville natale le plus souvent, au milieu d'une clientèle de lui mieux connue, le banquier local exerçait une sorte de « magistrature commerciale », toute paternelle et, dans certains cas, plus généreuse.

La solidarité des intérêts, s'exerçant alors sous l'empire d'une sorte de protectionnisme local, au sein de chaque région, de chaque ville parfois, les industriels et commerçants recevaient en facilités plus grandes de crédit la récompense de l'économie de leurs concitoyens immédiats.

La confiance du banquier et ses ressources, moins sensibles aux crises qui, périodiquement, agitent les marchés centralisés, pouvaient demeurer plus fidèles, se proportionner plus aux qualités de l'homme qu'à la matérialité des transactions.

Au delà de l'escompte, de la mobilisation des créances pour marchandises vendues, le commerçant, l'industriel surtout, obtenaient plus facilement en compte courant à découvert ou suivant d'autres modalités, une assistance plus large et plus durable, éminemment favorable au maintien, sinon au développement de cette moyenne production, de ces innombrables entreprises de moindre envergure, dont l'existence en

France reste une particularité nationale du plus grand intérêt social sinon économique.

On a opposé à ce tableau — volontiers paré de tous les prestiges du passé — une situation nouvelle née du développement pris en France depuis une trentaine d'années par les grandes sociétés de crédit à multiples succursales — tout particulièrement le Crédit Lyonnais, le Comptoir National d'Escompte, la Société Générale.

Certes on ne nie pas qu'en ce qui concerne les opérations d'escompte commercial, ces grands établissements ont largement contribué à en unifier et à en abaisser sensiblement le taux dans l'intérêt général du commerce et de l'industrie.

On ne méconnaît généralement pas davantage que la concentration des dépôts recueillis sur toute l'étendue du territoire et leur répartition plus équitable entre les régions où se manifeste l'essor productif le plus intense constituent un progrès certain, les centres de plus large épargne n'étant pas toujours nécessairement ceux de plus grande activité économique.

Mais on a regretté pourtant avec quelque raison que ce grand mouvement de concentration ait eu pour conséquence de priver la banque locale d'une partie de ses moyens d'action et que, concurrencée partout pour ses opérations d'escompte à court terme qui présentent le moins de risques et permettaient de compenser l'aléa de crédits plus prolongés, cette banque locale se soit en maints endroits trouvée réduite à une liquidation volontaire ou forcée ou à une absorption par un rival auquel sa puissance même et l'étendue de son domaine imposeraient une uniformité de règles, une rigueur de principes incompatibles avec le crédit sur mesure, le crédit vraiment personnel, plus souple en ses modalités que l'escompte rigoureux de tirages commerciaux.

Quoi qu'il en soit, cette évolution est loin d'avoir été aussi complètement destructive des banques locales qu'on l'a parfois prétendu. Un très grand nombre de ces banques subsiste et prospère encore. D'importantes banques régionales ont même dû développer dans ces dernières années leurs moyens d'action propres par des augmentations de capital relativement très importantes et une voix autorisée a pu parler, récemment, du réveil de la banque locale.

N'y eût-il pas cette raison, que la concentration des dépôts et du marché d'escompte, sa centralisation à la fois absorbante et distributrice à Paris, ne sauraient encore caractériser le marché français, car le même phénomène se produit tout aussi intense, sous une forme presque identique, en Allemagne où les Unions de Banques ont peu à peu réalisé autour de quelques établissements directeurs le groupement d'un très grand nombre de banques d'escompte et d'affaires — en Angleterre également où quelques établissements à multiples sièges d'exploitation centralisent à Londres la direction des affaires de crédit commercial à court terme.

Le marché français d'escompte se caractériserait-il mieux par l'importance des capitaux dont il dispose?

Certes, ces capitaux sont considérables et augmentent très rapidement. Pour les cinq principales sociétés de crédit, les dépôts et comptes courants créditeurs ont plus que doublé au cours des dix dernières années. Ils ne dépassaient pas 2 milliards 171 millions en 1900; ils atteignaient, dès le début de 1911, près de 5 milliards de francs.

A quelle somme pourrait-on évaluer les fonds de même nature dont disposent les autres banques en société ou particulières? Il est assez imprudent — en raison de l'absence pour un grand nombre d'entre elles de bilans publiés — de hasarder un chiffre certain. Si l'on veut bien considérer cependant que le total des effets de commerce créés en France peut atteindre, d'après une inférence basée sur la statistique du timbre, près de 40 milliards de francs chaque année, et que, d'autre part, les sociétés de crédit dont nous avons totalisé les ressources à court terme accusent un ensemble d'opérations d'escompte de 20 milliards environ, on est amené à conclure qu'une somme égale trouve à s'escompter en dehors d'elles et qu'ainsi le montant des dépôts et comptes courants de toutes les autres banques, pourrait, sans exagération, être évalué à un total de 3 à 4 milliards.

Dans l'ensemble, le marché français d'escompte disposerait donc de 8 à 9 milliards, chiffre sans doute beaucoup plus important que celui qui vous était indiqué par le très distingué conférencier que vous entendiez ici il y a quinze jours, mais encore bien inférieur à ceux dont peuvent faire état d'autres grands marchés étrangers.

Je ne parle pas du chiffre de 50 milliards cité pour le marché américain : car je le crois sensiblement faussé par l'existence entre les banques de comptes réciproques et par une pratique de banque qui consiste à créditer les comptes courants de la totalité des ouvertures de crédits à eux consenties et à élever ainsi artificiellement le montant de ces comptes courants d'une somme qui ne représente pas pour les banques une disponibilité réelle.

Mais, en Europe même, la statistique des sociétés de crédit fait ressortir, pour l'Allemagne, un ensemble de comptes courants et de dépôts qui atteignait au début de 1911 près de 11 milliards et demi et pour l'Angleterre, un total de disponibilités de banque qui dépassait à la même date 22 milliards de francs.

Si le marché français d'escompte ne se distingue ni par son organisation, ni par l'importance de ses ressources, présenterait-il au moins quelque particularité éminente quant à la direction donnée à l'emploi de ces ressources ? Pas davantage.

A l'intérieur du pays, la préférence accordée par les plus grands établissements aux opérations d'escompte proprement dites et leur réserve à l'endroit des formes plus stables de crédit, — participations, comptes courants débiteurs — leur assurent, à n'en pas douter, une situation beaucoup moins périlleuse en cas de crise que celle des banques allemandes dont les embarras parfois graves sont la rançon d'immobilisations plus étendues.

Mais les « Joint Stock Banks » anglaises nous ont à cet égard précédés dans les voies de prudence et le plus éminent pionnier des établissements de crédit en France, M. Henri Germain, a maintes fois déclaré ne pas connaître de meilleur modèle pour une banque de dépôts.

Il est vrai que les établissements de crédit français et, autant qu'eux certainement, un grand nombre de banques spéciales et même de banques étrangères qui depuis une dizaine d'années ont pris domicile à Paris, utilisent au dehors de nos frontières l'excédent de nos disponibilités sur les besoins du commerce intérieur.

Les capitaux libres répondent par leur intermédiaire à l'appel d'une rémunération plus élevée sur les places étrangères et s'y emploient sous des formes diverses, particulièrement en escomptes temporaires, en pensions de lettres de change qui correspondent plutôt à des mobilisations de crédit qu'à de véritables recouvrements commerciaux.

Le marché de Paris a acquis à cet égard, surtout depuis une dizaine d'années, une situation incomparablement plus importante que par le passé ; mais il y aurait quelque exagération à ne pas reconnaître que celui de Londres reste encore, soit en raison du mouvement commercial anglais, soit en raison aussi d'un régime monétaire depuis longtemps et strictement monométallique, le centre principal des arbitrages de crédit.

Dans quelle mesure le marché français pratique-t-il actuellement ces emplois extérieurs de capitaux d'escompte ? Il nous serait tout à fait impossible de le préciser. Cependant il est à remarquer que bien des éléments influencent en des sens divers le montant de nos disponibilités sur les places étrangères.

La forme en quelque sorte brutale des mouvements de capitaux, c'est la remise métallique, l'envoi d'or presque toujours visible, parce qu'il a généralement pour condition un prélèvement direct ou indirect sur l'encaisse de la Banque de France.

Mais cette exportation réelle est assez rare en France et en tout cas temporaire. Cette année même, les bilans publiés, n'en révélant aucune qui fût comparable ni concomitante avec certaines indications données, ont pu calmer toute patriotique alarme.

La vérité est, au contraire, que, malgré de fréquents déficits de la balance commerciale, les remises d'or ne cessent d'accroître depuis de longues années notre stock métallique et qu'ainsi le capital français employé hors nos frontières ne peut guère qu'être la balance, d'ailleurs sans cesse variable, entre nos créances régulières d'arrérages de titres et nos ventes de titres d'une part, nos achats de titres et nos souscriptions à de nouveaux emprunts d'autre part, pour ne citer que les éléments les plus importants.

De ces explications devrons-nous conclure que le marché d'escompte ne présente en France aucune particularité essentielle et qu'il faudra chercher dans un autre domaine quelque satisfaction d'amour-propre national ?

Je ne le pense pas.

Et la vraie caractéristique du marché des capitaux libres en France, celle qui lui donne sa physionomie propre, son indépendance aussi, dont nous avons en ces dernières années reconnu plusieurs fois tout le prix, me paraît être l'élasticité qui résulte de notre régime d'émission fiduciaire.

J'avais, il y a peu de temps, l'occasion d'en expliquer les raisons à l'un de ces financiers américains qui, encore meurtris d'une crise récente, sont venus à plusieurs reprises en France nous demander le secret d'une organisation de crédit moins rigide que la leur.

A vrai dire, il n'y a pas de secret et depuis longtemps on a discuté des avantages comparés du régime anglais en matière de circulation fiduciaire et du régime français.

Le premier, rigoureusement suivi depuis 1844 en Angleterre et jusqu'à présent aux Etats-Unis, limite le montant des capitaux susceptibles d'être empruntés au public sous forme d'émission de billets à un total comprenant, d'une part, l'encaisse dont dispose l'établissement d'émission et, d'autre part, un contingent fixe correspondant à un dépôt immobilisé de fonds d'Etat, — contingent qui actuellement en Angleterre ne dépasse pas un demi-milliard de francs.

Le système français, au contraire, n'imposant à la circulation qu'une limite supérieure purement nominale et souvent prorogée, donne pour gage et pour seule mesure à l'émission des billets au delà de l'encaisse, un portefeuille commercial susceptible de se proportionner librement à tous les besoins, sans autre réserve que la garantie résultant des règles fondamentales et tutélaires d'escompte : la triple signature et l'échéance maxima de trois mois.

De là cette première conséquence — qu'en temps normal, les banques françaises, toujours assurées de trouver à mobiliser par le réescompte à la Banque de France un portefeuille sain et solide, peuvent employer sans réserve toutes leurs disponibilités en escomptes commerciaux, alors qu'en Angleterre ou aux Etats-Unis, les banques, sachant que leurs besoins de réescompte pourront rencontrer l'obstacle d'une barrière fixe, souvent aggravé par une diminution de l'encaisse qui se produit précisément dans les périodes de resserrement du crédit, ont dû se préoccuper, dans ces dernières années, sous la pression de l'opinion, de renforcer leur encaisse propre et de garder toujours libre une part plus large de leurs disponibilités.

L'avantage devient singulièrement plus frappant et plus décisif encore lors du retour périodique de quelqu'une de ces crises qui apparaissent, de loin en loin, comme la puissante et tumultueuse respiration des marchés financiers.

Les causes en sont, au fond, des plus simples : elles procèdent, comme chacun sait, de cette contagion un peu moutonnière qui entraîne du même côté du bateau, jusqu'à le mettre en péril, toute une population que gagne peu à peu une fièvre insolite de production et de prospérité.

Puis, brusquement le plus souvent, on aperçoit l'abîme et l'excès des titres de crédit dépasse la faculté d'absorption des banques, le taux ·des escomptes, sensible aux moindres influences, s'élève rapidement — le commerce et l'industrie paient sous cette forme la rançon de leur dérèglement.

Notre régime d'émission, dans ces circonstances critiques, permet d'épargner dans une très large mesure au marché français ces conséquences si onéreuses.

La Banque de France ne se trouve pas contrainte par une limitation préfixe, comme le sont la Banque d'Angleterre ou les Banques américaines, d'écarter impitoyablement, par une élévation prohibitive du taux d'escompte, des présentations de papier cependant sain et sincère.

Elle a même pu accueillir, au cours de ces dernières années, des remises que la situation du marché intérieur lui-même n'exigeait pas, mais qui libéraient momentanément un important contingent de capitaux susceptibles d'aller au dehors atténuer à sa source une tension temporaire dont nous eussions éprouvé la répercussion.

De là cette stabilité des conditions du crédit en France et aussi leur modération.

Au cours des quatorze dernières années, le taux officiel a changé 11 fois seulement à Paris et n'a pas dépassé, et pendant quelques jours seulement, le maximum de 4 1/2 p. 100 ; alors que pendant la même période on enregistrait 73 variations à Londres et 57 à Berlin et que les taux d'escompte y atteignaient respectivement les maxima de 7 et de 7 1/2 p. 100.

Est-ce à dire qu'il suffirait de transporter sur les

marchés étrangers le régime légal français pour leur procurer les mêmes avantages?

Il est permis d'en douter, car la stabilité de ce régime — laissant à la prudence des hommes plus de latitude qu'aucun autre — pourrait être bien vite compromise si, d'une part, l'esprit de spéculation venait à dominer la distribution du crédit par l'émission, et si, d'autre part, le régime commercial n'assurait pas aux effets escomptés la garantie solide d'une transaction commerciale réelle, comme il résulte de notre jurisprudence française qui constitue le porteur d'une lettre de change propriétaire de la provision, de la marchandise livrée dont la traite représente le prix.

Cette dernière particularité méritait d'être notée, car sur nombre de marchés d'escompte étrangers la fonction de la lettre de change n'est pas, comme en France, limitée au recouvrement des ventes commerciales et se trouve avoir reçu une extension susceptible de couvrir de véritables abus de crédit.

Aussi, lorsque récemment une conférence internationale a été réunie à La Haye pour tenter une unification du droit en matière de lettres de change, et que le projet issu de ses délibérations a été préalablement soumis aux représentants autorisés du commerce français, comprend-on bien que les banques françaises aient particulièrement insisté pour que la France n'abandonne pas en pareille matière des règles qui demeurent vraiment protectrices et hors lesquelles le marché français d'escompte, perdant en sécurité, ne pourrait peut-être pas conserver cette aisance, cette latitude, cette élasticité, qui constitue, comme nous l'avons vu, en toutes circonstances et particulièrement aux heures critiques, sa principale et précieuse originalité. (*Applaudissements.*)

II

Si nous en venons, en second lieu, à rechercher la même caractéristique nationale en ce qui concerne le marché des placements de capitaux à longue échéance, le marché où s'émettent les titres de créances en quelque sorte consolidées — fonds publics, actions, obligations — productifs d'intérêts ou de dividendes et transmissibles par simple tradition ou par inscription de transfert, nous ne pouvons cette fois hésiter à désigner dès l'abord la puissance de l'épargne française à laquelle de toutes parts et presque chaque jour il est rendu un hommage bien mérité.

A ce propos, un témoignage qui ne saurait être considéré comme suspect et qui mérite d'être rappelé, a été fourni il y a trois ans, à la tribune du Reichstag par le chancelier de Bülow : « Je connais, disait-il, la France et les Français ; j'ai passé plusieurs années dans ce pays. La France doit sa richesse à son sol béni, puis aussi à l'activité et à l'ingéniosité de ses habitants, mais encore plus à son admirable esprit d'économie, à cette force d'épargne qui distingue chaque Français, chaque Française. La France est devenue le banquier du monde. Ce que la France, par sa production, gagne de moins que nous, elle l'épargne, elle le compense par les intérêts de son épargne. »

Les chiffres, sur ce point, ne sont pas moins éloquents. Pour ne parler ici que de la fortune mobilière dont la statistique nationale et internationale est depuis de longues années l'objet des soins minutieux et prudents de M. Alfred Neymarck, deux évaluations dignes de foi montrent le chemin parcouru au cours des quarante dernières années.

On estime d'une part qu'en 1869 la France pouvait posséder environ pour 33 milliards de valeurs mobilières et que cette fortune a depuis lors sensiblement triplé, atteignant près de 110 milliards de francs.

Les seuls pays dont le portefeuille soit évalué par M. Neymarck à un chiffre plus élevé, avec l'adhésion de l'Institut international de Statistique, sont l'Angleterre et les États-Unis où l'importance de la population et le développement des entreprises collectives — peut-être aussi leur surcapitalisation — suffiraient à expliquer, toutes choses par ailleurs égales, une différence plus considérable.

La fortune mobilière anglaise atteindrait actuellement 140 milliards, celle des Etats-Unis 130 milliards, celle de toutes les nations réunies 600 milliards en chiffres ronds.

La part de la France dans ce total ne se distingue pas seulement par sa grande importance, mais aussi et surtout aujourd'hui, par son extrême division.

La valeur mobilière a peu à peu pénétré jusqu'au foyer le plus modeste : livret de caisse d'épargne d'abord, — représentant en réalité un emploi en rente française — obligations, quarts même d'obligations à lots ouvrant aux rêves de chacun la porte dorée de l'espérance, valeurs diverses ensuite de toute nature et souvent hélas ! de toutes qualités.

Les titres plus lourds eux-mêmes, d'une valeur sensiblement plus élevée, actions de chemins de fer ou de banques, se trouvent divisés entre un nombre de porteurs que l'on constate toujours de plus en plus élevé dans tous les cas où leur forme nominative permet d'en connaître la répartition.

Pour citer un exemple d'hier, l'émission de 2 millions d'obligations que vient d'effectuer le Crédit Foncier de France, avec un succès qui dépasse encore tous les précédents, n'aurait pas recueilli moins de 1.900.000 souscriptions distinctes. La clientèle du marché français de placement est ainsi devenue sans cesse plus nombreuse, plus populaire. Véritable démocratie financière, elle a d'une démocratie toute l'énergie latente, les larges assises pondératrices — tous les entraînements aussi de ce peuple français, dont l'instinctive prudence s'est si souvent complu aux plus généreuses aventures.

La question s'est alors posée de savoir si cette constitution du patrimoine mobilier français s'est effectuée dans le passé, et, surtout, si aujourd'hui le placement annuel des quelque trois milliards d'épargnes nouvelles dont les deux tiers s'emploient en titres de toutes catégories s'effectue encore au mieux de l'intérêt public.

Dans la presse souvent, à la tribune du Parlement plusieurs fois en ces dernières années, le rôle des intermédiaires de placement, leur influence, réelle ou supposée, ont été mis en cause avec quelque excès parfois de véhémence et l'on s'est demandé si le régime actuel ne comporterait pas certains amendements susceptibles de sauvegarder plus complètement l'intérêt national, d'une part, — l'intérêt politique qui certainement s'attache à ne pas laisser dominer parfois l'action diplomatique de l'État par les tractations, si légitimes soient-elles, des intérêts privés — l'intérêt aussi des épargnants, d'autre part, celui surtout des plus modestes d'entre eux, si souvent victimes d'une ignorance trop crédule.

Vous reconnaissez là les deux grandes questions actuelles de l'exportation des capitaux français à l'étranger et de la protection de la petite épargne — dont le dossier s'accroît chaque jour et s'accroîtra vraisemblablement longtemps encore, ni l'une ni l'autre ne comportant, à notre avis, de solution législative péremptoire.

Il serait sans nul doute du plus grand intérêt — si nous en avions ce soir tout le loisir — de remonter d'abord en arrière et d'envisager l'histoire — qui n'a pas encore été écrite, mais qui mériterait de l'être — de la constitution du portefeuille mobilier français.

La rente nationale en forma le premier fond, d'abord émis sous la Restauration par l'intermédiaire forfaitaire et sous la garantie de maisons de haute banque, les Baring de Londres, les Hope d'Amsterdam, les Rothschild, les Hottinguer de Paris.

Sous l'Empire, on s'avisa, — sur les suggestions, assure-t-on, de Mirès, financier à l'imagination féconde — qu'il est en France un personnage qui, s'il eut toujours plus d'esprit que Voltaire, était déjà devenu plus riche que quiconque, c'est tout le monde — et l'on inaugura les émissions de rente par souscriptions publiques largement ouvertes, dont le Trésor a pu depuis et même lors des emprunts considérables qui ont suivi la guerre courir le risque sans dommage.

Chacune d'elles fut comme un plébiscite financier d'où son crédit sortit chaque fois fortifié.

Parallèlement à ce courant d'émissions de fonds nationaux, dont le total dépasse aujourd'hui 25 milliards, c'est-à-dire le quart du portefeuille français, s'est développée, au cours du siècle, par l'intermédiaire des banques, une fortune mobilière industrielle non moins importante.

La haute banque d'abord, disposant de capitaux d'attente et capable de discerner les placements auxquels ne pouvait manquer de s'attacher la confiance du public — des établissements aussi de crédit mobilier, parfois éphémères, recrutant des emplois de toute nature pour les épargnes nouvelles — ont successivement patronné l'organisation financière, le placement des actions et obligations de toutes ces grandes institutions modernes, de ces puissantes sociétés commerciales ou financières qui assurent à l'intérieur du pays — on l'oublie parfois — la collaboration du travail et du capital national : compagnies d'assurances sous la Restauration, compagnies de chemins de fer sous le Gouvernement de juillet, grandes sociétés de crédit sous l'Empire, — à toute époque, industries minières, métallurgiques, industries de toute nature qui en viennent de nos jours à la forme anonyme.

Il n'est pas jusqu'à l'admirable reconstitution toute contemporaine de notre empire colonial qui n'ait déjà sa part, chaque jour plus importante, dans le portefeuille français.

La part des valeurs étrangères y serait actuellement, d'après une évaluation raisonnable, de 40 milliards contre 70 milliards de titres nationaux y compris les rentes.

Retracer l'histoire de la constitution de ce portefeuille étranger serait presque écrire celle de nos sympathies politiques, de nos confraternités d'armes, de nos rapprochements sentimentaux dont le capitaliste français, dans son tout simple loyalisme, suit beaucoup plus l'influence qu'il n'écoute parfois le froid calcul de ses intérêts.

L'Égypte, la Turquie, le Mexique, l'Espagne ont reçu une large part des épargnes françaises.

La politique des nationalités a pour trace un contingent encore très important de valeurs italiennes ou balkaniques.

Plus récemment, personne ne méconnaît que si nos placements ont atteint en Russie quelque dix milliards de francs, ce ne fut pas par seul attrait d'affaires intéressantes et d'ailleurs rémunératrices, mais, dans une large mesure aussi, sous l'influence d'un entraînement sentimental vers la grande nation amie et alliée. (*Applaudissements.*)

Ces quelques explications rétrospectives suffisent, me semble-t-il, à montrer déjà quelle part certaine d'exagération comporte le reproche maintes fois adressé aux intermédiaires du marché de placement de favoriser systématiquement

l'émission en France des titres étrangers, particulièrement des grands fonds d'État, au détriment
des industries nationales, et un de leurs inter-
prètes, paraissant particulièrement autorisé, a pu
répondre d'abord que c'est le goût public qui
décide des placements beaucoup plus que le prétendu arbitraire des intermédiaires.

Ces intermédiaires, disons-le en passant, sont
aujourd'hui fort nombreux. On compte parmi les
principaux quelques maisons particulières de
haute banque ayant conservé une situation personnelle considérable et généralement spéciali-
sées dans un genre d'émission déterminé ; — de
grandes banques d'affaires — Banque de Paris
et des Pays-Bas, Banque de l'Union Parisienne,
Banque Française pour le Commerce et l'Industrie,
Crédit Mobilier Français — qui groupent d'importants capitaux leur permettant la prise ferme
d'émissions entières en vue d'une cession progressive au public ; — les grandes sociétés de crédit
également qui, soit seules, soit groupées en vue
d'une affaire spéciale, soit en syndicat avec les
banques d'affaires proprement dites représentent,
avec leurs multiples guichets, leurs relations avec
une clientèle innombrable, une puissance de placement qui n'a d'équivalent sur aucun marché au
monde.

Par elles, le titre pénètre sans autre intermédiaire jusqu'au portefeuille, si modeste soit-il,
où il séjournera, et c'est au développement de ce

placement direct que, sauf exception, il va de soi, l'on voit de moins en moins en France, après les plus grandes émissions même, de ces résidús flottants qui antérieurement assiégeaient la Bourse et dépréciaient souvent pour longtemps une valeur à peine placée.

La prépondérance même du rôle des sociétés de crédit, l'envergure des opérations réalisées par leur action commune, notamment les émissions russes, ont été précisément l'occasion — en un temps où tout succès attire le soupçon — des critiques dont nous parlions à l'égard de la direction donnée aux placements français.

Certes, si l'on considère l'orientation actuelle de ces placements, on peut concevoir quelque regret de l'importance souvent excessive de la part faite à l'exportation des capitaux.

Le relevé des émissions et introductions en France depuis cinq ans — c'est-à-dire postérieurement aux dernières émissions de fonds d'État russe — ne peut évidemment donner sur ce point qu'une indication, car, si l'on peut considérer les cinq milliards de valeurs françaises introduites ou émises depuis 1906 comme réellement placés en France, il serait excessif d'en conclure de même à l'égard des 15 milliards de valeurs étrangères introduites aussi ou émises pendant la même période et dont l'admission aux négociations ne présume pas, bien loin de là, d'une absorption totale.

Le chiffre néanmoins est vraiment impressionnant.

Sans doute, on ne saurait méconnaître les avantages de certains de ces placements à l'extérieur. Le capitaliste français y trouve le moyen de pratiquer, dans une large mesure, la division des risques, de profiter aussi du taux plus élevé des placements dans des pays dont l'organisation économique est moins avancée.

De nos jours l'homme riche n'est plus seulement ce personnage contemporain de David qui, sur son domaine du Carmel, faisait paître par ses serviteurs trois mille brebis et mille chèvres. Chèvres et brebis s'en vont maintenant toujours plus loin, paître des terres plus fertiles, au profit d'un maître dont le domaine est l'univers. Et lorsqu'elles reviennent au bercail, elles y ont été précédées par la longue théorie de leurs enfants — je veux dire cette moisson d'intérêts, de dividendes, qui constitue la dîme du capitaliste français sur l'activité économique du monde entier. (*Applaudissements.*)

Le pays lui-même, la nation française dans son action politique, trouve également dans la distribution de l'épargne française un précieux auxiliaire. L'argent est devenu le grand moyen de domination.

Les peuples modernes luttent pour des intérêts économiques, pour des questions d'influence, dans lesquelles le dernier mot reste à celui qui a la puissance des capitaux.

A ce point de vue, l'étendue du marché français rend la situation de la France particulièrement enviable, sa richesse lui confère une force réelle et lui vaut de solides amitiés.

« Tous les peuples étrangers, a-t-on dit, lui font la cour ; ils offrent le mariage, pourvu qu'elle apporte la dot. »

De cette force est-il fait un usage toujours judicieux ? Il sortirait vraiment de notre cadre d'en discuter.

Qu'il nous suffise de constater, au point de vue de l'organisation du marché, que le droit de veto du Gouvernement sur la cote officielle des titres étrangers, et par voie de conséquence, sur les plus importantes émissions en France, n'est pas la seule ressource dont il dispose.

Dans ces matières, toutes de tact, de mesure, de négociation, ses indications restent rarement vaines.

Au cours d'un des derniers débats de cet ordre, un Ministre des Finances pouvait reconnaître, au nom du Gouvernement, les grands services rendus à l'État et à l'action française par les grands établissements de crédit et de placement, leur empressement chaque fois que le Gouvernement leur indique un intérêt national à servir.

Malgré ces avantages certains des placements français à l'étranger, et d'autres encore, notamment l'influence régulière de leurs échéances de

coupons qui compense nos insuffisances d'exportation et nous maintient des changes presque
invariablement favorables, — malgré le respect
qu'il faut avoir de la liberté économique jusqu'en
ses excès, parce qu'on a trop de chances d'en
supprimer l'usage sans en prévenir l'abus, —
nous ne pouvons omettre cependant, en présence
de l'énormité des chiffres actuels, de retourner
la médaille et de nous demander s'il n'y a pas
aujourd'hui quelque exagération, et si un certain
changement d'orientation ne serait pas souhaitable dans les tendances d'épargnants mieux
informés.

Il faut reconnaître, en effet, — M. le Ministre
des Finances le déclarait il y a quelques jours à
la tribune de la Chambre — que le Gouvernement
reste sans action à l'égard des émissions étrangères de moindre importance pour lesquelles l'admission ultérieure à la cote officielle ou en banque
n'est pas sollicitée et qu'ainsi des liens d'intérêts
peuvent se nouer à travers les frontières, aujour-
d'hui sans grande portée, demain peut-être assez
puissants pour limiter son action politique ou la
rendre inversement obligatoire, tout cela, à son
insu, malgré lui peut-être, et dans des conditions
contraires à des intérêts réellement nationaux.

Si légitimes que nous apparaissent, d'autre
part, les placements industriels à l'étranger, on
ne peut cependant se défendre de donner quelque
instinctive adhésion au reproche, maintes fois

adressé aux capitalistes français, de contribuer à améliorer, à perfectionner, à compléter l'outillage économique de nations concurrentes, alors qu'en France même, il resterait beaucoup à faire encore dans cet ordre d'idées, et que dans nombre de cas des initiatives étrangères viennent nous le prouver par l'exemple.

Si encore la qualité de ces placements en compensait toujours les inconvénients !

Mais, à cet égard, le capitaliste français, qu'on a dit souvent si prudent, si timoré, fait preuve parfois d'un esprit d'insouciante aventure qu'aucun mécompte, aucun krach n'a pu décourager. M. Paul Leroy-Baulieu, après l'avoir plusieurs fois constaté, le répétait encore il y a seulement quelques jours. « Nous ne croyons pas, disait-il, qu'il y ait sur terre de capitaliste plus audacieux que le petit et le moyen capitaliste français. Vous leur offririez des actions de chemins de fer ou de canaux, je ne dis pas dans la lune qui est trop connue, mais dans Mars ou dans Saturne, qu'il se trouverait parmi eux des souscripteurs. »

A cela quels remèdes ? Un premier, à très lointaine échéance et d'ailleurs bien incertain : celui qui pourra résulter d'une plus longue expérience, de déceptions plus nombreuses encore et de l'inlassable propagande de quelques conseillers éminents et désintéressés de l'épargne française.

Un second, qui déjà s'indique par la création depuis quelques années d'un très grand nombre de banques secondaires de placement, recrutant une clientèle moins nombreuse, moins populaire que celle des établissements de crédit, moins désireuse de placements toujours réalisables.

Les affaires nouvelles de grande envergure sont rares en France et trouvent dès maintenant, auprès des banques et sociétés de crédit françaises, tout le crédit nécessaire.

Les affaires moyennes, au contraire, dont le capital n'est pas suffisant, ni les actions assez nombreuses pour alimenter ultérieurement un marché de négociation, se heurtent souvent aux préventions d'une certaine clientèle qui veut pouvoir à tout moment vendre ses titres et modifier ses placements.

Pour ces affaires, il en faut recruter une un peu différente, ne reculant pas devant une immobilisation relative.

Elle existe déjà, d'ailleurs ; il ne paraît pas impossible que les efforts actuellement tentés parviennent à l'élargir très utilement.

Il semble toutefois que cette évolution serait encore sensiblement facilitée si, par des mesures judiciaires plus décisives, fortifiées au besoin par l'action législative, l'épargne se sentait mieux protégée, à l'intérieur même du pays, contre les fraudes de toute nature auxquelles peut encore donner lieu, presque impunément, le fonctionne- ment des sociétés anonymes.

Que le capitaliste français se trouve moins exposé à confondre si près de lui l'ivraie et le bon grain, et l'on peut espérer peut-être qu'il sera dès lors moins tenté d'aller chercher au dehors, à défaut de sécurité, au moins plus d'illusion, et qu'un meilleur équilibre s'établira, laissant aux placements extérieurs leur part légitime, et en réservant une, un peu plus large, aux affaires françaises, à nos affaires coloniales notamment susceptibles d'aussi satisfaisantes plus-values que les meilleures affaires étrangères.

Il y a plus de huit années, une commission extra-parlementaire fut constituée avec mission d'examiner les modifications à apporter aux lois concernant les sociétés par actions et d'étudier spécialement les mesures de nature à protéger la petite épargne.

Ses travaux aboutirent à un projet de loi dont la doctrine essentielle fut qu'un régime de plus large publicité, précédant la souscription, accom- pagnant la constitution et se poursuivant au cours de l'existence sociale, peut suffire à éviter les fraudes, sans entraver l'essor des affaires sérieuses. La seule disposition de ce projet qui ait été disjointe et incorporée dans la loi de finances de 1907, visait la publication obliga- toire, dans un bulletin annexe du *Journal Of-*

ficiel, avant toute émission ou introduction de titres mobiliers en France, d'un prospectus faisant connaître certains renseignements essentiels.

Les résultats de cette disposition isolée ne paraissent guère confirmer l'opinion que la publicité peut être à cet égard un préventif suffisant.

Sans doute il serait préférable que le remède vînt de l'éducation du capitaliste lui-même, exerçant sa fonction comme un métier véritable et y consacrant tout le travail d'étude et de surveillance qu'elle exige.

Mais la division des fortunes est telle chez nous, la répartition du portefeuille si populaire, comme nous l'avons vu, qu'il est peu de capitalistes disposant du temps nécessaire pour exercer effectivement un contrôle de leurs placements.

Dans bien des cas, la publication au *Journal officiel* n'a servi qu'à permettre à des émetteurs, sans scrupule, d'abuser de la naïveté de modestes souscripteurs auxquels on présente cette publication comme assurant une sorte de patronage de l'État[1].

Tous les abus antérieurs subsistent et ont parfois retenu avec assez d'insistance l'attention publique au cours de ces dernières années, pour

---

1. Par décret du 3 février 1912, le *Bulletin annexe du Journal Officiel* a pris le titre de *Bulletin des annonces légales obligatoires à la charge des sociétés financières.*

qu'il soit vraiment souhaitable de voir aboutir
une législation, libérale sans doute, mais efficace, ne se bornant pas exclusivement à placer,
comme on l'a dit, un écriteau où il faudrait un
garde-fou.

Il est enfin un dernier ordre de faits susceptibles d'influer dans la plus large mesure sur
l'orientation des épargnes françaises, dont on ne
saurait négliger toute l'importance.

Il s'agit de la répartition des charges publiques, des tendances d'une fiscalité dont le poids
est devenu si lourd pour la fortune mobilière.

Un document officiel établissait, il y a peu
d'années, à l'appui d'un projet de modification
de tout notre système d'impôts, que le prélèvement des taxes actuelles sur le revenu des valeurs
françaises atteint jusqu'à plus de 12 p. 100 de ce
revenu pour certaines actions et plus de 15 p. 100
sur des obligations qui sont en général le placement ordinaire de la plus petite épargne.

Les droits de succession ont été, d'autre part,
sensiblement relevés à plusieurs reprises au
cours des dix dernières années ; tout le régime
des charges publiques a été remis en question.

Les craintes, — les pusillanimités, si l'on veut
— du capitaliste français ont été en quelque
sorte constamment tenues en haleine.

Si le mouton s'est trouvé suivre parfois
quelques mauvais bergers, il faut avouer qu'il a

bien souvent, comme on l'a dit, entendu parler du loup.

Qu'une réforme soit faite si elle doit l'être, qu'un haut sentiment d'équité y préside, chacun y souscrira ; — mais qu'il en résulte au moins quelque stabilité et le capital, moins sensible encore aux charges qu'aux menaces, perdra toute excuse au désir d'évasion qui contribue certainement à l'orienter vers les placements extérieurs.

Toutes ces questions qui sont débattues souvent ardemment — au jour le jour — par d'éminents publicistes et qui ont souvent retenu au cours des dernières années l'attention du Parlement n'importent pas seulement à la bonne répartition de l'épargne française.

Bien que si remarquable en sa constance, si impressionnante en ses résultats, cette épargne peut être stimulée par de judicieux emplois ou découragée par de trop nombreux mécomptes.

On ne saurait exagérer l'intérêt qui s'attache à ce que toutes les garanties et toute la sécurité désirables lui soient assurées.

De là dépend pour une part appréciable le maintien de cette puissance de placement qui parfois étonne ceux-là même qui en ont la pratique journalière et qui constitue, comme nous l'avons vu, la caractéristique dominante, le véritable privilège du marché français, hors lequel certaines opérations financières de grande enver-

gure sont aujourd'hui reconnues à peu près
impossibles.

III

Pour avoir en quelque sorte fait le tour du
marché français, il nous reste à envisager l'un de
ses organes principaux : le grand marché public
sur lequel les titres émis s'échangent ultérieurement et se négocient chaque jour, — sur lequel
les épargnes nouvelles viennent aussi chercher,
parmi les titres de créance en circulation, des
emplois à leur convenance, — sur lequel enfin
s'émettent également quoique exceptionnellement des titres français et s'introduisent progressivement des titres étrangers, — la Bourse de
Paris, — qui, dans la ceinture toujours trop
étroite de sa puissante colonnade, abrite la
bruyante foire quotidienne où se débattent les
gains et les pertes, les plus-values et les reculs
de toute la fortune mobilière française.

Son domaine était, au début du dernier siècle,
limité à quelques valeurs : rente française,
actions de la Banque de France, actions des
ponts, de la caisse de la boulangerie, de la caisse
de service du Trésor. Il en comprend aujourd'hui
une liste innombrable représentant un capital
nominal de plus de 160 milliards.

La Bourse de Paris fixe le crédit de 40 nations.

Elle contrôle la prospérité d'un nombre incalculable d'entreprises de toute nature, françaises ou étrangères, si attentive au moindre indice que souvent ses fluctuations devancent les faits accomplis.

Et sa prospérité, son ampleur seraient sans doute devenues beaucoup plus larges encore, le capital dont il dispose eût fait du marché de Paris un plus grand entrepôt de valeurs mobilières, un véritable port franc des transactions financières internationales, si les difficultés de son organisation et le régime fiscal appliqué aux valeurs étrangères n'y avaient souvent mis obstacle.

L'organisation du marché des valeurs mobilières date du début du XIXᵉ siècle, de cette féconde période consulaire qui a posé les assises encore solides de tant de grandes institutions publiques.

Il faut s'y reporter, se rappeler le petit nombre des valeurs existant alors, leur caractère exclusivement nominatif, la prépondérance de la rente et l'intérêt qui s'attachait à en défendre le crédit contre les surprises d'un marché forcément étroit, pour bien comprendre la conception protectrice des grands juristes de l'époque.

Elle était simple et rigoureuse.

L'équité absolue des transactions, la publicité

de tous les cours, la sécurité des transferts ne peuvent être assurés que par l'institution d'agents de change, officiers publics, nommés par l'État, auxquels il est interdit d'opérer pour leur propre compte, qui se réunissent exclusivement à la Bourse, y traitent à haute voix, enregistrent les cours et auxquels est conféré, par l'article 76 du Code de Commerce, le monopole de la négociation des rentes et de tous les titres susceptibles d'être cotés.

Le commerce reste libre, dit-on, et l'on en conclura par la suite que la vente directe entre particuliers demeure légitime ; mais s'il est fait appel à un intermédiaire de négociation, cet intermédiaire ne peut être que l'agent de change.

Son monopole est d'ordre public et sanctionné par des pénalités correctionnelles frappant toute immixtion dans les fonctions qui lui sont réservées.

La loi prévoit, dès ce moment, qu'un règlement de la Bourse sera établi par l'autorité publique ; mais ce règlement s'est fait attendre près d'un siècle, jusqu'en 1890, et pendant cette longue période, qui a vu naître le crédit moderne, qui a étendu, dans la mesure que vous savez, le champ des transactions, profondément modifié leur caractère, c'est la Compagnie des Agents de change de Paris, qui a dû se créer à elle-même sa loi, l'adapter à toutes les circonstances, faire face au développement des valeurs au porteur, organiser le régime des négociations à terme, instituer la police de la cote, élaborer en un mot le statut du marché officiel, que l'autorité publique a pu se borner à sanctionner dans toutes ses dispositions essentielles, sous la réserve du droit de veto du Gouvernement à l'égard de la cotation des titres étrangers.

Tout ce long passé lui fait grand honneur, non moins que l'aisance avec laquelle son crédit a surmonté toutes les crises, certaines aussi graves que celle de 1882, et il n'est que juste de constater que la confiance du législateur de l'an IX et de 1807 avait été bien placée.

Faut-il regretter après cela que cette puissance d'adaptation certaine, ce constant souci de progrès ne soient cependant pas parvenus à concilier toute la sécurité d'un monopole avec les hardiesses souvent utiles d'un régime de liberté et qu'il ait fallu faire à cette liberté sa part dans le bel édifice, d'une rigueur toute classique, conçu pour abriter un marché, exclusivement au comptant, infiniment plus restreint ?

A toute époque, à vrai dire, les troupes disciplinées du marché officiel ont vu combattre, à côté d'elles, l'alerte bataillon des francs-tireurs, la coulisse, plus mobile, paraissant et disparaissant suivant l'occasion, puis s'installant en permanence à la porte même de la Bourse, et, plus forte des services rendus, obtenant d'abord du pouvoir judiciaire une reconnaissance que le pouvoir législatif a consacrée en 1898, en limitant le monopole du parquet aux valeurs effectivement inscrites à la cote officielle.

Ce qu'il faut regretter plutôt, nous semble-t-il, c'est l'imbroglio juridique résultant de cette solution de fortune. Le monopole du parquet, quoique restreint, a été maintenu, le nombre des agents porté de 60 à 70, leur crédit accru par la consécration de la solidarité envers les tiers.

Mais ce monopole dont la justification première fut la protection des porteurs, de tous les porteurs, se trouve comme détourné de son but, puisqu'il ne protège plus les porteurs de valeurs non inscrites à la cote et qu'il devient dès lors difficile de comprendre que l'ordre public soit intéressé à la bonne négociation des actions « Rio » par exemple, et qu'il ne le soit pas à celle des actions « Tharsis ».

L'un des groupes de la coulisse, celui des rentes, demeure légalement condamné et cependant son utilité a été si manifeste, particulièrement lors des emprunts de libération du territoire, il en garde encore une si grande, se trouvant en réalité le véritable centre des négociations à terme sur notre fonds national, qu'il subsiste d'un consensus unanime et que, pour éviter aux tribunaux l'obligation de prononcer, sur poursuites d'un quiconque, la sanction pénale du délit d'immixtion, comme on l'a vu tout récemment, une disposition a dû être insérée dans la loi de finances actuellement soumise au Sénat, réservant l'initiative de pareilles poursuites au ministère public et à la Chambre Syndicale des Agents et rendant le délit en quelque sorte facultatif.

Quoi qu'il en soit, la controverse paraît momentanément close et l'on paraît généralement résigné à une solution qui n'est qu'un compromis, mais qu'un nouveau débat n'aurait guère chance — il faut le reconnaître — de rendre plus harmonieuse.

Elle laisse au monopole un large domaine, bien gagné par tous les services rendus et ceux qu'il rend encore. Avec l'organisation actuelle du parquet, les ordres sont de toutes parts transmis à l'un quelconque des 70 agents de change de Paris, les cours sont débattus, les transactions s'effectuent, sans que la considération de la solvabilité des intermédiaires intervienne, sans que le donneur d'ordre ait à s'en préoccuper, et c'est une garantie inappréciable d'unité et de sincérité des cours.

La liberté, d'autre part, n'est pas réellement bannie de la Bourse. Elle y a acquis droit de cité et peut y déployer son rôle propulseur. Elle y a pris, d'ailleurs, une organisation corporative qui est un hommage rendu aux nécessités d'ordre et de discipline qui s'imposent à tous les marchés financiers.

Les transactions hors parquet ont conservé une activité que l'impôt de bourse démontre dépasser souvent encore les deux tiers de celle des négociations officielles, bien que la valeur des titres cotés en banque ne représente guère que 25 milliards contre près de 150 milliards réservés aux agents de change.

Un certain équilibre se trouve donc, pour un temps au moins, réalisé à Paris entre deux conceptions contradictoires de l'organisation des marchés financiers.

Mais les luttes qui l'ont précédé, les difficultés même qui se sont produites depuis la trêve de 1898, n'ont certes pas été de nature à favoriser ce plus large développement du marché de Paris, que l'importance du portefeuille français paraîtrait pouvoir comporter.

Si, d'ailleurs, en ces dernières années, le mouvement des affaires à la Bourse semble avoir augmenté beaucoup moins rapidement que la masse des titres admis à la cote, si l'on a même pu parler d'une sorte de crise endémique, on en peut apercevoir d'autres et multiples raisons.

La diminution des courtages du parquet, qui fut une clause complémentaire de la réforme de 1898, a eu pour conséquence de réduire considérablement la part et le rôle du remisier qui était, jusqu'alors, un auxiliaire fort utile pour le recrutement et la direction de la clientèle.

La législation fiscale aussi, soit par l'augmentation de l'impôt de bourse, soit dans son application aux valeurs étrangères, n'a pas peu contribué à priver le marché de Paris d'un plus large aliment de transactions de toute nature et d'arbitrages internationaux.

Les plus importantes opérations spéculatives se jouent sur des différences si minimes que l'impôt en est un facteur parfois décisif.

L'élévation à 2 p. 100 du timbre des fonds d'État étrangers constitue un droit d'entrée à la Bourse de Paris, maintenant si lourd, qu'un certain courant de négociations s'est dirigé déjà, assure-t-on, vers des Bourses étrangères.

Il a également pour conséquence une sorte de nationalisation des titres, une répartition des grandes émissions par tranches distinctes, qui les rend moins mobiles, moins susceptibles d'alimenter un large mouvement de transactions internationales.

A l'égard des valeurs industrielles étrangères, le mode actuel de taxation n'est pas moins contraire aux intérêts du marché de Paris et des porteurs français.

Le régime de l'abonnement, souvent critiqué, oblige les sociétés étrangères, avant toute émission ou circulation de leurs titres en France, à souscrire l'engagement d'acquitter des droits annuels correspondant aux taxes françaises de timbre, de transmission, de 4 p. 100 sur le revenu.

Le montant de ces droits est pour elles incertain et subordonné à une évaluation triennale, faite par le Ministre des Finances, du nombre de leurs titres pouvant circuler en France. Il leur est enfin impossible de les récupérer sur les porteurs.

Rebutées par ces difficultés, beaucoup de sociétés étrangères, parmi les meilleures, renoncent à assurer la circulation, en France, de titres que nous aurions parfois grand intérêt à arbitrer contre ceux de sociétés, moins bien venues, qu'aucune formalité n'arrête, parce que le besoin de crédit est pour elles plus pressant.

Une réforme, à cet égard, serait particulièrement souhaitable et contribuerait, dans une certaine mesure, à donner au marché de Paris quelque élément nouveau d'activité.

Si étrange qu'il puisse paraître, la raréfaction — toute relative d'ailleurs — des transactions que l'on y constate vient aussi et surtout — par un singulier retour de la puissance d'absorption du marché et comme on l'a maintes fois observé — de la prépondérance de plus en plus notable des opérations au comptant.

Le marché à terme n'a certes pas disparu à Paris.

Longtemps condamné à des tractations incertaines, soumises à tous les risques d'une interdiction légale, tempérée cependant par une jurisprudence un peu prétorienne, il a reçu en 1885 sa légitimation, toujours préservée depuis lors contre le mouvement qui a gagné à cet égard certains marchés étrangers.

Depuis longtemps, d'ailleurs, ses formes et modalités avaient fait à la Bourse de Paris l'objet d'une réglementation écrite ou traditionnelle, comportant, comme chacun sait, des marchés fermes en vue d'une ou de deux échéances de liquidation chaque mois et des marchés à primes de diverses catégories à échéances variables, certaines même extrêmement courtes.

De cette organisation, on sait aussi tout l'intérêt au point de vue de la régularisation des cours. Le terme, chaque jour, assure l'équilibre même des opérations au comptant, qui, en raison des irrégularités accidentelles des ordres, comporteraient, sans son intervention, des fluctuations beaucoup plus étendues.

Anticipant sans cesse sur l'avenir, il prévoit la hausse ou la baisse et en atténue les écarts.

Avec l'aide des capitaux considérables consacrés, par la clientèle des agents, des banques et des grands établissements de crédit, aux opérations de reports, — capitaux qui atteindraient à certaines liquidations jusqu'à un milliard et demi —, il poursuit sa fonction régulatrice au delà des limites mêmes d'une ou de plusieurs liquidations.

Il peut ainsi entreposer pendant un assez long délai les soldes d'émission, les titres flottants, jusqu'à ce que ceux-ci se répartissent d'une manière plus stable par la voie du comptant dans les portefeuilles particuliers.

Si son champ d'action est aujourd'hui moins étendu, c'est précisément parce que l'augmentation régulière de tous les capitaux d'épargne est devenue si considérable que les émissions nouvelles trouvent, presque dès l'origine, leur classement, et que les portefeuilles particuliers ont même fini par absorber, peu à peu, presque toutes les valeurs sur lesquelles se portait antérieurement l'activité de la spéculation.

Les chroniqueurs financiers si avertis, si clairvoyants qui, dans des feuilletons qui font autorité, suivent chaque semaine, à la fois de haut et de près, le mouvement de la Bourse de Paris, l'ont constaté à maintes reprises :

« Que sont devenues, écrivait naguère M. Manchez, les Banque Ottomane, l'Egypte, le Turc, l'Extérieure, les Chemins de fer Espagnols d'autrefois ? Tout cela est aujourd'hui classé dans les portefeuilles.

« Le Rio lui-même aurait le même sort, si l'Amérique, qui contrôle les prix du cuivre, n'entretenait pas forcément sur le marché de ces actions une incertitude propice aux gros écarts de cours. »

Cette conclusion s'impose donc, comme nous le disions, que l'une des causes de moindre activité du marché de Paris, c'est sa propre puissance, c'est l'existence d'une clientèle solide de comptant qui prend réellement livraison des titres achetés, qui les garde et leur garantit en même temps — du moins aux principaux d'entre eux — par le courant même de ses opérations, la certitude d'une prompte et facile réalisation.

Qu'il soit souhaitable de voir un aliment nouveau et plus large assuré sans cesse à la Bourse de Paris — les luttes intestines du marché n'y plus mettre obstacle, — la législation fiscale s'y prêter davantage, — on ne le conteste guère ; mais que ce désir du mieux ne nous empêche pas du moins, dans ces conférences comparatives, d'apprécier à sa haute valeur l'œuvre d'organisation poursuivie à travers tant de difficultés, toutes les garanties offertes d'une impartiale et loyale détermination des cours, la haute moralité et l'ampleur d'un marché qui a grandi avec la fortune mobilière française et qui en a si éminemment servi le développement.

IV

Ma tâche serait, Messieurs, maintenant terminée s'il ne me restait à indiquer brièvement quelle aisance et quelle sécurité donne à toutes les transactions que nous avons envisagées — à ce commerce immense des titres de créance sous toutes leurs formes, — l'importance exceptionnelle et vraiment unique du capital monétaire français.

Les titres, comme les marchandises, ne peuvent s'échanger, s'acheter et se vendre que par l'intermédiaire direct ou indirect de ce capital auxiliaire, improductif par lui-même, mais dont chacun de nous achète, au prix d'une perte d'intérêts, le service temporaire indispensable.

Il se présente, comme vous le savez, sous des formes diverses — or, argent ou billets de banque en circulation, ces derniers ayant d'ailleurs pour contrepartie, de beaucoup la plus importante, l'encaisse métallique des banques d'émission.

Le total de ces instruments de circulation ne peut guère être évalué en France à moins de 10 milliards de francs, alors qu'il ne dépasserait pas 7 milliards et demi en Allemagne et 3 milliards et demi seulement en Angleterre.

Cette extrême abondance, cette profusion monétaire sur le marché français n'a pas laissé que d'être souvent critiquée.

M. Paul Leroy-Beaulieu notamment, avec toute l'autorité de sa lumineuse vigueur, a plusieurs fois regretté que, sous l'empire persistant d' « habitudes arriérées », de la « routine », le public français persiste à immobiliser dans la fonction monétaire un capital « extravagant », alors que le mouvement des affaires, les transactions financières et commerciales pourraient être assurés plus économiquement en faisant un plus large usage des modes de règlement perfectionnés, — chèques, virements et surtout compensations.

Il ne faut pas méconnaître la très grande part de vérité d'une pareille appréciation — il ne faut pas non plus l'exagérer.

Certes, en présence du total de 369 milliards réglés au « Clearing House » de Londres, par simple écriture en 1911, les 34 milliards réglés de même à Paris par la Chambre de Compensation paraissent bien faibles, et l'on a beau y ajouter les 270 milliards de virements de la Banque de France — qui comprennent la liquidation à Paris de presque toutes les transactions de Bourse — on doit encore reconnaître qu'un incessant effort s'impose pour ramener à une plus juste mesure l'immobilisation monétaire en France, pour y développer toujours davantage l'usage des moyens modernes de paiement.

Faut-il souhaiter cependant que le public français modifie si complètement ses goûts et ses habitudes, qu'il renonce à son instinctive prudence, à sa superstition, si l'on veut, d'une réserve individuelle d'or ou de billets, et qu'il en vienne à déposer en banque, conformément aux saines doctrines, toutes ses provisions monétaires?

Il n'est pas certain — et l'instinct de conservation auquel il obéit inconsciemment, tout vieillot, tout arriéré qu'il paraisse pourrait bien mériter, même économiquement parlant, quelques égards.

Imaginons que sur le capital monétaire actuellement aux mains des particuliers, ceux-ci se décident à prélever seulement deux milliards — c'est-à-dire la moitié de nos réserves — pour les laisser dans les banques, au lieu de les conserver en billets.

Cette extrême profusion de disponibilités devra, pour la plus grosse part, passer à l'étranger sous forme métallique pour se répandre au dehors en placements productifs, et l'ensemble de la nation y gagnera un supplément de revenu de 60 à 70 millions peut-être.

Tel est l'avantage que nous sacrifions annuellement pour conserver notre pléthore monétaire.

Moyennant cet abandon de 60 à 70 millions, la France se met plus qu'aucun autre pays à l'abri de toutes les crises. Elle peut opposer aux rafales financières venues du dehors la barrière d'une exportation monétaire et s'en préserver — son commerce et son industrie ignorent les taux de panique — aux heures d'inquiétudes plus graves enfin où les nations en viennent à scruter mutuellement toutes leurs forces, notre trésor métallique, toujours disponible, ajoute, on le sait, quelque poids à notre épée.

L'instinctive sagesse du tempérament français,

exigeant pour les mêmes transactions plus de monnaie que n'en emploient tels de nos voisins, n'a donc pas que des inconvénients.

Certes, cette tendance risque d'avoir ses exagérations, et l'on peut souhaiter la voir garder quelque mesure —, mesure d'ailleurs difficile à préciser, parce qu'elle est évidemment plus complexe qu'un simple calcul de proportionnalité au nombre des têtes d'habitants.

On peut estimer cependant qu'il n'y a pas tant d'excès, lorsqu'un grand pays sacrifie à sa sécurité financière et politique, un bénéfice possible de 60 à 70 millions par an.

Pareille assurance vaut bien cette prime — et le marché ne mérite peut-être pas d'être si péremptoirement taxé d'extravagance ! (*Vifs applaudissements.*)

Mesdames et Messieurs[1],

Je suis sûr de répondre à vos sentiments unanimes en remerciant et en félicitant vivement notre distingué conférencier pour cet exposé magistral. A cette heure avancée je me garderai d'y rien ajouter. Il nous a fait un triple tableau, il a brossé, si je puis dire, une triple fresque éclairée çà et là de reflets littéraires : marché d'escompte, placement des titres, négociation des titres. Peut-être, par modestie sans doute, a-t-il laissé un peu dans l'ombre les services essentiels que rend au marché financier de Paris, la noble maison qu'il sert, cet établissement qui est pour la France, un honneur et une force, la Banque de France (*Applaudissements*).

C'est l'excellente organisation de la Banque de France, c'est sa prudente gestion, qui ont eu pour résultat d'assurer au marché de l'escompte des conditions beaucoup plus favorables en France qu'à l'étranger, et je profite, Monsieur, de votre présence pour saluer en vous le personnel éminent de cette illustre maison, et d'abord le Gouverneur de la Banque de France,

1. Discours prononcé par M. Paul Deschanel le 2 février 1912.

notre ami M. Georges Pallain. Puisque vous avez su prendre si heureusement le chemin de notre Maison, revenez-y souvent, et amenez-le-nous ; je vous assure qu'il sera bien reçu et que nous lui ferons fête ! (*Vifs applaudissements.*)

II

LES MARCHÉS FINANCIERS

DE PROVINCE

CONFÉRENCE DE M. Lucien BROCARD

Professeur à la Faculté de droit de Nancy.

DISCOURS DE M. Jean BUFFET

Ancien Inspecteur des Finances,
Président du Conseil d'administration de la Société nancéienne
de crédit industriel et de dépôts.

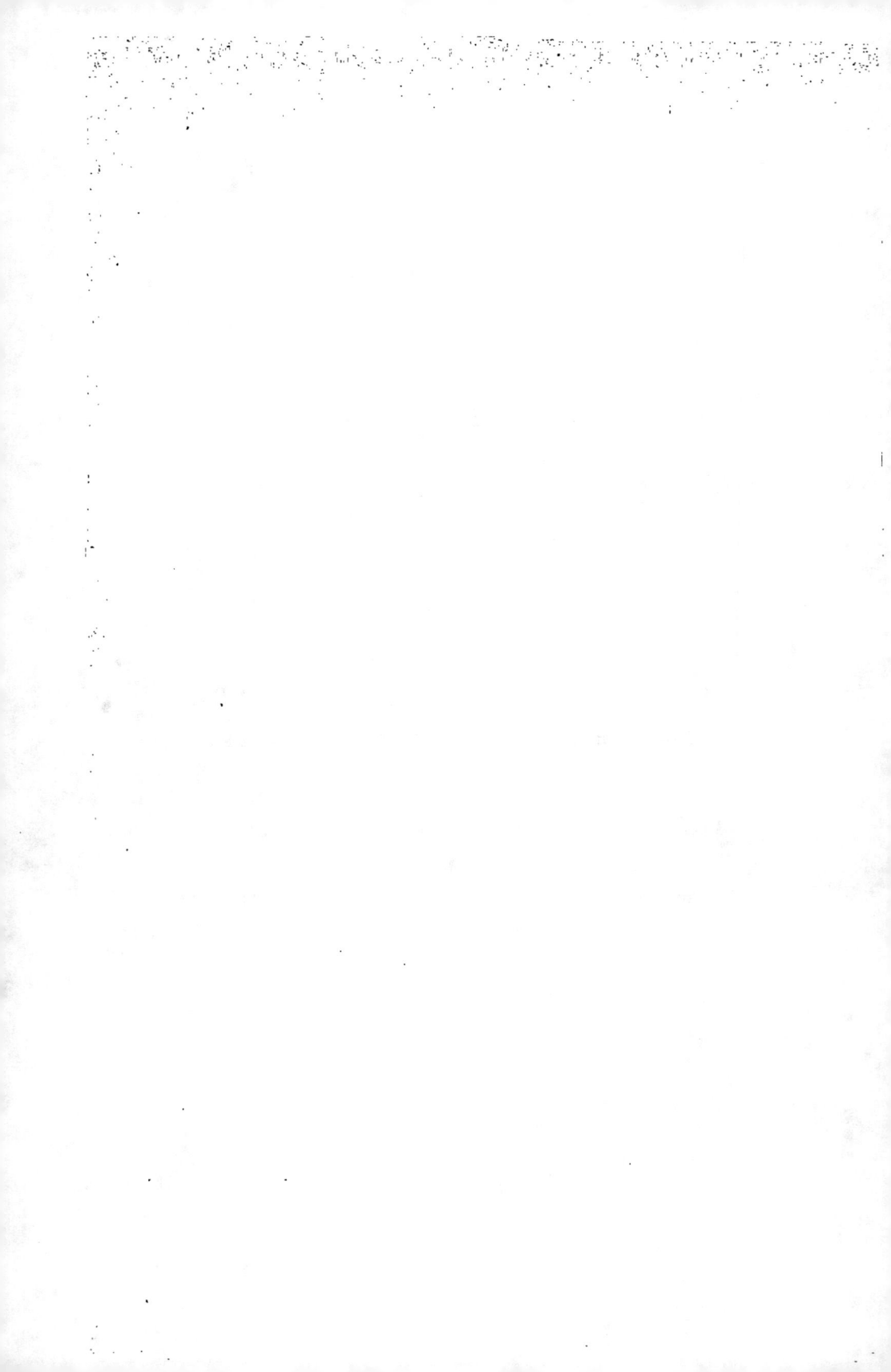

Messieurs [1],

Lorsque M. François Lefort, au nom du bureau de votre Société, est venu à Nancy me proposer de présider cette conférence, je n'ai pas laissé — je l'avoue et sans la moindre fausse modestie — que d'être très confus et quelque peu ému. Oui, confus et ému de succéder, à cette place, devant une assemblée comme celle-ci, à tant de personnalités qui dans les domaines de la politique, de la diplomatie, des sciences sociales et financières sont l'honneur de notre pays. Mes scrupules, vous les comprenez! Il a fallu pour en triompher la cordiale et trop flatteuse insistance des organisateurs de ces réunions, il a fallu peut-être aussi, — laissez-moi le dire très simplement — le souvenir reconnaissant des heures qu'il y a plus de vingt-cinq ans — c'est bien loin déjà ! — j'ai passées sur les bancs de cette école. C'est ici, je ne peux l'oublier, que de la bouche de maîtres autorisés, j'ai recueilli les enseignements qui devaient m'ouvrir les portes de l'Inspection Générale des Finances, de cette carrière à laquelle je reste profondément attaché par ce

1. Discours prononcé par M. Jean Buffet, le 6 mars 1912.

que je lui dois de très bonnes années de ma vie, de précieuses et solides amitiés et sans doute le meilleur de ce que je peux être aujourd'hui.

Au surplus, Messieurs, la prévenance de votre bureau n'a-t-elle pas été jusqu'à me laisser le choix du conférencier. D'hésitations je n'ai pas eu en proposant M. Lucien Brocard, professeur à la Faculté de Droit de Nancy et à l'Institut Commercial. D'hésitations, non ; tout au plus, M. Brocard ne m'en voudra pas de le dire, peut-être un peu d'appréhension. J'ai craint, un instant, que l'on objectât : Eh ! quoi, un universitaire, c'est-à-dire parfois un théoricien, pour traiter cette question essentiellement positive que sont les marchés de province. L'objection ne m'a pas été faite, j'étais très fort pour y répondre. Par une documentation très sûre, puisée aux meilleures sources, dans des conférences très remarquées, très applaudies soit à Nancy à l'Union Régionaliste Lorraine, à la Société industrielle de l'Est, soit à Paris à la Fédération des Industriels et Commerçants, M. Lucien Brocard a su prouver que la science juridique et l'art de la professer n'excluaient pas nécessairement l'étude et la connaissance de la pratique, le sens des contingences et des réalités. (*Vifs applaudissements.*)

La conférence de ce soir saura, je n'en doute pas, Messieurs, vous convaincre à votre tour.

La parole est à M. Lucien Brocard.

Messieurs [1,2],

Mon éminent ami Albert Aupetit vous a montré dans une précédente conférence, avec l'élégance et la science qui lui sont coutumières, quelle est l'extraordinaire puissance du marché financier de Paris, quelle influence il exerce jusqu'aux frontières de la France et même bien au delà. Pourtant à côté ou plutôt à l'intérieur de notre grand marché national, il y a aussi dans notre pays,

1. Conférence faite par M. Lucien Brocard, le 6 mars 1912.

2. *Bibliographie.* — Barety. *L'évolution des banques locales en France et en Allemagne*, Paris, 1908 ; *Annales des sciences politiques,* 1910. — Brocard. *Concentration et centralisation dans le commerce des banques: Bulletin de la Chambre de Commerce de Nancy,* 1907 ; *Les banques régionales : Bulletin de la fédération des industriels et commerçants français,* 1910. — Caralph : *La question des banques locales en France,* Paris, 1910. — Cléron. *Les banques locales : leur rôle, leur utilité.* — Domergue : *Établissements de crédit contre banques locales,* Paris, 1910, et *Réforme économique : passim.* — Haristoy. — *Les marchés financiers français,* Paris, 1909. — Jacquemard. *Les banques lorraines,* Paris, 1911. — Lysis. *Contre l'oligarchie financière,* Paris. — Sayous. *Les banques de dépôt, les banques de crédit et les sociétés financières,* Paris, 1901. — Testis. *Le rôle des établissements de crédit en France,* Paris. — *Société d'économie politique nationale,* 1898 : observations de MM. Cauwès et Théry. — Commission extra-parlementaire pour la réforme bancaire. Rapport de M. Casimir Petit sur l'organisation bancaire actuelle en France, Paris, 1911. — *Congrès des valeurs mobilières,* Paris, 1900 : *Les Bourses de province.*

malgré la centralisation financière accentuée qui le caractérise, des centres secondaires d'activité financière, de véritables marchés régionaux que je dois étudier aujourd'hui. Envisagés individuellement et même tous ensemble, ces marchés régionaux sont si petits en comparaison du gigantesque marché parisien ; ils se rattachent à lui par des liens si étroits, qu'ils semblent au premier abord se confondre avec lui, tels des satellites noyés dans le rayonnement de l'astre qu'ils accompagnent. Mais, quand on y regarde de plus près, on s'aperçoit bien vite que les marchés régionaux ne sont pas seulement des satellites du marché parisien. Bien qu'ils collaborent activement avec lui, ils vivent cependant d'une vie propre qui mérite par elle-même de retenir l'attention et ils jouent dans notre vie économique nationale, un rôle particulier, un rôle original dont l'importance ne saurait se mesurer au chiffre relativement restreint de leurs opérations.

L'existence des marchés régionaux se manifeste tout d'abord à nous par des organes divers, les uns dépendants des organes du marché parisien, les autres tout à fait autonomes. Le plus caractéristique de ces organes, le premier aussi presque partout dans l'ordre historique, ce sont les banques locales. Nées au commencement du XIXe siècle avec le marché régional qui n'était encore qu'un petit marché local, elles ont été presque partout, pendant plus d'un demi-siècle son unique organe, vivant de lui et le faisant vivre. A partir de 1864 et surtout de 1882 sont venues s'installer, à côté des banques locales, les succursales de nos principales sociétés de crédit parisiennes dont les établissements en province sont aujourd'hui au nombre de 1.350 et témoignent d'une remarquable activité. Les banques locales, isolées les unes des autres, enlisées dans des traditions vénérables qui ne répondaient plus aux nécessités nouvelles de la vie fléchirent d'abord devant cette concurrence redoutable, et ne se sont pas encore relevées sur certains marchés du coup qu'elle leur a porté. Mais, depuis dix ans surtout, sur nos marchés les plus actifs du moins, les banques locales ont réussi à se ressaisir et à résister victorieusement. Elles ont lutté, tantôt en empruntant à leurs concurrentes certains de leurs services, tantôt en se spécialisant dans des services que les sociétés de crédit ne peuvent pas organiser avec la même ampleur, parfois même en combinant les deux méthodes ; elles se sont concentrées, transformées souvent en banques régionales ; elles ont fondé des succursales ; elles ont constitué un groupement national décentralisé : le Syndicat central des banques de province d'où est sortie récemment la Société centrale qui représente 400 banquiers de province, disposant de plus de 1.100 guichets, et témoigne de son activité par l'augmentation rapide de son capital. Sur certains marchés de province, à Bordeaux, à Marseille, à Grenoble, à Lyon, à Lille, à Nancy surtout, et sur quelques autres de moindre importance, les banques régionales, dont les principales sont au nombre d'environ 800 ont atteint un haut degré de prospérité qui se révèle par l'accroissement du chiffre de leurs affaires, par l'augmentation de leur capital qui a été évalué, pour les seules banques affiliées à la Société centrale, à 1.500.000.000 et dépasse aujourd'hui celui des sociétés de crédit. Nos quatre banques de Nancy, la Société Nancéienne, la Banque Renauld, la Banque Lévy-Bettinger, la Banque de Nancy, la Banque d'Alsace-Lorraine qui a son siège à Strasbourg, mais qui se comporte comme une véritable banque locale française, disposent d'un capital de plus de 110 millions qui a quadruplé depuis dix ans en même temps que le chiffre de leurs affaires, et elles donnent le spectacle d'une admirable activité. Tout près d'elles la Banque Varin-Bernier, la Banque Adam, le comptoir d'escompte des Ardennes, les établissements très français aussi que sont le Comptoir d'Escompte de Mulhouse et la Banque de Mulhouse se montrent leurs dignes émules.

Planant au-dessus de cette lutte féconde, qui n'exclut pas une certaine collaboration entre les agences des sociétés de crédit et les banques locales, prêtant aux unes et aux autres un concours aussi loyal qu'efficace, nous trouvons en troisième lieu sur les marchés régionaux, les succursales et les bureaux de notre grand établissement central d'émission, la Banque de France, qui exerce son activité sur 512 places commerciales de province. Il faut y joindre pour mémoire, car je n'aurai pas le temps d'y insister, les succursales du Crédit foncier de France et surtout nos 3.300 caissés locales de crédit agricole, nos 96 caisses régionales, qui en raison de leur caractère si franchement régional, méritent tout spécialement d'être mentionnées. Enfin sur six de nos marchés régionaux, qui ne sont pas tous les plus actifs, et parmi lesquels les plus actifs ne figurent pas tous, à Lille, à Lyon, à Marseille, à Toulouse, à Bordeaux, à Nantes, nous trouvons des bourses de valeurs calquées sur le type de la Bourse de Paris. Sauf celle de Lyon qui date de Louis XI, celle de Nantes qui a été fondée en 1868, elles remontent par leurs origines premières au commencement du XIXᵉ siècle. J'ajoute qu'une charge d'agent de change vient tout récemment d'être créée à Grenoble.

C'est en étudiant l'activité de ces organes du marché régional, en suivant, pour ainsi dire, à la trace les capitaux qu'ils font sans cesse passer des mains des prêteurs aux mains des emprunteurs, qu'on découvre sous son véritable aspect la vie financière régionale. On s'aperçoit alors que, par delà ou, si vous le voulez, à l'intérieur du puissant courant de la circulation financière nationale et internationale qui relie les prêteurs

et les emprunteurs de toute la France et même
du monde entier, il y a sur notre territoire, entre
les habitants de chaque région, y compris d'ailleurs la région parisienne, et à l'intérieur de
chacune de ces régions, entre les habitants des
localités qu'elle englobe, des courants plus profonds, plus resserrés, en étroite communication
avec les courants supérieurs comme avec les courants voisins, mais cependant tout à fait distincts.
Ces courants régionaux, à la différence des courants supérieurs où dominent des relations impersonnelles et anonymes comme les titres dont elles
assurent la circulation, sont alimentés par des
relations personnelles, nées du voisinage, du contact immédiat et direct entre les individus, de la
communauté plus parfaite d'idées, de traditions,
qui en résultent, et finalement de la confiance
plus grande, des possibilités plus larges d'action
collective que cette communauté seule peut engendrer. Voilà ce qui caractérise le crédit régional,
ce qui fait son originalité. Le crédit régional qui
se pratique même à Paris, et qui ne se pratique
pas exclusivement en province, c'est essentiellement le crédit personnel, le crédit consenti non
seulement aux garanties pécuniaires qu'apporte
l'emprunteur, mais à ses qualités personnelles,
et aux bénéfices qu'elles permettent d'espérer.
Chaque point du territoire national devient ainsi
un centre de rapports personnels, qui donnent
naissance à un courant spécial de circulation

financière et par conséquent à une multitude de marchés locaux juxtaposés, inextricablement enchevêtrés. Toutefois, parmi ces centres d'activité, il en est quelques-uns, formés par un faisceau plus complexe et plus puissant de grandes industries généralement groupées autour d'une grande ville, qui exercent leur action dans un rayon plus étendu ; ils englobent, sans les annihiler, les centres de moindre importance situés dans leur voisinage ; ils suscitent entre eux une circulation distincte de capitaux, qui lutte à la périphérie avec les courants voisins, qui se mêle à eux, mais qui converge vers l'intérieur. Ce sont ces centres d'attraction supérieurs, englobés à leur tour dans la sphère d'attraction du marché de Paris, qui constituent les grands marchés régionaux sur lesquels je veux attirer votre attention. Leur fonction essentielle consiste à entretenir, à développer la vie régionale en assurant dans chaque région une communication aussi parfaite que possible entre les capitaux régionaux et les représentants de l'activité régionale.

Pourtant, si intense et si variée que soit cette activité interne du marché régional, il ne vit pas replié sur lui-même et séparé des autres par des cloisons étanches. Il est rattaché à eux par ses frontières indistinctes, par des organes financiers communs, par les multiples liens de la solidarité nationale qui lui permettent d'entretenir avec eux des relations faciles, qui l'incitent à leur demander tantôt des capitaux pour ses industries et tantôt des placements pour son épargne. Enfin il subit l'attraction de plus en plus vive des marchés étrangers qui lui offrent des débouchés pour ses capitaux. Il entre ainsi en contact directement ou par l'intermédiaire du marché de Paris, avec les autres marchés français et avec les marchés étrangers. Organes autonomes de la vie financière régionale, les marchés régionaux sont en même temps, avec le marché de Paris, les organes associés de la vie financière nationale et internationale ; voilà les deux fonctions bien distinctes qu'ils remplissent et que je vais essayer d'analyser.

La tâche qui m'incombe est vaste et dépasserait de beaucoup les limites du temps dont je puis disposer si je voulais étudier par le détail la vie de chacun de nos marchés régionaux, même en me bornant aux plus grands. Aussi tout en notant les particularités les plus importantes de ces marchés, m'attacherai-je surtout, en m'appuyant sur quelques exemples significatifs, à dégager les caractères essentiels du marché régional en général, à mettre en relief le rôle qu'il joue ou qu'il doit jouer dans notre vie nationale. Vous ne vous étonnerez pas sans doute de me voir emprunter de préférence ces exemples au marché lorrain. J'y ai été amené non pas seulement par ce sentiment de particulier attachement qu'inspire même à ses enfants d'adoption comme moi, la terre lorraine, non pas seulement par le désir de vous intéresser plus sûrement en vous parlant davantage du marché que je connais le mieux, mais surtout par une raison d'ordre scientifique. Le marché lorrain en effet, s'il n'est ni le plus puissant ni même le plus complet des marchés français, puisqu'il ne possède pas de bourse, est peut-être, avec le marché de Lille et avec celui de Lyon, l'un de ceux où la vie régionale se manifeste sous les formes les plus riches et les plus variées, l'un de ceux aussi où le sentiment de la solidarité régionale s'affirme avec le plus de force ; et il est incontestablement celui où l'organe essentiel du marché régional, je veux dire la banque locale, est arrivé au plus haut degré de développement, celui enfin dont l'activité extraordinairement progressive depuis vingt ans, se répercute de la façon la plus sensible, en raison même de ses progrès, sur la vie économique de la France. C'est donc en Lorraine que nous pourrons observer sous leur forme la plus nette les phénomènes caractéristiques de la vie financière régionale et percevoir le plus facilement leur influence sur la vie nationale. En orientant ainsi mes recherches j'ai pensé d'ailleurs me conformer aux intentions des organisateurs de cette conférence, qui ont cru devoir le demander à un professeur de l'Université lorraine dont le seul titre à cet honneur était assurément de pouvoir étudier sur place le marché lorrain, et qui pour la présider sont allés chercher, en Lorraine encore, le Président de la Société Nancéienne, le banquier éminent et éminemment représentatif du marché régional et du marché lorrain qu'est M. Jean Buffet.

I

Le marché régional dont nous allons tout d'abord étudier la vie interne est caractérisé, avons-nous dit, par une circulation de capitaux qui s'opère avec le concours des banques et des bourses régionales entre les prêteurs et les emprunteurs régionaux. Cette circulation s'analyse en des avances diverses qu'il importe d'abord de distinguer avec soin. Les unes, à courte échéance, de quelques mois à peine, permettent à l'industrie de s'entretenir en se procurant par l'escompte et les avances sur titres le fonds de roulement qui leur est nécessaire, en hâtant sa rentrée dans leur caisse. D'autres avances à échéance moyenne, plus ou moins indéterminée, très fréquemment à découvert, permettent à l'industrie, principalement par l'emploi du compte courant débiteur, de se développer lentement, progressivement, comme la plante qui pousse, en amortissant les dépenses qu'entraîne leur développement par des économies sur leurs bénéfices. D'autres avances enfin, à longue échéance, dépassant plusieurs années, fournissent à l'industrie la facilité de se développer plus largement encore et plus rapidement. Il va de soi d'ailleurs que ces avances diverses, particulièrement celles à longue ou à moyenne échéance, permettent aussi à l'industrie de couvrir des pertes accidentelles ou de traverser sans sombrer des périodes de crise. Les avances à courte échéance, en raison des garanties pécuniaires qui y sont attachées et de la faible durée des engagements, ne participent qu'à peine au caractère personnel constitutif du crédit régional. Les avances à échéance moyenne y participent au contraire au plus haut degré. Quant aux avances à très longue échéance, suivant la forme qu'elles prennent (avances directes par les banques ou émission de titres), suivant aussi l'importance des entreprises qui les reçoivent, elles relèvent à des degrés divers tantôt du crédit personnel régional, tantôt, si vous me permettez cette expression, du crédit impersonnel et anonyme. De là des différences très grandes dans leur mode de distribution.

Les avances à courte échéance, en province comme à Paris, sont faites concurremment à l'aide des dépôts en banque par les agences provinciales des sociétés de crédit et par les banques locales, avec la collaboration de la Banque de France. Celle-ci, obligée par ses statuts de n'escompter que des effets revêtus de trois signatures, participe à l'opération principalement par le réescompte du portefeuille des autres banques qui se partagent l'avantage de donner la deuxième signature. Grâce à cette concurrence souvent très vive entre les banques françaises, nos industries régionales obtiennent des avances à courte échéance, à des prix plus bas et moins variables qu'en tous autres pays ; mais, sur certains marchés du moins, les banques françaises exigent des moyennes et des petites entreprises, des garanties pécuniaires plus fortes que celles dont se contentent souvent les banques étrangères.

J'ai dit que les sociétés de crédit et les banques locales se partagent avec la Banque de France les avances à courte échéance. Je dois ajouter qu'elles se les partagent inégalement. Les sociétés de crédit, excellentes banques d'escompte qui rendent comme telles d'éminents services à nos industries, s'occupent tout spécialement avec la Banque de France de ces avances à court terme, tandis que les banques régionales, si elles ne dédaignent pas les prêts à court terme, les considèrent plutôt comme les accessoires d'une autre catégorie d'opérations pour lesquelles elles jouissent d'un monopole presque exclusif : les avances à moyenne échéance et à découvert. Ce domaine, en effet, qui est essentiellement celui du crédit personnel régional, est absolument interdit à la Banque de France par ses fonctions de banque d'émission et d'ailleurs par ses statuts. Les sociétés de crédit ne peuvent s'y aventurer qu'avec beaucoup de prudence et de réserve, s'y bornant, comme elles le font d'ailleurs très sagement, à quelques opérations avec un petit nombre d'industries très fortement constituées. Les banques régionales au contraire peuvent s'y engager à pleines voiles sans risques excessifs pour elles-mêmes et avec le plus grand profit pour l'industrie. Pourquoi? Parce que leur constitution est différente de celle des sociétés de crédit, ce qui oblige les unes et les autres à se spécialiser dans des domaines différents.

D'abord les sociétés de crédit sont avant tout des banques de dépôts ; travaillant surtout avec des fonds remboursables à vue ou à très courte échéance, elles ne sauraient les prêter elles-mêmes à longue échéance sans s'exposer à un risque grave d'insolvabilité. Les banques régionales, au contraire, sont à des degrés divers, des banques d'affaires ; la proportion du capital fourni par les actionnaires et qui comme tel n'est exposé à aucune demande de remboursement, y est plus forte, par rapport aux dépôts, que dans les sociétés de crédit. Les dépôts représentent 300 p. 100 du capital actions dans les sociétés de crédit, 150 p. 100 dans les banques lorraines. Il est vrai qu'une partie du capital des banques lorraines, environ 60 millions, est seulement souscrit et non versé, mais la garantie n'en est pas affaiblie puisque le capital peut être mis sans délai à la disposition des banques si le besoin s'en faisait sentir.

Les sociétés de crédit, d'autre part, sont des établissements très fortement centralisés. La direction centrale, installée à Paris, n'a du marché régional qu'une connaissance de seconde main ; les données les plus précieuses, celles que fournit le contact personnel entre les hommes, lui font entièrement défaut. Le directeur de la succursale, mieux renseigné que la direction centrale, ne voit encore l'industrie que par le dehors ; il n'y est pas représenté, il n'a pas d'impression personnelle sur son fonctionnement. Il en sait assez pour faire des prêts à court terme, fortement garantis, mais non pour faire des avances à échéance éloignée et surtout à découvert qui lient plus étroitement et pour plus longtemps le sort de la banque à celui de l'industrie. En tout cas il est gêné dans sa décision par le sentiment des responsabilités rigoureuses qu'il encourt en cas d'insuccès. Aussi hésite-t-il toujours à s'engager à fond, surtout à découvert ; les rares avances de ce genre qu'il consent sont en général instables, à la merci d'un avis défavorable donné par un inspecteur de passage, d'un ordre téléphoné par l'établissement central, d'un incident quelconque, réveillant tout à coup chez celui qui les a consenties, le souci des responsabilités dont la hantise l'obsède et souvent le paralyse. — La banque régionale, est un établissement décentralisé ; son chef, installé sur le marché même où il opère, possède cette connaissance directe et incommunicable des hommes et des choses qui est le seul guide sûr du banquier. Il voit les industries, non plus par le dehors mais par l'intérieur ; il est mêlé à leur vie, il est représenté dans leur conseil d'administration ; il est renseigné sur les moindres événements qui s'y produisent ou qui s'y préparent, sur l'emploi que l'on fait ou que l'on veut faire de ses avances. Mieux que cela ! par son vote ou celui de ses représentants, il contribue à en décider lui-même. Avec de tels moyens d'information et d'action le banquier peut s'engager à coup sûr et il hésite d'autant moins à le faire que s'il se trompe, ce qui arrive rarement, il ne doit compte de son erreur qu'à lui seul. L'industriel de son côté est dans le même état d'esprit vis-à-vis de la banque ; participant à son administration, vivant de ses avances il se sent lié à elle comme elle se sent liée à lui. La banque se ferait scrupule de lui couper sans nécessité absolue les crédits qu'elle lui a consentis ; il se ferait un égal scrupule de lui retirer à l'improviste même les dépôts à vue qu'il lui a confiés. Le banquier et l'industriel pratiquent l'un envers l'autre une politique d'aide et de ménagement mutuel qui profite à l'un et à l'autre en diminuant dans la plus large mesure les risques de leur collaboration.

Cette pénétration de la banque et de l'industrie, cette collaboration intime, n'est pas sans inconvénients quand elle ne se limite pas à un cercle trop restreint, donne à l'effort commun une cohésion d'une efficacité surprenante. En Lorraine, par exemple, elle est poussée si loin que les conseils d'administration des quatre banques de Nancy comprennent sur 35 administrateurs 21 industriels qui occupent 230 sièges environ dans les industries régionales. Elle permet d'y réaliser des conceptions, en apparence paradoxales, qui se révèlent à l'expérience remarquablement fécondes et parfaitement sûres. A Nancy, particulièrement à la Société Nancéienne, qui a inauguré la méthode dont je vais vous parler, la confiance mutuelle entre prêteurs et emprunteurs est assez grande pour qu'une part importante des avances à découvert et à moyenne échéance soit accordée sous la forme d'effets à court terme que la banque n'est nullement obligée de renouveler, mais que cependant elle renouvelle avec la plus grande régularité. Avances à échéance indéterminée et pratiquement éloignée pour l'industriel qui sait à quoi s'en tenir et agit en conséquence, ce ne sont pour les banques que des avances à courte échéance qui ne compromettent en rien la disponibilité de leurs ressources. Bien plus, les banques lorraines ont trouvé le moyen, avec les effets qui leur sont donnés en garanties de ces avances, de reconstituer à chaque instant, et même d'augmenter dans des proportions considérables leur capital de travail. Pour cela elles présentent ces effets à la Banque de France qui, très légitimement confiante en leur sagesse, consent, quand l'état du marché le permet, à les leur escompter. Les fonds ainsi obtenus sont employés à de nouvelles avances qui elles-mêmes donnent lieu à de nouvelles opérations d'escompte et ainsi indéfiniment. Combinaison ingénieuse mais délicate, qui ne fonctionnerait pas avec succès dans tous les milieux, qui exige de la part des banquiers beaucoup de clairvoyance, de prudence, de virtuosité, mais qui réussit pleinement en Lorraine. Elle assure en plus grande abondance aux industries régionales, les ressources génératrices de leur incessant progrès, aux banques lorraines des profits élevés, et à la succursale nancéienne de la Banque de France, des avantages tels qu'elle se classe pour l'importance de ses bénéfices, au premier rang des succursales de province. Voilà comment les avances à découvert et à moyenne échéance des banques lorraines ont pu atteindre dans ces dernières années jusqu'à 62 p. 100 du chiffre de leurs bilans. Quant à la parfaite sécurité de ces opérations, même en période troublée, elle vient tout récemment encore d'être démontrée avec éclat. Au mois de septembre dernier tandis que d'importantes banques allemandes, gênées par des immobilisations de dépôts, ébranlées elles-mêmes par cette vague d'émotion qui passa sur l'Allemagne et vint se briser contre nos frontières, se débattaient au milieu des plus graves difficultés, tandis que les angoisses du samedi noir pesaient sur l'Allemagne tout entière, nos banques de Nancy, parfaitement sûres d'elles-mêmes, fortement appuyées sur la Banque de France et sur la Lorraine impassible, continuaient sans encombre, à 15 kilomètres de la frontière, leurs opérations accoutumées. Voilà ce que peut la solidarité sagement organisée et franchement acceptée!

D'autres banques locales dans la région de l'Est, à Lille, à Lyon à Grenoble, à Marseille, à Bordeaux, sur quelques autres places de moindre importance, soutiennent aussi de façon plus ou moins efficace, suivant les milieux, les industries régionales. Il est difficile de mesurer avec précision le chiffre global de leurs avances. M. Casimir Petit, dans son dernier rapport à la Société Centrale des banques de province, l'évalue à 4 milliards.

Mais si élevé que soit le chiffre de ces avances, elles sont encore localisées sur un petit nombre de marchés. Partout ailleurs les industries françaises n'ont guère à leur disposition que des avances à courte échéance qui leur permettent de s'entretenir, plutôt que de se développer ou de se multiplier. J'ajoute que dans beaucoup de nos régions agricoles, abstraction faite de la région de Lyon, du Sud-Est, de quelques régions du Nord et de l'Ouest, le crédit agricole, malgré ses progrès, est encore insuffisamment développé : les banques locales agricoles manquent de ressources personnelles, et utilisent encore péniblement, parfois médiocrement, les avances des caisses régionales.

*
* *

Là même où elles sont largement développées, les avances à échéance moyenne ne suffisent pas encore à l'industrie. Il lui faut aussi, avons-nous dit, pour atteindre son plein épanouissement, des avances à échéance plus longue. Qui les lui procurera ? En Allemagne, au prix de risques dont les événements que je viens de rappeler montrent la gravité, les banques allemandes, qui soutiennent admirablement les industries de leur pays, n'hésitent pas à leur fournir directement, dans une large mesure, des avances à très longue échéance, à immobiliser leurs ressources, à commanditer les entreprises. En France on a recours le plus souvent à une autre méthode plus rationnelle et plus sûre : on s'adresse directement, aux capitalistes en émettant des actions et des obligations. Ici apparaît une nouvelle fonction du marché régional, fonction qui elle-même s'analyse en deux opérations bien distinctes. Il s'agit d'abord de préparer l'émission, puis, l'émission étant prête, d'assurer le classement des titres dans les portefeuilles privés et leur circulation d'un portefeuille à l'autre.

La préparation de l'émission, sauf pour les entreprises exceptionnellement puissantes, nécessite impérieusement, pour faire l'avance des fonds et pour assumer les risques de l'opération, le concours des banques. Il s'agit en somme de continuer l'œuvre commencée par les avances à moyenne échéance ; il y faut la même connaissance de milieu, la même pénétration de la banque et de l'industrie, la même liberté d'action ; il faut encore plus de capitaux susceptibles d'être engagés à longue échéance, d'autant plus que les entreprises à transformer ou à développer sont moins connues du public. Il est donc naturel que les sociétés de crédit fassent preuve à cet égard de la même impuissance relative, de la même réserve parfaitement légitime et les banques régionales de la même supériorité et de la même activité. Aussi peut-on dire, qu'à part un petit nombre d'exceptions, toutes les émissions de valeurs régionales faites en France ont été préparées par les banques régionales. C'est ici encore le domaine du pur crédit régional et comme l'a écrit M. Charles Renauld (l'un des hommes de France qui, avec M. Buffet, possède en cette matière l'expérience la plus étendue) « *le réduit imprenable* » de la banque locale. Les banques lorraines en particulier ont déployé dans ce domaine une activité tout à fait remarquable. Dans le seul département de Meurthe-et-Moselle, où se développent parallèlement les industries les plus variées, entraînées par les industries textiles, minières et métallurgiques, les titres des sociétés par actions représentent plus de 600 millions. Or ces 600 millions ont été pour la plus grande partie fournis par les capitalistes lorrains, aux industries lorraines par l'intermédiaire des banques lorraines. Depuis 1889 seulement, nos cinq banques de Nancy ont préparé pour 200 millions d'émissions, et en préparent chaque année davantage : 12 à 13 millions par an de 1889-1904, 28 en 1905, 45 en 1908. Ainsi s'expliquent les merveilleux progrès réalisés depuis vingt ans par les industries lorraines. Ainsi s'explique que depuis 1902 la production du sel se soit accrue en Lorraine de plus de 1/4, celle de la fonte des 2/3, celle de l'acier des 3/4. Ainsi s'explique que la Lorraine puisse fournir à la France plus de la moitié de son acier, 70 p. 100 de sa fonte, 80 p. 100 de son minerai de fer, 90 p. 100 de son sel. Ainsi s'explique qu'elle procure à la compagnie de l'Est des éléments d'activité assez importants pour lui permettre de rembourser à l'État, par anticipation, sa dette de garantie et de suppléer par ce moyen à l'insuffisance de nos recettes ou plutôt à l'excès de nos dépenses. Ainsi s'explique en un mot que la Lorraine soit à l'heure actuelle l'une des régions les plus prospères de la France et du monde entier, l'une de celles aussi qui contribue le plus à la prospérité de notre pays. Les banques lorraines, assurément, ne sont pas les seuls agents de cette admirable expansion ; les richesses du sous-sol, la remarquable activité et l'esprit d'initiative des chefs d'entreprises, les qualités de la population y contribuent dans la plus large mesure ; mais sans les banques lorraines les industries lorraines, si favorisées qu'elles soient par le milieu, n'auraient jamais pu ni se constituer, ni se développer. On peut faire la même observation à propos de tous les grands marchés régionaux.

Quand l'émission des titres est prête, il s'agit de les vendre aux capitalistes, d'en assurer la circulation en les faisant passer des mains de ceux qui cherchent des capitaux aux mains de ceux qui cherchent des placements, en un mot d'organiser le marché ; or s'il est sans inconvénient et même avantageux pour les grandes entreprises de faire négocier leurs titres sur le marché de Paris, qui les met en rapport avec les capitalistes de toute la France et du monde entier, cela n'est pas sans danger pour les valeurs de moyenne ou de faible importance qui n'excèdent pas 10 ou 12 millions c'est-à-dire pour la plupart des valeurs régionales. Séparées des capitalistes qui les connaissent, des banquiers qui ont guidé leurs premiers pas, elles risqueraient sur le marché de Paris d'être ignorées et dédaignées, ou bien accaparées à certains moments par des spéculateurs qui, en imprimant à leur cours des oscillations immodérées, les exposeraient aux plus redoutables dangers. De là résulte la nécessité d'assurer sur le marché régio-

nal lui-même le classement et la circulation des
valeurs régionales, jusqu'au jour où les principales d'entre elles, arrivées à leur plein épanouissement, viendront sur le marché de Paris s'alimenter au puissant courant de la circulation
nationale et en même temps le renforcer. Comment s'y prendra-t-on pour organiser en province
le marché des valeurs régionales? L'intermédiaire classique pour ce genre d'opérations c'est
la bourse à parquet dont la cote publique reflète
avec précision toutes les variations de l'offre et
de la demande, toutes les fluctuations de fortune
de l'entreprise et permet de négocier, sans aucun
retard, les titres qui y sont inscrits. Dans nos cinq
bourses provinciales de Lille, de Lyon, de Toulouse, de Bordeaux et de Nantes, on négocie quo-
tidiennement avec quelques grandes valeurs
nationales et étrangères, les valeurs de chacune
de ces régions, si bien que la cote de la bourse
reproduit très exactement la physionomie du
marché. On y voit figurer partout, dans des proportions qui varient avec l'importance des centres urbains régionaux, des emprunts municipaux, des entreprises de transports locaux, des
sociétés d'éclairage par le gaz et l'électricité.
Mais, abstraction faite de ces éléments communs,
il y a des différences très sensibles entre les
diverses bourses. Celle de Lyon qui au XVIe siècle
jouissait d'une autonomie financière absolue, qui
éclipsait même le marché de Paris, fait preuve

aujourd'hui d'une grande activité qui s'exerce dans des domaines très variés, même sur des valeurs étrangères qui ne se négocient pas à Paris[1], mais surtout sur les valeurs régionales : métallurgie, filatures, textiles, stéarineries, produits chimiques, enfin plus récemment électrométallurgie, industries automobile et hydro-électrique, sans parler des affaires coloniales auxquelles les Lyonnais se sont toujours intéressés[2]. Entre 1871 et 1911 le nombre des titres régionaux introduits sur le marché est de près de 6 millions représentant un capital au pair de près de 3 milliards. Depuis 1900 à 1911 les valeurs régionales introduites exclusivement à la Bourse de Lyon, sont représentées par 4.833.000 titres d'une valeur nominale de 998.700.000 francs. A la différence du marché de Lyon, qui se distingue par la grande diversité de ses opérations, le marché de Lille, qui est après lui le plus important, s'est étroitement spécialisé dans la métallurgie et surtout dans les charbonnages dont la plus-value depuis 1870 s'est

1. Par exemple les borax et les Zafre Huelva qui ne se négocient qu'à Londres.

2. Ce sont les Lyonnais qui ont en majeure partie pourvu de capitaux et organisé au point de vue économique la Tunisie, le Tonkin, Madagascar. Ils ont contribué très largement à la constitution des vignobles algériens. Actuellement ils se portent en masse vers le Maroc. Les capitalistes lyonnais, très audacieux et en même temps très réfléchis, se méfient des affaires dirigées par des hommes qu'ils ne connaissent pas. Cet état d'esprit favorise singulièrement sur leur marché l'essor des valeurs régionales.

traduite par une hausse d'environ 100 millions à plus de 2 milliards. L'ensemble des titres représente un capital au pair de 900 millions, coté plus de 3 milliards [1], ce qui n'empêche pas, là comme ailleurs, des moins-values considérables sur certains titres. A Marseille prédominent, avec les entreprises maritimes, les raffineries, les huile-

1. Ce total se décompose de la façon suivante :

Actions.	Valeur nominale en millions.	Valeur réelle en millions.
Charbonnages.	97	2.290
Aciéries.	130	250
Banques.	42	81
Eaux, gaz, transports	84	120
Divers	170	180
Obligations.		
Villes et départements	45	43
Eaux, gaz, transports	25	23
Sociétés diverses.	19	17
Aciéries	54	52
Charbonnages	152	148
Totaux en millions.	818	3.204

	Nombre de titres.	Capital nominal.
	francs.	francs.
Emprunts de départements	5.503	6.754.274
Emprunts de villes.	3.424	1.752.000
Sociétés industrielles et commerciales	4.825.990	990.204.250
Totaux	4.834.917	998.710.524

Certains titres de charbonnages (Bruay, Sens, Vivoigne, Marles, Béthume, Bourges, Courrières, Ligny). sont cotés à Paris, mais les contre-parties sont rares et les intermédiaires doivent aller les chercher le plus souvent à Lille.

ries, les savonneries. Le capital au pair y est
d'environ 200 millions, le capital coté de 300.
A Nantes, à Bordeaux on trouve surtout des entreprises de navigation, à Toulouse des entreprises
hydro-électriques. Mais sur ces trois places le
chiffre des affaires est moins important, et malgré
la bonne tenue d'un assez grand nombre de valeurs,
la plus-value moyenne y est moins forte ou parfois
inexistante. A Nantes cependant elle atteint 9 millions depuis 1900, sur un total de 109 millions.

La caractéristique commune à tous ces marchés de province c'est la prédominance des opérations au comptant, la proportion très faible,
mais sensiblement plus forte cependant sur le
marché de Lyon, des opérations à terme, spécialement des primes et des reports. A la différence
du marché de Paris qui est par excellence le
marché de la spéculation, les bourses de province
sont avant tout des marchés de placement; la
spéculation cependant n'y est pas inconnue, et y
détermine parfois des crises comme on l'a vu à
Lyon en 1882 et en 1895 [1].

1. La crise de 1882 due à des excès de spéculation qui ont porté
principalement sur les titres de « l'Union générale », mais qui n'ont
pas tardé à se généraliser par contagion, a entraîné la chute de tous
les agents de change de la place. Pour désintéresser les créanciers,
la chambre syndicale a émis pour 54 millions de bons de liquidation qui ont été progressivement remboursés au moyen d'une impo-
sition de 30 p. 100 sur les courtages de toutes les charges. Le remboursement a été achevé en 1904. La crise de 1895 a porté sur les
mines d'or et a fait de nombreuses victimes.

Ces bourses ne jouissent pas toutes d'une égale prospérité. Quelques-unes témoignent d'une médiocre activité. Elles sont affectées par certaines des causes générales qui font sentir à Paris même leur influence déprimante. Elles souffrent, de plus, de la concurrence du marché de Paris qui attire de plus en plus à lui, par l'intermédiaire des banques, les négociations sur les grandes valeurs nationales et internationales. Puis à côté d'elles comme à Paris, plus activement encore peut-être se développe le marché en banque. Les banques régionales, en effet, trouvent dans l'intimité de leurs relations avec les capitalistes et les industriels, dans la confiance qu'elles inspirent aux uns et aux autres, des facilités toutes spéciales pour assurer le classement et la circulation des valeurs dont elles ont préparé l'émission. Le meilleur exemple qu'on puisse citer de leur puissance de pénétration sur le marché régional est incontestablement celui des banques de Nancy, qui avec beaucoup d'aisance, sans le concours d'aucune bourse, placent, achètent, revendent suivant les besoins les titres des entreprises qu'elles ont elles-mêmes constituées. Il n'y a pas une région française où le contact soit mieux établi entre les capitalistes régionaux et les industries régionales; il n'y en a pas non plus où le cours des valeurs régionales soit plus stable et plus régulier. Est-ce à dire que les banques lorraines pourront indéfiniment assumer une tâche que leur activité même et le progrès industriel de la région rend sans cesse plus lourde ? Problème délicat qui se pose à Nancy depuis quelques années. Certains membres de la Chambre de Commerce ont estimé que la création d'une bourse, qui collaborerait avec les banques, contribuerait par la facilité plus grande de négocier les titres, par la possibilité de réaliser des bénéfices sur les variations de leurs cours, à attirer du dehors en plus grande abondance les capitaux nécessaires pour mettre en valeur les immenses richesses naturelles de la région. Ils ont pensé aussi que le chiffre élevé des valeurs régionales de l'Est, qui atteint aujourd'hui 800 millions, peut offrir dès maintenant un aliment suffisant aux négociations et ils ont proposé d'organiser sans retard une bourse à Nancy. Ce projet inspira d'abord aux banques quelques inquiétudes. Sa réalisation leur paraissait prématurée, préjudiciable peut-être à certaines valeurs qui seraient exposées davantage à la spéculation et qui, au moment de l'ouverture de la bourse, risqueraient de reparaître sur le marché en trop grande abondance. Les banques demandaient non pas l'abandon du projet, mais son ajournement à une époque où les titres à négocier seraient plus nombreux et les entreprises constituées plus puissantes encore. Finalement on s'arrêta à une ingénieuse conception qui conciliait, avec tous les intérêts, les avantages des deux systèmes. Elle consistait à confier la gestion de la bourse aux banques elles-mêmes organisées en syndicat professionnel. Ce syndicat serait constitué en marché libre sans aucun monopole. Il serait soumis, spécialement pour l'établissement de la cote, au contrôle d'un comité de patronage désigné par la Chambre de Commerce. La bourse devait s'ouvrir le 19 novembre 1908. Mais au moment de passer à l'exécution on se heurta au veto des agents de change de Paris, qui, à tort ou à raison, virent dans l'organisme nouveau une atteinte à leur monopole. La question reste donc pendante. Mon but n'est point d'ailleurs d'en chercher la solution mais simplement de mettre en relief, en vous montrant comment elle se pose, le rôle considérable que jouent les banques locales dans la circulation des valeurs régionales. J'ajoute que les sociétés de crédit peuvent, dans ce domaine, collaborer avec les banques locales, et le font en effet plus ou moins activement suivant les régions. En Lorraine, où la bonne semence jetée par les banques locales commence à produire des fruits abondants, les sociétés de crédit semblent manifester depuis quelque temps un intérêt croissant, non seulement pour la circulation des valeurs déjà constituées, mais même pour l'émission des valeurs nouvelles.

Essayons maintenant de nous faire une idée d'ensemble des opérations effectuées en province sur les valeurs régionales. Pour les banques, il n'existe aucune statistique directe susceptible de nous renseigner complètement. Nous savons seulement par le dernier rapport de M. Casimir Petit à la Société Centrale des banques de province que les émissions de valeurs faites depuis cinq ans par les banques régionales peuvent être évaluées à 500 millions. Cependant les données dont nous disposons nous fournissent deux constatations intéressantes. La première met en relief la prodigieuse concentration financière qui caractérise notre pays. Le chiffre total des opérations de bourse faites en province représente à peine le dixième de celles qui ont lieu à Paris; tandis que les négociations annuelles de la bourse de Paris atteignent 160 milliards, celles des bourses de province n'excèdent pas 6 milliards. La deuxième constatation, assez imprévue peut-être, c'est que depuis vingt ans les marchés de province se développent bien plus rapidement que celui de Paris. Tandis qu'à Paris depuis 1900 le produit de l'impôt sur les opérations de bourse a progressé de 47 p. 100, en province il a progressé de 57 p. 100, sans parler d'un développement important des opérations de crédit agricole qui portent aujourd'hui sur une centaine de millions. Voilà une preuve irrécusable de la vitalité des marchés régionaux, de leur résistance victorieuse à toutes les forces qui agissent de nos jours dans le sens de la concentration et de la centralisation financière. Le marché régional n'est donc pas une survivance du passé, c'est une réalité actuelle, dont l'existence paraît liée aux conditions fondamentales de la vie économique. Malheureusement les progrès révélés par ces chiffres sont encore localisés sur les grands marchés que je vous ai cités et sur un petit nombre de places secondaires assez disséminées, sur les marchés où les avances à moyenne échéance et à découvert, qui préparent les émissions en assurant le développement des industries, sont méthodiquement organisées, autrement dit, là où on trouve des banques vraiment régionales qui n'évoluent pas, comme certaines d'entre elles, dans le sens de la banque de dépôt. Partout ailleurs, là où ne sont distribuées que des avances à courte échéance, ce qu'on constate, c'est un développement presque insensible, parfois la stagnation ou même la régression, soit que, par la faute du milieu ou des hommes, les emprunteurs manquent aux prêteurs, soit que les prêteurs manquent aux emprunteurs, soit que, comme il arrive d'ordinaire dans les milieux où l'élan fait défaut, ces causes de dépression s'engendrent les unes les autres et se développent ensemble en se renforçant mutuellement.

Mais si l'activité créatrice manque encore fâcheusement sur un trop grand nombre de nos marchés, l'épargne y est presque partout abondante, d'autant plus abondante que nous consacrons une moindre partie de nos ressources à l'éducation des générations futures. Que vont devenir les capitaux qui s'accumulent sur les marchés sans y trouver d'emplois suffisants ? C'est ce que nous allons rechercher en étudiant les relations des marchés régionaux entre eux et avec les marchés étrangers.

II

L'importance, la difficulté et aussi le mécanisme des relations que le marché régional entretient avec l'extérieur sont très variables, suivant la nature des opérations effectuées, suivant leur caractère personnel et régional plus ou moins accentué. Les opérations qui relèvent nettement du crédit personnel et qui, plus que toutes les autres, sont basées sur le voisinage opposent une grande résistance aux communications interrégionales. Cependant, même à leur égard, le besoin d'élargir le champ de la circulation se fait sentir, soit pour atténuer les risques qui résulteraient d'une collaboration trop intime et trop exclusive entre un nombre trop restreint de personnes, soit pour suppléer aux insuffisances de ressources de certains marchés par les excédents des autres et réaliser pleinement l'unité financière nationale. On parvient à concilier partiellement ces nécessités contradictoires en combinant dans le développement des organes du crédit une certaine concentration qui leur permet de faire passer les capitaux d'un marché à l'autre, avec une décentralisation accentuée qui maintient les banques en contact intime avec les industries locales. Quant à l'éloignement des capitalistes qui fournissent les fonds, les banquiers y peuvent suppléer dans une certaine mesure par la confiance qu'ils leur inspirent. Les banques de Nancy, par exemple, comme l'a montré la dernière émission d'actions de la Banque Renauld, recueillent des souscriptions dans un rayon de plus en plus étendu. Ainsi, même pour les opérations de crédit personnel, peuvent s'établir entre les marchés régionaux, surtout entre les marchés voisins, des relations directes entretenues par les banques locales. Les opérations qui ont un caractère plus ou moins impersonnel se prêtent au contraire facilement, d'autant plus facilement qu'elles sont plus impersonnelles, aux communications interrégionales. Ces communications sont assurées entre les marchés régionaux principalement par l'intermédiaire des organes centralisés du marché de Paris.

Occupons-nous d'abord des opérations de la première catégorie, c'est-à-dire des avances à moyenne échéance et à découvert. L'élargissement du champ de ces opérations a été obtenu par l'élargissement même des marchés locaux, par la concentration des banques locales, par leur transformation en banques régionales, par la multiplication des succursales qui permet à certaines banques comme le Crédit du Nord, la Banque privée de Lyon-Marseille, la Société Nancéienne, de jouer de façon très efficace le rôle de trait d'union entre les divers marchés. Certaines banques régionales installent parfois leurs succursales à une grande distance, par exemple la banque de Nancy jusque dans le Gard; un nombre croissant de banques régionales ont des établissements à Paris. Les relations des banques de Nancy avec la Banque de France, dont je vous parlais tout à l'heure, se présentent ici sous un jour particulièrement intéressant. Grâce au concours que leur prête la Banque de France, les banques de Nancy réussissent, même pour les opérations de crédit strictement personnel, à mettre les industries lorraines, par l'intermédiaire de notre banque nationale, en relations, non seulement avec les marchés voisins mais avec tous les marchés français, à ramener au crédit régional les capitaux engagés dans le courant de la circulation nationale et internationale. Il est à noter que le problème a été résolu de façon analogue pour les mêmes opérations, dans le domaine du crédit agricole, par la création des caisses régionales qui mettent à la disposition des caisses locales les avances de la Banque de France à l'Etat.

De la même façon et avec les mêmes ressources, les banques régionales jouent le rôle de trait d'union entre les marchés pour la préparation des émissions de titres au profit des entreprises d'importance moyenne qui ne peuvent pas aborder directement le marché de Paris. Quant à la circulation de ces mêmes valeurs une fois constituées, elle se rattache encore au crédit régional par la faible notoriété des entreprises qui les émettent, mais elle est favorisée par la publicité, les garanties, les facilités de négociation qui résultent de la forme même des titres ; aussi se fait-elle beaucoup plus aisément d'un marché à l'autre. Les bourses elles-mêmes peuvent y participer. La bourse de Lyon joue à cet égard dans notre pays depuis 1898 un rôle des plus remarquables. Elle s'intéresse non seulement aux valeurs de la région lyonnaise, mais à celles de la France tout entière, aux mines des Cévennes, de l'Auvergne, de la Lorraine, aux entreprises métallurgiques du Creusot, de Mâcon, de la Franche-Comté, aux entreprises électriques de Cannes, de Reims, d'Angoulême, d'Angers, aux chemins de fer et aux tramways locaux du Nord, des Charentes, de Brest, sans parler de multiples entreprises coloniales françaises. Si cette pratique se généralisait, les bourses locales, rendraient d'immenses services aux valeurs régionales en leur assurant, à l'abri des agitations du marché parisien, un large champ de circulation. Malheureusement les autres bourses locales en raison sans doute de l'insuffisante éducation des capitalistes qui les fréquentent, ne négocient guère que les valeurs de leurs propres régions.

Il me semble cependant qu'un effort devrait être tenté dans cette direction et que les bourses régionales, qui manquent parfois d'élément d'activité, y trouveraient un très grand avantage en même temps que le pays tout entier.

Les banques régionales jouent aussi, dans la circulation des valeurs régionales d'un marché à l'autre, un rôle des plus utiles. Les banques de Lille, de Nantes, de Lyon, de Grenoble, de Dijon, toutes les banques de Nancy organisent en leur faveur par le moyen de circulaires, lues dans toute la France et parfois même à l'étranger, une publicité des plus efficaces. La banque Renauld et la Société Nancéienne ont pris l'initiative de publier presqu'en même temps un annuaire des valeurs régionales de l'Est qui exercera dans le même sens une action très puissante. Certaines banques exceptionnellement actives s'intéressent aux valeurs régionales de la France tout entière : La Société Nancéienne, par exemple, aux chemins de fer du Tarn, des Côtes-du-Nord, à la Société pyrénéenne d'énergie électrique, la Banque Renauld à l'aluminium du Sud-Ouest, etc. Mais le phénomène le plus caractéristique à signaler dans ce sens, c'est la fédération des organes locaux du crédit régional, je veux dire la Société centrale des banques de province. Sa concentration décentralisée lui permet de jouer dans la circulation interrégionale des valeurs mobilières, un rôle important. Elle publie une très intéressante revue, la *France économique et financière* qui consacre chaque semaine de longs développements aux valeurs régionales. Elle collabore à leur circulation avec les banques régionales. Elle collabore même parfois à la préparation des émissions ainsi qu'elle l'a fait, par exemple, pour le secteur électrique de Villeneuve-Saint-Georges, la papeterie de Marais, la Banque de Bretagne, etc... Si la Société centrale se développait dans ce sens, si tout en respectant l'autonomie des banques locales et leur caractère d'organes du crédit personnel, elle resserrait les liens qui les unissent ensemble, elle pourrait devenir l'intermédiaire le plus capable d'assurer la communication entre les marchés français pour les opérations de crédit personnel. Les représentants de la Société centrale nous donnent aujourd'hui l'espoir que l'outil étant forgé il sera plus spécialement employé dans l'avenir aux opérations de crédit régional. Enregistrons cette promesse avec joie. Mais sans méconnaître les services déjà rendus par la Société centrale aux valeurs régionales on doit reconnaître que telle n'a pas été jusqu'ici cependant sa destination principale, soit que l'attrait, très légitime d'ailleurs, des bénéfices à réaliser, l'ait orientée davantage vers des valeurs non régionales, soit aussi, comme l'a écrit M. Casimir Petit, que la répugnance des capitalistes français pour les affaires régionales, l'incapacité, l'esprit chimérique dont font preuve parfois les intermédiaires qui les présentent et même, dans certaines régions, l'absence de toute affaire, aient obligé la Société à chercher en dehors du crédit régional d'autres aliments à son activité. Finalement, ce que nous constatons jusqu'ici dans ce domaine du crédit personnel interrégional, ce sont surtout des tendances nouvelles, intéressantes par les progrès dont elles témoignent, mais dont aucune cependant n'a pu encore aboutir à des réalisations absolument satisfaisantes pour l'ensemble du pays.

La raison en est simple : elle tient à l'organisation très imparfaite dans beaucoup de régions de ces formes de crédit personnel. Le crédit régional, comme on l'a dit du crédit agricole qui n'en est qu'une forme particulière, s'organise par en bas et non par en haut : la collaboration des marchés régionaux peut féconder les efforts de ceux qui déploient une certaine activité interne, elle ne saurait y suppléer.

Si maintenant nous passons aux opérations de crédit qui relèvent moins directement ou qui ne relèvent pas du tout du crédit personnel, nous constaterons un contraste complet, nous verrons que pour ces opérations les communications interrégionales sont assurées de la façon la plus parfaite par des organes très nombreux et très puissants. Il en est ainsi d'abord pour la répartition interrégionale des capitaux placés à court terme. Les sociétés de crédit y participent de la façon la plus remarquable. En contact par leurs succursales avec tous les marchés régionaux, elles peuvent, par l'intermédiaire de l'établissement central parisien qui groupe tous les renseignements sur chacun d'eux, transporter à chaque instant les capitaux dont elles disposent des marchés où ils sont surabondants sur les marchés où ils sont insuffisants. A côté des sociétés de crédit, la Banque de France joue dans le même domaine un rôle identique mais beaucoup plus important encore. Elle dispose en effet de plus de ressources ; elle peut aussi grâce à ses billets, grâce surtout à ses virements, déplacer ses ressources avec plus de rapidité et d'économie. Enfin, en sa qualité de banque des banquiers, elle fait participer à cette opération de répartition et aux facilités dont elle-même bénéficie pour l'effectuer toutes les autres banques, y compris les banques locales. Grâce à elle tous les marchés régionaux peuvent, par l'intermédiaire de toutes les banques françaises, attirer à eux de tous les points du territoire les dépôts dont ils ont besoin pour leurs avances à courte échéance. On peut même ajouter que la Banque de France assure ainsi au profit de toutes les banques, de toutes les bourses, de tous les individus et même de l'État la circulation de tous les capitaux quelle que soit leur destination. Ce n'est pas à dire que le caractère régional de ces opérations à court terme, ait complètement disparu en France : le taux de l'escompte varie encore pour les individus d'un marché à l'autre sous l'influence de causes régionales. Il dépend en particulier de l'organisation des banques, de leur concurrence plus ou moins vive ou plus ou moins atténuée ; mais le taux d'escompte de la Banque de France, qui agit puissamment sur celui de toutes les autres banques, est unique pour la France tout entière, et exerce sur tous les marchés régionaux son action régulatrice.

Les relations entre les marchés régionaux sont encore plus étroites pour les placements à longue échéance, en grandes valeurs mobilières négociables sur le marché de Paris, en bourse ou en banque. Le contact est ici établi entre les prêteurs et les emprunteurs par l'intermédiaire non seulement de toutes les banques qui ont un organe central à Paris, mais de bourses de province et même directement par l'intermédiaire de la bourse de Paris. On en peut dire autant, grâce au Crédit foncier, des prêts hypothécaires. C'est que l'importance des garanties pécuniaires, la puissance financière des emprunteurs supplée aux relations personnelles de voisinage. Nous sommes ici dans le domaine du pur crédit impersonnel national et international. Voilà pourquoi toutes ces opérations convergent vers le marché de Paris. C'est lui qui fixe les cours. Sa centralisation même, qui l'empêche d'intervenir efficacement dans les relations interrégionales pour les opérations de crédit personnel, lui permet de jouer ici un rôle plus actif et qui le serait plus encore s'il admettait plus largement qu'il ne l'a fait jusqu'ici les valeurs régionales assez importantes pour l'aborder sans danger. Il y tend d'ailleurs depuis quelques années. Toutefois dès maintenant, grâce au marché de Paris, les marchés régionaux se comportent les uns vis-à-vis des autres, non plus, ainsi qu'ils le font trop souvent en matière de crédit personnel, comme des vases clos, mais comme des vases communiquants, où l'équilibre entre les capitaux et les besoins s'établit sans obstacle, si parfaitement communiquants que leur individualité demeure à peine distincte. Dans ce domaine ils ne sont plus avec le marché de Paris que les organes collectifs d'un grand marché national totalement unifié. Ce marché entretient une circulation nationale d'autant plus intense ou plutôt plus encombrée que la circulation régionale est plus resserrée. Tandis que les capitaux ne rencontrent souvent dans la circulation régio-

---

1. Le marché de Paris jusqu'à ces dernières années se montrait très sévère pour les admissions à la cote : il prétendait, semble-t-il, donner aux titres une estampille de qualité. N'étant pas infaillible, cette estampille ne saurait être que dangereuse par l'illusion de sécurité qu'elle risquerait de donner au public. La politique de la bourse de Lyon qui admet tous les titres de sociétés régulièrement constituées est à certains égards préférable, à la condition cependant qu'on n'admette pas les sociétés qui notoirement ne sont pas sérieuses. Certaines réserves s'imposent aussi à l'égard des valeurs étrangères dont l'admission expose à plus de risques les capitaux nationaux et pourrait léser dans certains cas l'intérêt national.

nale que des voies étroites et rares, des communications imparfaites et interrompues, ils trouvent dans le courant de la circulation nationale des voies nombreuses, larges et aplanies ; ils s'y précipitent vers les placements à court terme, vers les fonds d'Etat et vers les titres des grandes entreprises avec une force accrue de toutes les résistances auxquelles ils se heurtent dans la circulation régionale, de toutes les répugnances qui les en détournent.

Venons maintenant aux relations des marchés régionaux avec les marchés étrangers. Il ne sera pas nécessaire, malgré leur importance croissante, d'insister sur leur mécanisme, car tout ce que nous venons de dire du marché national, s'y applique exactement. Les barrières qu'élève entre les hommes la diversité des nations sont incompatibles, ou peu s'en faut, avec les opérations de crédit purement personnel. Pour les autres, la communication est établie par les organes que nous avons déjà rencontrés dans le champ de la circulation nationale. Avec les capitaux qu'elles reçoivent en dépôt sur nos marchés régionaux, les sociétés de crédit françaises et certaines banques locales font à l'étranger, par l'intermédiaire de leurs succursales, des avances à court terme dont l'importance peut se mesurer à l'influence que leur retrait a exercée au mois de septembre dernier sur le marché allemand. Pour les placements à très longue échéance en valeurs étrangères, c'est encore la bourse de Paris mais aussi les bourses de province qui, par l'intermédiaire de toutes les banques françaises et même directement, relient les marchés régionaux aux marchés étrangers. Il n'est aucune banque française, y compris les banques locales, qui ne place des valeurs étrangères. La préoccupation de participer plus largement à leur émission a même contribué tout spécialement à la constitution de la Société centrale des banques de province. Il faut noter aussi que depuis quelque temps on voit s'installer à Paris et en province de nombreuses banques franco-étrangères pour encourager le commerce et l'industrie (on ne dit pas de quel pays) qui négocient en abondance des valeurs étrangères. Mais il est bien connu que les sociétés de crédit sont, grâce à leurs multiples succursales, à leurs services de dépôts de titres et de location de coffres-forts, grâce à leurs démarcheurs, grâce à leur admirable organisation, qui les met en contact avec une multitude de capitalistes, les agents les plus actifs de nos placements à l'étranger. Détournées par leur organisation centralisée des opérations de crédit régional, réduites sur le marché national à des opérations de caisse et d'escompte assez peu lucratives, elles sont forcées pour vivre et pour utiliser les capitaux qui refluent vers elles des canaux trop étroits de la circulation régionale, à faire le commerce des fonds d'Etat et des titres des grandes entreprises. Mais comme les grandes valeurs nationales n'offrent qu'un aliment insuffisant à leur activité, elles se tournent vers les pays étrangers, en voie d'expansion, et pressés par un intense besoin de capitaux, qui savent payer à son prix la faculté de puiser à pleines mains dans l'immense réservoir des capitaux français. A en juger par le chiffre des émissions étrangères en France qui depuis dix ans dépasse en moyenne 2.700 millions, soit plus de trois fois la moyenne des émissions françaises ; à en juger par la progression des émissions étrangères qui s'élève en 1910 au chiffre formidable et jamais atteint jusque-là de 4.600 millions pour 800 millions d'émissions françaises ; à en juger enfin par une sensible dépréciation de nos valeurs nationales qui ne correspond pas à une diminution de leur revenu, il semble bien que la force d'attraction qui détourne de ces valeurs nationales les capitaux français au profit des emprunteurs étrangers commence à devenir plus puissante encore que celle qui les a d'abord détournés au profit des valeurs nationales des opérations de crédit régional. C'est donc de plus en plus vers les pays étrangers que s'évadent les capitaux régionaux qui ne sont pas employés sur place au développement de la production française.

Je reconnais d'ailleurs que les placements à l'étranger sont, pour la France surtout, fort utiles et même nécessaires. L'avantage que j'y vois ne consiste pas précisément, comme on le répète souvent, dans les facilités qui peuvent en résulter pour le paiement de nos dettes à l'étranger. Il s'agirait en effet de savoir si les excédents de créances, engendrés par les intérêts annuels de nos placements, ne sont pas compensés et au delà par les excédents de dettes qui résultent annuelle- ment de nos placements nouveaux. Ils le sont de plus en plus et l'exemple de la Belgique est là pour démontrer que les placements à l'étran- ger peuvent même parfois provoquer de véritables crises de change. L'avantage réel de ces place- ments réside, selon moi, dans le supplément de richesses que procure au pays le revenu des capitaux qui ne pourraient être employés utile- ment, au développement de la production natio- nale, avantage que l'état stationnaire de notre population, qui facilite notre épargne et limite nos débouchés, rend d'ailleurs particulièrement pré- cieux pour nous. L'avantage des placements à l'étranger consiste encore, comme on l'a vu au mois de septembre dernier, dans le point d'appui qu'il peut fournir aux négociations diplomatiques, dans l'influence qu'il nous permet ou plutôt qu'il nous permettrait d'exercer à l'étranger si nous le voulions bien. Il consiste surtout dans l'enchevê- trement d'intérêts qui résulte de ces placements dans les liens de solidarité, bien ténus encore, que les placements au dehors nouent entre les nations et qui seuls peuvent empêcher efficacement la civi- lisation de s'abîmer dans un cataclysme sanglant.

Mais puisque les placements à l'étranger enlèvent au travail national ses moyens d'action, encore faut-il, si nous ne voulons pas nous sacrifier au développement des autres peuples, que nous soyons servis avant eux, et de préférence à eux ; encore faut-il que nous ne procurions aux étrangers, c'est-à-dire à des concurrents, parfois même à des adversaires, que l'excédent des capitaux dont nous ne pouvons pas faire emploi. Or il est manifeste que nous en prêtons bien davantage. Nous prêtons précisément les capitaux qui pourraient contribuer le plus efficacement à l'expansion de notre production, les capitaux qui, sous forme d'avances à moyenne et à longue échéance, permettraient à nos industries régionales de se développer et de se multiplier, les capitaux qui, consacrés à l'amélioration de notre outillage national, encourageraient les progrès de nos entreprises en leur facilitant la lutte contre les concurrents étrangers. Nous prêtons même, depuis quelque temps, les capitaux que nos grands emprunts nationaux publics ou privés avaient su jusqu'ici attirer et retenir. En agissant ainsi nous lésons les intérêts de notre pays et par conséquent les nôtres. Nous nous comportons comme un industriel qui, ayant des capitaux disponibles, les mettrait à la disposition de ses concurrents, et laisserait, faute de ressources, végéter sa propre entreprise.

CONCLUSION

Nous sommes maintenant fixés sur le rôle du marché régional dans l'activité nationale. Sa fonction essentielle est d'éveiller à la vie, sur tous les points du territoire, les germes latents d'activité économique, de procurer aux entreprises naissantes les capitaux qui assureront leur expansion progressive jusqu'au jour où les mieux douées iront s'alimenter au grand courant de la circulation nationale et le renforcer. De l'accomplissement de cette fonction dépend le développement des forces neuves qui, sur le marché national, prendront la place des forces épuisées ou grossiront le faisceau des forces encore actives. Ce sont les multiples courants de la circulation régionale qui renouvellent et grossissent sans cesse le courant de la circulation nationale ; c'est le marché régional qui assure dans le temps la continuité de l'effort national, la collaboration des générations futures à l'œuvre des vivants et des morts. C'est lui aussi qui jette sur l'abîme profond que creuse entre les hommes l'inégale répartition des capitaux cette fragile passerelle du crédit personnel capable, sinon de le combler, du moins d'en rapprocher et d'en resserrer les bords, fonction d'autant plus importante dans notre pays que les grandes entreprises y naissent plus souvent du développement des petites et que le mouvement démocratique y rend plus sensible l'inégalité des conditions.

Or des faits que nous venons de passer en revue il résulte qu'à l'exception de quelques grands marchés régionaux qui se développent normalement, cette fonction vitale du marché régional est imparfaitement accomplie dans notre pays ou parfois ne l'est pas du tout. Ce qui prédomine chez nous c'est le crédit impersonnel, le crédit anonyme, c'est le crédit à la fortune acquise ; ce qui nous manque c'est le crédit à l'espérance de l'acquérir et de la développer, autrement dit, le crédit personnel ou ce qui est tout un, le crédit régional. Par une déviation morbide de notre activité, les capitaux qui devraient s'élever progressivement du crédit régional au crédit national puis international en ne donnant au crédit national puis international que les excédents produits par le développement du crédit régional et national, se portent en masse et directement non seulement vers le crédit national, mais vers le crédit international. La circulation nationale, au lieu de se renouveler aux multiples courants de la circulation régionale, les épuise en déviant directement vers elle les ressources qui ne peuvent l'alimenter elle-même avec continuité qu'en passant par leur intermédiaire ; elle s'épuise en les épuisant, et finalement déverse dans la circulation internationale le trop-plein que sa débilité même ne lui permet plus d'utiliser. Et voilà peut-être l'une des causes profondes de la rareté des émissions françaises et de la crise du marché de Paris dont on parle tant aujourd'hui. C'est parce que depuis longtemps déjà nous mangeons notre blé en herbe que le blé commence à nous manquer ; c'est parce que, en matière de crédit, comme en beaucoup d'autres, nous nous absorbons dans le présent, que l'avenir menace de se fermer devant nous.

A qui la faute ? Aux sociétés de crédit, a-t-on dit, qui ont tué beaucoup de banques locales, qui se sont mises par leur organisation centralisée dans l'impossibilité de les remplacer et qui sont obligées pour vivre de diriger en masse les capitaux régionaux vers l'étranger. La faute est aussi aux banques locales, ajoute-t-on depuis quelque temps, ou du moins à certaines d'entre elles qui ne résistent à la concurrence des sociétés de crédit qu'en marchant sur leurs traces et en les battant, avec leurs propres armes, par le moyen de la Société centrale sur le dos, si je puis dire, des producteurs français. Gardons-nous de ces vues unilatérales, qui, pour n'être pas dénuées de toute exactitude, ont le tort de laisser dans l'ombre, au détriment de la vérité et de la justice, les causes complexes et profondes du mal dont nous souffrons. Les banques qui placent nos capitaux à l'étranger, et qui d'ailleurs, en le faisant, nous rendent dans certaines limites un service, cèdent comme toute autre entreprise, à l'attrait du plus grand bénéfice. Que les industriels et les commerçants qui s'inspirent d'autres principes leur jettent la première pierre ! Et si ce sont les placements à l'étranger qui procurent à ces banques le plus grand bénéfice, cela tient sans doute en partie à l'organisation centralisée de nos sociétés de crédit, mais cela tient à bien d'autres causes, dont les sociétés de crédit ne sont pas responsables. C'est d'abord parce que des forces d'attraction extrêmement puissantes s'exercent du dehors sur nos capitaux, sous forme de gros profits et de plus-values élevées. C'est aussi parce que nos producteurs ne trouvent point partout des milieux propices aux entreprises nouvelles, parce qu'ils manquent parfois d'initiative, parce qu'ils ne savent pas se servir du crédit ou font preuve dans leur collaboration avec le banquier d'un esprit d'indépendance, pour ne pas dire de défiance, qui lui rend parfois la tâche singulièrement ingrate. C'est encore parce que nos capitalistes, dont l'éducation dans beaucoup de régions est tout à fait rudimentaire, ont une tendance à préférer systématiquement les grandes valeurs nationales et surtout les fonds d'Etat aux valeurs régionales, et les valeurs étrangères aux valeurs nationales. C'est enfin parce que la coupable violence de nos luttes politiques, des menaces maladroites et stériles contre la fortune acquise, la fâcheuse habitude que nous avons de nous dénigrer, nous enlèvent la confiance très légitime que nous devrions avoir en nous-mêmes, les uns dans les autres et dans les destinées de notre pays. Nous nous créons bénévolement à l'intérieur des périls qui nous font perdre de vue ceux dont nous sommes menacés au delà de nos frontières et qui mettent nos capitaux en fuite. Finalement les banques qui dirigent nos capitaux vers l'étranger ne font qu'exploiter un courant qui s'est formé de lui-même. Mais le malheur est qu'en l'exploitant elles le développent et le renforcent. Nous tournons dans un cercle vicieux et comme il arrive d'ordinaire, en y tournant nous le resserrons.

Nous sera-t-il jamais possible d'en sortir ? Oui puisque nous en sortons ; puisque des signes avant-coureurs d'une orientation nouvelle se manifestent, puisque sur certains de nos marchés régionaux prennent corps des forces neuves qui ne demandent que du temps ou une plus forte impulsion pour grandir encore et entrer par les voies normales dans le courant de la circulation nationale. Mais il faut généraliser ce mouvement, il faut l'accentuer et l'accélérer en attirant vers lui une partie des capitaux qui fuient à l'étranger. Nous n'y parviendrons point par des prohibitions légales, qui en pareille matière seraient souvent vaines ou dangereuses ; ce qu'il faut ce n'est pas barrer à nos capitaux la route de l'étranger, c'est leur ouvrir la route des entreprises françaises ; nous y parviendrons par un effort d'organisation et d'éducation. L'effort d'organisation a été préparé par une commission extraparlementaire dont les savants travaux viennent d'être récemment publiés. Il tend précisément à rapprocher les capitalistes français des producteurs nationaux, surtout des petits et des moyens producteurs en créant des sociétés de caution mutuelle pour les prêts à court terme, en fondant un établissement nouveau qui fournirait le crédit à moyenne et à longue échéance à la moyenne et à la petite industrie par des méthodes analogues à celles du Crédit foncier, en favorisant la création de banques auxiliaires qui auraient pour objet exclusif de faire des opérations de crédit personnel avec les entreprises françaises. Le temps me manque pour examiner ces ingénieux projets. Tout ce que j'en puis dire, c'est que les établissements de ce genre ne réussiront que dans la mesure où ils s'inspireront des méthodes de la banque régionale. L'effort d'éducation, sans lequel l'effort d'organisation serait stérile, est plus difficile mais non pas impossible puisqu'il a réussi en certaines régions, [à Lille, à Lyon et surtout en Lorraine. Il s'agit de stimuler l'initiative de nos producteurs agricoles et industriels, de leur apprendre à se servir du crédit, de combattre chez eux, et parfois aussi chez certains banquiers, cette crainte, cette phobie du risque qui le crée bien plus souvent qu'elle ne le conjure, qui paralyse sur notre territoire le développement du crédit et qui fait place parfois, dans nos relations financières avec l'étranger, à une folle témérité. Il faut surtout faire comprendre aux banquiers, aux industriels, aux capitalistes, que la meilleure manière de diminuer les risques est, non pas de nous isoler les uns des autres, de nous replier sur nous-mêmes, mais au contraire de nous unir étroitement et de nous solidariser ensemble sans arrière-pensée. Il faut leur dire, il faut leur répéter sans cesse qu'en stérilisant par l'attrait d'un avantage passager ou par la crainte de dangers problématiques le milieu où nous vivons, nous subirions tôt ou tard, à moins de nous expatrier, les conséquences de notre imprévoyance.

La leçon qui se dégage de cette étude c'est donc finalement une leçon de solidarité nationale ; solidarité dans la même région entre les capitalistes, les producteurs, les banquiers qui ne peuvent s'assurer une prospérité durable qu'en collaborant ensemble au développement régional, solidarité dans le même pays entre les marchés régionaux, qui ne peuvent développer leur activité interne qu'en s'appuyant les uns sur les autres et sur le marché national, et qui contribuent d'autant plus à la prospérité nationale qu'ils développent davantage leur activité interne. Cette solidarité s'impose à nous comme un fait dont nous ne sommes pas contraints de nous inspirer dans notre conduite, mais qu'il n'est pas en notre pouvoir d'abolir et dont les conséquences heureuses ou malheureuses, suivant notre attitude, sont inéluctables. L'harmonie plus ou moins parfaite qui existe à un moment donné entre l'intérêt national et la conception que se font les individus de leur intérêt particulier donne la mesure de la prospérité d'un peuple et, si ce peuple a de son intérêt national une conception assez haute, la mesure de sa contribution au progrès de la civilisation. Nous venons de constater en des circonstances graves que la fibre qui relie nos petits intérêts particuliers à l'intérêt supérieur de la nation est encore chez nous bien vivante. Mais n'oublions pas que la fleur du sentiment national, qui s'épanouit dans les périodes de crise en généreux sacrifices, puise sa force et sa sève dans les intérêts économiques étroitement unis et fortement coordonnés. Efforçons-nous donc dans les périodes de calme de réaliser parmi nous la parfaite communauté des intérêts, de tous les intérêts, afin de réaliser plus sûrement, quand sonnera l'heure du péril, l'unanimité des dévouements. (*Vifs applaudissements.*)

Messieurs [1],

Au début de la brillante conférence que vous venez d'applaudir, et dont il m'est très agréable de le féliciter chaleureusement en votre nom, M. Lucien Brocard s'est presque excusé d'avoir, dans son étude des marchés de province, fait une large part, j'allais dire une part de faveur, à la Lorraine. Des raisons qu'il vous en a données, celle qui vous a sans doute, au premier abord, paru la meilleure, c'est que l'on parle avec prédilection de ce que l'on voit de plus près, de ce que l'on sait mieux, de ce que l'on aime davantage. Je ne crois pas cependant que ce soit ce sentiment, si légitime puisse-t-il être, qui a guidé M. Lucien Brocard. Devant une assemblée comme celle-ci, l'orateur qui veut s'en montrer digne est beaucoup moins soucieux de ce qui lui agrée que de ce qu'il sait devoir intéresser ses auditeurs. M. Lucien Brocard a pensé que le marché lorrain aurait pour vous cette saveur spéciale des choses non pas ignorées, mais nouvelles, mais à peine entrevues, cet attrait particulier aussi des horizons vers lesquels le regard

1. Discours prononcé par M. Jean Buffet, le 6 mars 1912.

se porte, à certaines heures, avec plus d'émotion. C'est que — je le disais il y a trois ans au Congrès de Nancy — l'industrie régionale lorraine, placée comme à un poste d'avant-garde, est bien une industrie deux fois nationale.

La Lorraine, qui possède un passé riche de gloire, est relativement jeune au point de vue industriel. Sur ce terrain, ses conquêtes sont déjà brillantes, mais son évolution est très loin d'être achevée. A vous en dire, à mon tour, quelques mots, je prétends ne pas m'écarter du sujet de cette conférence, puisque les valeurs que cette évolution a créées, crée, créera de longues années encore, sont appelées à faire du Marché lorrain le marché de province par excellence.

La Providence a comblé la Lorraine de ses largesses. Elle lui a donné le sel, les eaux minérales, le fer ; et, bien qu'il lui soit interdit jusqu'à présent d'en tirer parti, elle lui a donné la houille. Mais, à part le sel, ces richesses étaient à peine soupçonnées, et certaines — le minerai de fer notamment — peu appréciées encore au lendemain de la guerre de 1870. Peut-être est-ce grand bien qu'elles ne l'aient pas été davantage ; peut-être est-il heureux que M. Thiers, qui fut un grand homme d'État, mais un très mauvais prophète, se soit montré aussi sceptique sur l'avenir de l'industrie du fer en Lorraine qu'il l'avait été quelque quarante ans plus tôt sur l'avenir des chemins de fer ! La mutilation dont nous saignons encore n'eût pas, en s'élargissant, été plus douloureuse à nos cœurs, elle nous aurait plus profondément atteints dans nos forces vives ; elle nous aurait privés sans doute de l'incomparable fortune qui devait, treize ans plus tard, nous échoir par la découverte du bassin de Briey.

Le bassin de Briey ! qui a porté l'extraction du minerai, en Meurthe-et-Moselle, de 976.000 en 1875 à plus de 13 millions de tonnes en 1910. Le bassin de Briey ! centre d'attraction et véritable aimant de l'industrie sidérurgique qui a fait surgir, dans notre département, 80 hauts fourneaux dont 68 à feu aujourd'hui, et passer, dans cette même période de trente-cinq ans, la production de la fonte de 290.000 à 2 millions 775.000 tonnes. Les hauts fourneaux ont amené les aciéries et c'est donc encore par répercussion qu'est due au bassin de Briey l'élévation de la production de l'acier fondu ouvré de 70.000 en 1892 à 800.000 tonnes en 1910 ; des aciers bruts ou lingots de 210.000 à 1.647.000 tonnes dans le même intervalle de dix huit ans. Et si je ne craignais d'abuser des chiffres, — mais ils ont ici une singulière éloquence — j'ajouterais que l'extraction de minerai de fer en Meurthe-et-Moselle représente 88 p. 100 de l'extraction totale française, que la production de la fonte y est de près de 70 p. 100 de l'ensemble ! et je dirais encore que si l'importation de minerai étranger atteignait 2 millions de tonnes avant

1900, elle s'est abaissée à 1.200.000 tonnes en 1909, alors que, par contre, l'exportation du minerai français qui ne dépassait guère 300.000 tonnes en 1900 a atteint 4.800.000 en 1910, 6.160.000 en 1911.

C'est, encore une fois, le bassin de Briey qui nous vaut cette situation privilégiée. Et cela, c'est l'effet immédiat ; il en est d'autres qui, pour être plus lointains, n'en sont pas moins frappants. Bastiat préfaçait la série de ses fameux pamphlets « Ce qu'on voit et ce qu'on ne voit pas » en écrivant : « Dans la sphère économique, un acte, une habitude, une institution, une loi (Bastiat aurait pu ajouter : une découverte) n'engendre pas seulement un effet, mais une série d'effets. De ces effets, le premier seul est immédiat, il se manifeste simultanément avec les causes, on le voit. Les autres ne se déroulent que successivement, on ne les voit pas, heureux si on les prévoit ». Eh bien! les hardis pionniers qui, en 1883, ont contribué à la découverte du bassin de Briey ont-ils vu, ont-ils même prévu toutes les conséquences de cet événement, et très particulièrement que les magnifiques plus-values de la Compagnie des chemins de fer de l'Est, en ces dernières années, seraient, pour une large part, leur œuvre ; ont-ils aperçu — je le crois moins encore — que ces plus-values permettraient un jour à la Compagnie, par la plus ingénieuse des conventions dont il faut féliciter à la fois et

le Ministre des finances et le Conseil d'administration qui l'ont traitée, de rendre un signalé
service aux finances publiques.

Vous apercevez, maintenant, les perspectives
que le bassin de Briey ouvre à l'avenir industriel de notre région et du pays tout entier. Mais
que seraient-elles, ces perspectives, que pourraient-elles devenir si les concessions de houille,
demandées depuis plusieurs années, venaient,
enfin, à être accordées ! Inaugurant ici, en 1908,
la série des conférences si intéressantes, si docu-
mentées sur « les forces productives de la
France », l'homme qui fait le plus honneur à la
science économique dans notre pays, M. Paul
Leroy-Beaulieu, signalait deux faiblesses dont
pâtit la France : la crise de la dépopulation, sa
pauvreté en combustible minéral. De la première, je crains bien, hélas ! que nous ne soyons
pas près de guérir. Quant à la seconde, il ne tient
aujourd'hui qu'aux pouvoirs publics, je ne dis
pas de la faire disparaître, du moins de l'atténuer. Au moment même où M. Leroy-Beaulieu
faisait devant vous cette pénible constatation,
venait d'être consacrée la découverte du gisement
houiller de Meurthe-et-Moselle et des Vosges.
Que ce gisement soit plus ou moins riche, que la
mise en exploitation doive en être plus ou moins
facile, que son appoint à la consommation française doive être plus ou moins considérable, c'est
le secret de demain. Mais il existe, ce gisement,

il est reconnu, et il ne s'agit plus, encore une fois, pour le mettre en valeur que de rendre la libre pratique à la loi de 1810 qui n'est pas, que je sache, abrogée. Aussi bien, Messieurs, je ne récrimine pas ; nous sommes patients, en Lorraine, très patients. En cette affaire, la loi, la justice, le bon sens, et beaucoup plus que tout cela, l'intérêt national sont pour nous. Avec de tels appuis on attend parfois longtemps, on finit toujours par triompher dans notre beau pays de France.

C'est aux qualités, propres à la race lorraine, qualités d'intuition et d'énergie, que nous devons, en grande partie, le bassin de Briey, et plus tard le bassin houiller de Meurthe-et-Moselle et des Vosges ; car, si nous possédons d'inestimables ressources naturelles, nous avons des hommes.

Opiniâtre et patient — je vous le disais, il y a un instant — hardi sans témérité, sachant ce qu'il veut, et, ce que je tiens pour préférable encore, sachant ce qu'il peut et n'allant pas au delà, tel est l'industriel lorrain. Et cela explique les succès des entreprises lorraines, et cela explique encore que ces succès ne sont pas de façade mais reposent sur des fondements et des bases solides. Si impressionnant que soit le spectacle industriel qui se déroule de Longwy à Pont-Saint-Vincent, en passant par Briey, Pont-à-Mousson et Nancy, il n'en est pas moins vrai que le regard et l'imagination sont encore frappés davantage à Düsseldorf, à Dortmund ou à Essen, où des choses vraiment merveilleuses ont été accomplies, où nous avons, il ne faut pas craindre de le dire, des exemples à chercher, des enseignements à recueillir. Mais que notre admiration n'aille pas cependant jusqu'à méconnaître et à renier les méthodes qui nous sont bien propres à nous. Combien sages et clairvoyantes ces méthodes qui, prudentes dans l'expansion, mesurées, parcimonieuses même parfois dans la distribution des bénéfices, accumulent les réserves et, si elles ne mettent pas l'industrie à l'abri des crises, lui donnent du moins les moyens de les supporter allégrement. Combien sages pour les actionnaires, ce qui est bien, mais aussi, ce qui est d'un intérêt beaucoup plus élevé, pour la fortune et la stabilité économique du pays. N'est-ce pas un de mes confrères de Nancy, un des apôtres les plus convaincus des valeurs régionales comme il est un des artisans les plus actifs de leur diffusion, M. Charles Renauld qui, parlant un jour des grandes sociétés industrielles lorraines, disait dans son très expressif et pittoresque langage : « La mégalomanie y est étrangère sans doute, mais les coffres sont toujours bien garnis ; le *cossu* est en dedans... ! »

Oui, Messieurs, le *cossu* est en dedans, et cela n'est pas vrai seulement des grandes firmes minières et métallurgiques, des salines et soudières, de notre belle industrie textile des Vosges, cela s'applique encore à la plupart des entreprises de moyenne importance qui sont venues, en quelque sorte, se cristalliser autour des premières. Le *cossu* est en dedans ; et c'est ce qui a donné confiance aux capitaux lorrains.

La matière à exploiter, le génie et la volonté propres à la mettre en œuvre n'eussent pas suffi si le nerf de l'industrie comme il est celui de la guerre, l'argent, avait fait défaut. Mais on l'a trouvé, et trouvé sur place ; on l'a trouvé pour la mise en exploitation des concessions minières, pour l'érection des hauts-fourneaux, la construction des aciéries, le développement des filatures et des tissages, et pour des affaires plus modestes, ateliers de construction, distribution d'énergie électrique, brasseries, entreprises de transport... et tant d'autres encore qui ont, elles aussi, largement contribué à notre expansion.

Je sais qu'il est de mode aujourd'hui de prétendre que les banques françaises se désintéressent de l'industrie nationale, surtout de la moyenne et de la petite industrie ; je n'ignore pas davantage que d'intéressants et louables projets viennent d'être élaborés pour remédier à cet état de choses. Que la critique soit fondée dans une certaine mesure, cela est possible, encore qu'elle doive être, à mes yeux, très exagérée. Il serait, en tout cas, absolument injuste de la généraliser ; les banques régionales de l'Est ne la méritent pas. C'est précisément leur honneur d'avoir su depuis quarante ans, comprendre leur rôle et de s'être adaptées à leurs fonctions.

M. Lucien Brocard cherchait à l'abstention des banques françaises en matière de crédit régional, sous quelque forme qu'il s'exerce, des excuses et des circonstances atténuantes dont certaines ne sont pas sans valeur. Il en est une cependant qui me paraît moins acceptable, bien qu'elle soit plus volontiers mise en avant, je veux parler de la prétendue méfiance, de la prétendue répugnance des capitalistes français vis-à-vis des valeurs nationales. N'est-ce pas à la banque — et l'on doit reconnaître que ce rôle est infiniment plus facile à la banque privée, à la banque régionale qu'aux établissements de crédit — à se faire, en cette matière, l'éducatrice du rentier ?

Rôle délicat sans doute, mais essentiellement utile et fécond à la condition, toutefois, que celui qui le joue soit probe, consciencieux, averti, et — ne souriez pas de cette qualité que je vais demander à des banquiers — dans une certaine mesure désintéressé.

M. Brocard a indiqué, au cours de son étude, la proportion des émissions en France des valeurs étrangères par rapport aux valeurs françaises. Proportion au premier abord déconcertante, mais dont il ne faut pas trop s'indigner. La France est, on l'a souvent dit, le banquier de l'univers. C'est un titre et c'est une gloire qui ne sont pas méprisables et je dirai plus. Si l'exode des capitaux quand il est excessif, peut à certaines heures constituer un péril, c'est à d'autres, une force susceptible de devenir un formidable levier. Il n'est donc pas mauvais, en principe — c'est pure question d'espèces et de proportions — que le banquier français place, que le capitaliste français souscrive des valeurs étrangères. Ce qui est blâmable, c'est que systématiquement parfois la préférence leur soit donnée aux dépens des valeurs nationales. Il semblerait vraiment que, pour certains, le danger et les responsabilités s'atténuent et s'effacent avec les distances. C'est au banquier de comprendre et de faire comprendre que, risque pour risque — je ne pense pas qu'aucune entreprise en soit à l'abri ! — mieux vaut encore celui qui est à votre portée, dont on peut mesurer l'étendue, auquel on peut dans une certaine mesure remédier que celui souvent analogue, quelquefois plus sérieux, dont les océans ou les frontières vous séparent, que confiance pour confiance, mieux vaut encore l'accorder à des hommes que l'on connaît, dont on peut suivre l'ingéniosité et les efforts alors que, par surcroît, cette confiance est susceptible de féconder l'industrie nationale.

Telle est, Messieurs, la parole que dans une sphère d'abord modeste, ensuite singulièrement amplifiée et dont les proportions ne peuvent

manquer de s'élargir encore, les banques lorraines ont prêchée. Elles ont été comprises,
entendues, suivies et vous ne sauriez plus vous
étonner alors des 200 millions de valeurs régionales qu'elles ont placées au cours des dix dernières années. Elles ont placé, je devrais dire — la
distinction est d'importance — elles ont *classé*.
C'est de ce classement que provient l'absence de
spéculation, la stabilité parfaite et soutenue de
notre marché, le succès continu et plus brillant
d'année en année des émissions nouvelles, et
comme nécessaire conséquence l'essor de plus en
plus grand de l'industrie.

La clientèle des banques a-t-elle eu à souffrir
de cette politique? La liste n'est pas longue des
entreprises qui n'ont pas fait face à leurs engagements et la suspension du paiement des coupons
d'obligations est chose rare, presque inconnue
en Lorraine. Les actionnaires des banques ont-ils
eu à s'en repentir? Lisez les bilans, vous n'y
verrez pas d'ascensions brusques et saccadées,
mais une progression sûre et constante. Je vous
parlais tout à l'heure de la formule de Bastiat.
« Ce qu'on voit et ce qu'on ne voit pas. » Les
banques, évidemment, n'ont eu à voir dans leur
concours à l'industrie, qu'une rémunération
immédiate, le plus souvent minime ; mais elles
ont prévu que le développement de la richesse
régionale auquel on les conviait à contribuer
aurait des conséquences qui, pour être indirectes

et lointaines, n'en devraient pas moins leur devenir très favorables.

Et toutes ces valeurs régionales qui forment aujourd'hui un total de plusieurs centaines de millions se sont jusqu'à présent négociées sans organisme spécial. M. Brocard vous a rappelé l'intéressante tentative, également soucieuse de tous les intérêts en cause, qui s'est, il y a quatre ans, heurtée au veto de la loi sur le monopole des agents de change. De ce veto, en l'espèce, il y aurait sans doute beaucoup à dire. Quoi qu'il en soit, à cet essai les banques lorraines avaient loyalement prêté leur concours; elles sont disposées à le renouveler demain, se bornant à prétendre qu'il ne doit pas être dans une organisation nouvelle fait trop bon marché de leur œuvre à elles qui semble bien leur avoir créé quelques droits. Faut-il, aussi bien, regretter que la réalisation du projet élaboré en 1908 sous les auspices de la Chambre de Commerce de Nancy, coutumière des heureuses et fécondes initiatives, ait été ajournée. Je me demande pour ma part si dans l'intérêt même de l'industrie — et c'est celui qui doit prédominer — il n'est pas préférable d'attendre que l'évolution industrielle de notre région soit plus avancée encore pour qu'un marché officiel puisse être profitable à tous sans nuire à personne. Au surplus, les banques ont d'elles-mêmes assuré jusqu'à présent la négociation des valeurs régionales dans des conditions très satisfaisantes de garantie et de célérité. A l'aide de leurs circulaires et de leurs cotes répandues aujourd'hui dans toute la France, de l'union parfaite qui règne entre les principales d'entre elles, des rapports quotidiens qu'elles entretiennent dans l'intérêt commun, elles constituent d'ores et déjà et à elles seules, un organe d'échange très vivant dans la région même et qui ne demande qu'à étendre son action au dehors.

Mon éminent collègue au Conseil de la Société nancéienne, M. Cavallier, administrateur-directeur des hauts fourneaux de Pont-à-Mousson, résumait, il y a trois ans, devant un groupe de banquiers de province réunis à Nancy, les causes du développement économique de l'Est de la France, et il disait : « Nos banques régionales ont eu à temps la perception très nette de l'effort financier qu'il fallait faire, du concours qu'elles devaient y donner en y trouvant elles-mêmes un développement parallèle, rapide et fructueux.

« Tout n'est pas fini et si nous arrivons à vaincre les difficultés de mise en exploitation du charbon de Meurthe-et-Moselle, ce sera le point de départ d'un nouvel essor considérable.

« Quelque riche que soit notre région, peut-être arrivera-t-il un moment où elle ne suffira pas pour fournir tout l'argent nécessaire aux industries nouvelles et aux extensions d'industries anciennes.

« Le jour où nos banques régionales feront appel aux autres banques de province, celles-ci pourront répondre à cet appel en toute confiance ; le passé répond de l'avenir. »

La conclusion de M. Cavallier n'est autre que la réalisation du vœu en faveur d'une solidarité entre les différents marchés par lequel M. Lucien Brocard achevait si éloquemment sa belle conférence. C'est sur cette conclusion que je veux terminer moi-même.

En essayant, Messieurs, de vous peindre en quelques grands traits la Lorraine économique et industrielle, ses entreprises et ses hommes, j'ai voulu vous pénétrer de la confiance qu'elle mérite d'inspirer dans le domaine du génie, de l'activité et du travail. A cette confiance, elle a d'autres titres. Cette Lorraine est la même que vous avez vue, il y a quelques mois, attendre calme et digne, sans la désirer comme sans la redouter, l'heure possible où il lui faudrait de ses intérêts matériels et de ses conquêtes pacifiques, chèrement payées, fairè le sacrifice à l'intégrité de l'honneur national. (*Vifs applaudissements.*)

III

LE
MARCHÉ FINANCIER DE LONDRES

CONFÉRENCE DE M. Jacques ARMAGNAC

Ancien Inspecteur des Finances,
Inspecteur général de la Société de Crédit industriel
et commercial.

DISCOURS DE M. Paul CAMBON

de l'Institut,
Ambassadeur de France à Londres.

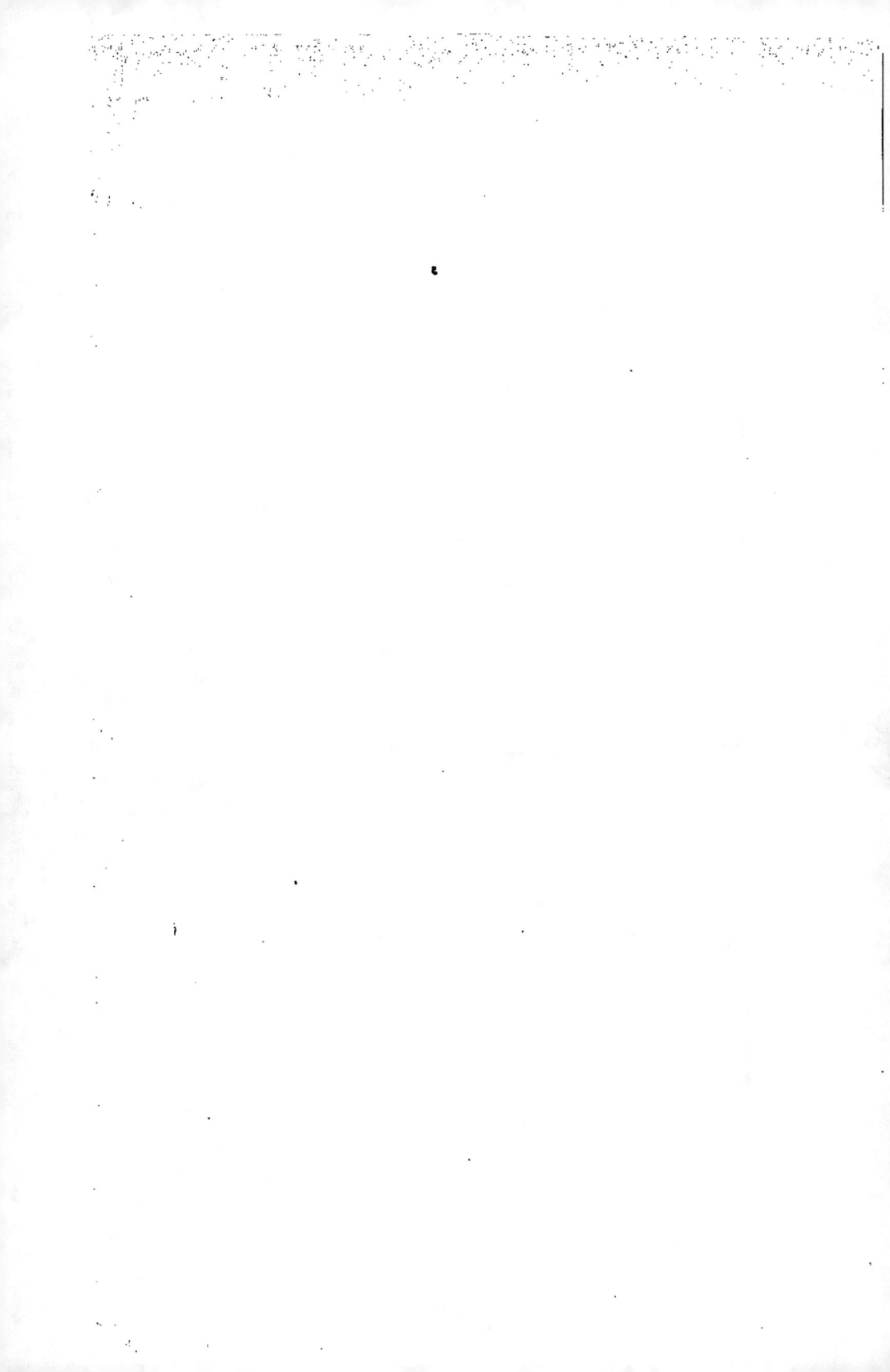

Messieurs[1],

Avant de donner la parole à M. Jacques Armagnac, permettez-moi d'exprimer aux membres du bureau de la Société des Anciens Élèves et Élèves de l'Ecole libre des Sciences Politiques toute ma reconnaissance pour l'honneur qu'ils m'ont fait en m'invitant à présider cette réunion.

Malheureusement pour moi je ne suis pas assez jeune pour pouvoir me parer du titre « d'ancien élève des Sciences Politiques » ; je n'ai jamais suivi les cours de l'École, mais j'ai assisté à sa création, ses fondateurs étaient mes amis, j'ai toujours suivi avec beaucoup d'intérêt ses progrès et je me suis réjoui de ses succès.

On la considère à l'étranger comme l'une des institutions qui font le plus d'honneur à la France et on l'apprécie d'autant plus que c'est une institution libre ; partout j'ai rencontré des anciens élèves des Sciences Politiques, j'en ai vu de toutes nationalités et chez tous ces jeunes hommes appartenant à l'élite intellectuelle de leur pays, j'ai trouvé le plus reconnaissant souvenir de l'École et l'em-

1. Discours prononcé par M. Paul Cambon, le 27 avril 1912.

preinte française de son enseignement. Vous avez eu l'heureuse idée de le compléter en organisant ces conférences qui se poursuivent depuis quelques années avec tant de succès.

Il me semble que vous vous attachez surtout à l'étude des questions économiques et financières et comme vous n'appartenez pas tous à la carrière des finances, il faut en conclure que ces questions s'imposent de plus en plus à l'attention de ceux qui de près ou de loin sont mêlés aux affaires publiques ; elles dominent en effet les relations des peuples et, la plupart du temps, elles inspirent la politique des Gouvernements ; et c'est tout naturel. Les moyens de production se développent si rapidement qu'on est partout à la recherche de débouchés, c'est la raison de l'éveil général des ambitions coloniales. Mais la mise en valeur des colonies ne suffit déjà plus à l'activité du monde civilisé, nous sommes en présence d'un fait nouveau ; des peuples jusqu'ici réfractaires à nos conceptions du progrès ont recours à nos industriels et à nos capitalistes, ils nous ouvrent un champ d'expansion illimité et comme ces colossales entreprises dépassent la puissance d'absorption d'un seul marché il est nécessaire de s'associer. De là ces consortiums financiers et industriels qui donnent lieu à des négociations souvent difficiles parce que derrière les intérêts financiers se débattent les plus grands intérêts politiques.

On s'explique donc l'importance donnée dans cette école aux études économiques et financières. Vous avez entendu parler successivement des « Forces productives de la France » ; de la « Politique budgétaire en Europe ». Cette année vous vous faites expliquer le mécanisme des différents « Marchés financiers ». Vous vous outillez ainsi pour la discussion et la défense des grands intérêts de la France au dehors.

M. Armagnac, à qui je cède la parole, va vous entretenir du marché anglais.

J'ai été témoin des études approfondies auxquelles il s'est livré à Londres et je suis sûr qu'il nous apprendra des choses nouvelles dont nous pourrons tous faire notre profit. (*Vifs applaudissements.*)

Messieurs [1],

Nous sommes à Londres, à Threadneedle street, le 14 juillet 1773.

Dans un café où, depuis près d'un demi-siècle, ils s'assemblent régulièrement pour leurs transactions quotidiennes, un groupe de deux ou trois cents marchands s'est réuni. Il s'agit, dans le meeting d'aujourd'hui, de jeter les bases d'une organisation sommaire de la compagnie, de décider — pour s'affranchir du contact des étrangers qui se glissaient dans ses rangs aux heures de séance — qu'un droit quotidien d'entrée sera désormais perçu, enfin de nommer un Comité de Direction qui rédigera des statuts et veillera à leur application.

L'heure est importante pour les membres de la nouvelle corporation.

Tout comme les négociants en charbon, en cuivres, en épices qu'ils coudoyèrent longtemps au Royal-Exchange, ils veulent avoir, eux aussi, ils vont avoir désormais leur local à eux, leur chez soi, leur « home ».

Ces marchands sont des courtiers en valeurs

1. Conférence faite par M. Jacques Armagnac le 27 avril 1912.

mobilières : ils négocient 3 ou 4 centaines de titres, entre autres les premières émissions de rente nationale et les actions de la Banque d'Angleterre, l'une et les autres datant de 1694, année où la spéculation a commencé d'exister, ayant un élément sur lequel s'exercer.

Le nom qu'ils ont décidé de donner aux salles à eux réservées du café Jonathan est celui de Stock-Exchange. Et voilà, si je ne me trompe, la première manifestation, dans son individualisme, de ce marché financier anglais dont je dois vous entretenir ce soir.

Avril 1912. — Près de l'ancien emplacement du café Jonathan, à côté de la Banque d'Angleterre, dans Throgmorton street, Bartholomew lane, Threadneedle street, de jeunes clerks vont et viennent, des garçons passent en chapeau de soie et en habit marron à gros boutons de cuivre, des agents se hâtent vers leur bureau voisin ou vers le restaurant souterrain à trois étages du « Throg »; autour d'eux s'agite un monde de courtiers de tous les pays. Il semble qu'un centre existe là, qui absorbe une bonne part de l'activité quotidienne de la City.

Aussi bien le nombre des membres de la Compagnie a-t-il augmenté depuis 1773 et depuis 1801, date à laquelle elle a voulu que ses réunions eussent lieu désormais dans un édifice qui fût sa propriété. Ils sont aujourd'hui un peu plus de 5.000, assistés de quelque 2.600 commis.

Mais, ce ne sont pas seulement des opérations de bourse, ni même la tendance générale à la baisse ou à la hausse de telle valeur que révèlent les cours, dont à chaque minute le téléphone et le télégraphe portent la nouvelle au monde entier. Comme le marché des titres est sous l'influence du marché de l'argent, et que le marché de l'argent à Londres est le plus important du monde, on peut dire que toutes les nations civilisées, — qu'elles cherchent à placer ou à emprunter, — ne peuvent cesser d'avoir leur attention fixée sur les mouvements qui se produisent au Stock-Exchange. Il n'y a presque pas d'exagération, — surtout pour un auteur anglais, — à écrire que « la Bourse de Londres est comme le centre nerveux de la politique et de la finance mondiales ».

Or c'est d'un centre invisible que partent ces irradiations qui vont faire vibrer, jusqu'en ses points les plus reculés, l'organisation financière universelle.

L'accès de la maison, « the House », est réservé aux seuls membres de la Compagnie, et à certains de leurs clerks. Aux portes, des gardiens physionomistes arrêtent le profane qui chercherait à franchir le seuil sacré. Si l'audace d'un intrus déjouait leur surveillance, les agents auraient vite fait de l'expulser. On ne peut pénétrer à la Bourse ; il est même difficile de savoir où elle est. Bien des Londoniens passent, matin et soir, sans s'en douter, devant une des façades, toute en bureaux de banques, sociétés, compagnies, qui la dissimulent ; les étrangers la cherchent souvent en vain. Un mur derrière lequel il s'effectue bien des opérations, c'est ainsi, en vérité, qu'apparaît aujourd'hui tout d'abord le Stock-Exchange de Londres.

D'ailleurs les opérations y sont assez particulières, très différentes de celles auxquelles nous sommes habitués en France.

Et peut-être sommes-nous d'autant plus justifiés à rechercher ce soir les caractéristiques essentielles de ce marché qu'il s'y manifeste depuis quelques années, — qu'il y règne aujourd'hui, un « esprit nouveau », si je puis dire. Oui, la Bourse anglaise paraît être en ce moment en voie d'évolution, sinon en pleine crise ; et ce mouvement, né d'hier, encore mal connu, a son intérêt pourtant, tout comme les tendances analogues qui, en des domaines divers et sur des points inégalement importants, aboutissent à des mesures tendant à rompre tout à coup et presque tout d'un coup, avec la politique traditionaliste et libérale suivie jusqu'en ces derniers temps par nos voisins d'Outre-Manche.

On dit souvent que la Bourse de Londres est un « marché libre ».

Ce que je viens de vous dire de son accès semble indiquer pourtant qu'il ne saurait guère en exister de plus fermé.

Cette formule est donc inexacte, ou presque. Et la vérité est que le Stock-Exchange se trouve être une institution à la fois absolument indépendante et extrêmement réglementée.

Si nous voulions, en effet, après 1773 et 1801, chercher les dates à retenir, celles qui fixent les étapes de la législation, citer les actes du Parlement qui ont réglementé la matière des opérations de Bourse, nous constaterions, — comme vous vous y attendez d'ailleurs, étant donné ce que vous savez de la Grande-Bretagne et de ses mœurs politiques, — que, ces dates et ces textes, c'est presque en vain qu'on les rechercherait.

Ce ne sont ni la loi, ni des décrets qui ont fixé les conditions de fonctionnement du Stock-Exchange ; elles n'en existent pas moins, expression d'un régime non point anarchique, mais parfaitement organisé.

De par les mœurs anglaises, les agents se trouvaient à l'abri de l'action de l'État, de l'intervention du gouvernement, des sollicitations ou des menaces d'un ministre ; ils étaient libres.

Ce sont eux qui, par un besoin naturel d'ordre et de méthode, pour pouvoir faire leurs affaires d'une manière suivie, afin que leur compagnie pût se développer sans entraves du dehors, sans obstacles du dedans, se sont imposé à eux-mêmes le principe et la réalité d'une discipline infiniment rigoureuse.

Ainsi que l'écrivait récemment, à propos de la

Dette anglaise, un des maîtres de cette école, « les traditions financières, comme les traditions parlementaires, se sont formées, se sont codifiées lentement, progressivement ; mais les unes et les autres se trouvent représenter aujourd'hui, pour les intérêts nationaux, une garantie plus inviolable que les lois écrites et que les cours suprêmes ».

Nous pouvons appliquer ce mot à la constitution que s'est librement donnée cette corporation privée, qui a su se gouverner elle-même, sans le secours du gouvernement, et qui a réussi à donner au marché de Londres, après un siècle et plus, autant de souplesse que d'ampleur.

Ses statuts, nous les trouverons dans le modeste recueil, sans cesse remanié, amendé, complété, des « Rules and Regulations for the conduct of business on the Stock-Exchange », Règlements et Usages du Stock-Exchange. Cherchons donc à nous faire, de cette Bourse de Londres, l'idée la plus exacte en voyant : comment ses membres se recrutent ; quelles sont les dispositions d'organisation générale ; surtout quel est le mode de fonctionnement du marché.

*
* *

Recrutement des membres du Stock-Exchange. — Il faut savoir, d'abord, qu'il existe deux Sociétés du Stock-Exchange, une Société anonyme immobilière, propriétaire du local où est installée la Bourse, et un Club de Membres, corporation uniquement composée de professionnels.

Nous en aurons dit assez de la première en indiquant qu'elle subvient à toutes les dépenses d'entretien et d'agrandissement ainsi qu'au paiement des gardiens et employés, et que ses recettes, dont la plus forte part provient des droits d'entrée et des cotisations annuelles, suffisent pour lui permettre de distribuer de très intéressants dividendes.

Il faut, depuis 1904, être actionnaire de la Société immobilière pour pouvoir appartenir au Club des membres du Stock-Exchange. Cette condition est nécessaire ; comme vous le pensez, elle n'est pas suffisante.

Nous l'avons dit déjà, le commerce des valeurs mobilières est libre, au regard de l'État et de la Ville. Ainsi, pas de charges privilégiées, pas de nomination par le Chef de l'État. Les agents du Stock-Exchange sont des négociants en valeurs, tout comme il y a des marchands de bœufs à Smithfield, et des marchands de légumes à Covent Garden. Mais, — et c'est là un des éléments de sa force, — les membres de la Compagnie s'acceptent les uns les autres, et se soumettent au principe de la réélection annuelle.

Il est d'autres conditions nécessaires, entre autres la présentation par trois parrains, qui s'engagent à payer chacun 500 ⚕ (12.500 francs) aux créanciers de leur nouveau confrère, au cas où celui-ci tomberait en faillite dans les quatre années de son admission. Mais il faut encore, il faut surtout que soit prononcé le « Dignus intrare » : le soin en incombe au Comité de Direction.

Or ce Comité est élu lui-même, chaque année, au suffrage universel.

Voilà bien là un trait marquant du sens professionnel, de la discipline spontanée de cette corporation que ces procédés d'élection mutuelle. C'en est un encore, ce principe que les candidats admis ne le sont jamais que pour une année, disposition qui n'est presque qu'une convention de forme, dont les membres eux-mêmes oublient bien souvent le sens lorsqu'ils signent avant le 25 mars, — date à laquelle la Compagnie se renouvelle en entier, — leur demande d'admission, et qui a son intérêt pourtant, d'abord parce qu'elle rappelle aux candidats leur engagement de se conformer aux règlements de la Maison, ensuite parce qu'elle pourrait être une arme redoutable aux mains du Comité, toujours maître d'éliminer ainsi, par un refus discret, sans scandale, des collègues douteux, « undesirable ».

Les conditions mises, tant pour l'admission des membres que pour leur maintien comme tels par la suite, surtout la connaissance des garanties de dignité et d'honorabilité que le Comité exige d'eux, donnent au public une impression de sécurité et de confiance.

Cette assurance remplace-t-elle la force incontestable que constituent dans d'autres pays, moins persuadés de l'excellence des idées individualistes, les cautionnements et le principe de la solidarité entre agents ? Il ne le semble pas.

La caution de garants qui ne sont engagés que pendant quatre années et pour un maximum de 37.500 francs à eux trois constitue un gage plutôt médiocre. Sur les 5.000 membres du Stock-Exchange, bon nombre « ne possèdent pas même en capital le montant du cautionnement de leurs confrères parisiens ». On a pu parler d'un prolétariat des agents de la Bourse anglaise... Aussi faut-il considérer qu'il n'est guère de sauvegarde contre les imprudences ou les malversations, et que, pendant les époques de crise, la place de Londres pourrait bien être, de ce seul fait, plus vulnérable que celle de Paris ; et si je vous dis enfin que le nombre de faillites peut être évalué à une dizaine par an, ce sera pour ajouter aussitôt que je ne trouve pas ce chiffre très élevé, eu égard au nombre des agents.

Ainsi recrutée, ainsi défendue, la Corporation du Stock-Exchange, sans charte, sans privilège, a réussi à détenir le grand marché, à cause de la respectabilité générale de ses membres. Ceux-ci s'inquiètent peu de la concurrence des « outsiders », des courtiers du dehors, ceux qui font de la réclame, « advertising », ainsi qu'ils les désignent, par opposition avec eux-mêmes, car il est interdit aux membres de solliciter la clientèle par des annonces dans les journaux, comme d'ailleurs de chercher à entrer en relations avec des personnes ou maisons auprès desquelles ils n'auraient pas été régulièrement introduits.

En fait, du consentement unanime, la Bourse de Londres se confond avec le Stock-Exchange.

Celui-ci jouit d'un monopole véritable, monopole qu'il tient, non de la faveur de la loi mais de la force des choses, — monopole qu'il a, sans l'avoir demandé, pour l'avoir conquis.

Et cela explique que les membres de la Compagnie aient cherché depuis quelque temps, — c'est là une manifestation de cet « esprit nouveau » dont je parlais tout à l'heure, — à défendre cette situation acquise contre de nouveaux collègues attirés vers la Maison par l'attrait des gains, et même des fortunes réalisées par certains durant les derniers booms, et que le Comité ait voté, il y a une huitaine d'années, l'obligation pour tout candidat nouveau de se munir de la « nomination of a member », d'acheter le droit de nomination d'un membre démissionnaire ou décédé.

Les occupants actuels de la Maison ont voulu ainsi, non seulement limiter au nombre des vacances à venir, celui des candidatures à admettre, mais encore tirer parti de la réglementation nouvelle.

Sans doute le local, quoique assez vaste et où l'on s'essaie en vain à créer encore de l'espace, ne pouvait abriter les transactions de beaucoup plus de 5 à 6.000 personnes ; sans doute le Comité se réservait le droit d'admettre comme membres un certain nombre de clerks, sans condition d'achat d'une nomination, il n'en est pas moins vrai que l'idée poursuivie par les agents était, en même temps que de se défendre contre les intrusions possibles, de donner plus de stabilité à leur présence à l'intérieur du Stock-Exchange, le caractère d'un privilège à leur qualité de membres, une valeur négociable à leur siège. Ils étaient guidés en cela par l'exemple de New-York où, comme vous le disait M. Aubert, le nombre des membres est limité à 1.100 et où un siège vaut entre 3 et 400.000 francs. Ajouterai-je que, jusqu'à présent, les résultats obtenus n'ont pas été tout à fait ceux escomptés, le prix d'une « nomination » ne dépassant guère aujourd'hui une vingtaine de livres ?

Dispositions d'organisation générale. — Quelques restrictions qu'il ait été ainsi apporté au recrutement du Stock-Exchange, il faut reconnaître que l'effectif de ses membres est encore assez important pour que l'on doive admettre la nécessité d'une discipline particulièrement rigoureuse. « Plus la corporation est indépendante et nombreuse, a-t-on écrit, plus le commandement doit être fort et respecté. » Voilà pourquoi l'obéissance est l'obligation primordiale des agents de la Bourse anglaise.

Cette autorité nécessaire appartient au « Comité de Direction ».

Ses pouvoirs sont extrêmement étendus, infinis ; car il n'est pas seulement Conseil de discipline et juge pour les membres de la Compagnie, mais peut modifier jusqu'à la loi, du moins la loi de la Bourse contenue dans le recueil de ses règlements, et n'est limité par aucun autre contrôle que par le sien propre, — je veux dire l'obligation d'une seconde lecture pour toutes les décisions importantes.

D'ailleurs, ce n'est pas au nom de considérations d'ordre public, ce n'est pas essentiellement dans l'intérêt du public que le Comité légifère ou réglemente ; ce qui lui importe c'est d'assurer, dans l'intérêt primordial de ses membres, une marche régulière des affaires.

Evidemment il intervient et prononce des peines sévères lorsqu'un membre a commis une indélicatesse vis-à-vis d'un client, par exemple en majorant dans un contrat le cours fait en bourse, — car, dans cette jurisprudence spéciale, exclusive de celle des tribunaux, les contraventions au code du Stock-Exchange, code de l'Honneur plus que de la Loi, ont pour les coupables de sérieuses conséquences.

Mais on a bien l'impression que ce qu'il faut surtout empêcher, c'est de troubler les affaires, de quelque façon que ce soit. Et c'est à cette fin que sont appliquées la grande majorité des pénalités.

La première affiche qui frappe les regards quand on pénètre dans la salle des séances de ce corps de gens d'affaires, le plus sportif du monde, concerne l'interdiction absolue de jeter des balles de papier ou tous autres projectiles sous peine d'amende.

C'est dans le même intérêt de la discipline intérieure que le Comité se préoccupe, lorsque l'intéressé n'en prend pas le soin lui-même, de faire déclarer la faillite du membre qui ne peut plus faire face à ses engagements, car en pareil cas, même s'il n'y a pas de la faute de celui-ci, même s'il est très sympathique à ses collègues, ceux-ci estiment qu'il ne faut pas l'encourager à lutter contre la destinée et risquer d'empirer ainsi sa situation.

La même conception guide encore le Comité lorsqu'il s'agit, pour les valeurs d'une nouvelle émission, soit de les admettre à une liquidation spéciale, « special settlement », — ce qu'il accorde après s'être assuré que les certificats provisoires sont prêts et circulent en quantité suffisante, — soit de les admettre à la cote officielle ; et le Comité exige alors que le capital dont il s'agit ait assez d'importance et qu'une certaine régularité de forme puisse être constatée : il s'assure que telles prescriptions légales ont été suivies, que tels documents, notamment le prospectus, ne contiennent rien de contraire aux Actes du Parlement, ni, le cas échéant, aux statuts de l'entreprise.

Cette question de l'admission à la cote, et d'une manière plus générale, celle des émissions étrangères est, pour les Anglais, essentiellement et presque exclusivement financière. Mais si l'accueil fait aux emprunts des autres pays n'est pas inspiré par les conseils du gouvernement, ce n'est pas à dire qu'il ne soit tenu aucun compte de considérations d'ordre politique.

C'est un article du Règlement que le Comité ne reconnaît pas, même après la conclusion de la paix, les titres émis par une puissance en guerre avec la Grande-Bretagne. Mais il y a plus : par une application de cette harmonie qui fait très généralement concorder les intérêts des particuliers ou des groupements privés avec ceux du Pouvoir lui-même, du fait de cet attachement profond de tous les citoyens à la politique extérieure nationale, il semble qu'il existe entre les ministres de la Couronne et le Stock-Exchange et Lombard street une entente tacite, je ne sais quel accord spontané. Assurément il se pourrait que des suggestions du Foreign Office ne fussent pas accueillies dans la City ; pourtant il est peu vraisemblable qu'il puisse jamais être assigné aux placements anglais une direction contraire aux desseins, à l'action du Gouvernement.

Dans ce que nous venons de dire sur le mode de recrutement des membres et sur les dispositions d'organisation générale du Stock-Exchange, vous avez pu constater une manifestation de plus de cet esprit d'initiative et de cet esprit de discipline qui, surtout par le fait de leur combinaison intime, sont au premier rang des traits distinctifs du tempérament anglais.

En étudiant maintenant le mode de fonctionnement du marché, nous allons retrouver une application nouvelle de ce principe de la division du travail qui vous est connu comme étant encore une des formules les plus exactes de l'activité britannique.

Fonctionnement du marché. — Le mécanisme des opérations dont je vais vous parler n'existe qu'à Londres, est très spécial et assez ignoré.

Pour le comprendre, il semble qu'il doive suffire d'avoir présente à l'esprit la distinction fondamentale entre les deux catégories de membres du Stock-Exchange : les brokers et les jobbers ou dealers.

Les brokers sont des courtiers, intermédiaires entre les donneurs d'ordres (public ou banquiers) qui, vous vous en souvenez, n'ont pas le droit de pénétrer dans la salle des séances, et les jobbers ou dealers : ceux-ci sont exclusivement des marchands de valeurs en gros et en détail, des « négociants en titres », qui opèrent pour leur propre compte, et ne traitent qu'entre eux ou avec leurs confrères brokers et en bourse.

Les brokers ne sont que des intermédiaires

rémunérés par leurs seuls courtages : par là ils se rapprochent de nos agents de change, dont ils diffèrent, par ailleurs, en ce qu'ils ne sont pas soumis aux mêmes restrictions et obligations. Les jobbers ne font que des affaires pour leur compte ; et en cela ils se distinguent de nos coulissiers qui sont aussi, et semblent être surtout des intermédiaires pour les opérations de la clientèle.

La contre-partie d'une opération confiée à un agent de change à Paris est un donneur d'ordre quelconque ; la contre-partie d'une négociation en coulisse est un donneur d'ordre ou le coulissier ; la contre-partie d'une affaire au Stock-Exchange n'est jamais le broker lui-même, mais presque toujours un jobber.

Essayons maintenant de nous représenter le mécanisme du marché.

Un broker a reçu mandat d'un client d'acheter 500 £ de capital Persan 5 p. 100 1911.

Il sait où se tiennent, dans le groupe des fonds étrangers, les jobbers qui traitent la valeur.

Allant à l'un d'eux, il lui demande de lui faire un prix, « to make a price », sans indiquer s'il est acheteur ou vendeur. Le jobber interpellé répond par deux chiffres, qui sont, l'un, le plus haut, le prix auquel il est vendeur, l'autre, le plus bas, le prix auquel il est acheteur, — l'écart entre les deux « the turn of the market » constituant la marge qui doit lui permettre de faire son bénéfice. Supposons qu'il dise : 93-95, c'est-à-dire je suis preneur à 93, et vendeur à 95. Si l'écart paraît trop grand au broker, il marchande ou s'adresse ailleurs. Un autre jobber interrogé dit : « 93 1/4-94 3/4 ». Un autre, encore plus désireux de traiter : « 93 1/2-94 1/2 ». Si le client n'a pas fixé de limite, ou si le maximum fixé n'est pas atteint, le broker dit au jobber qui a fait l'offre la plus avantageuse. J'achète 500 £ à 94 1/2. Et c'est alors seulement que le jobber sait qu'il s'agit d'une vente ou d'un achat.

Tant que les brokers les interrogent, les jobbers sont libres de répondre ; rien ne les force à faire un prix. Mais s'ils le font ils s'obligent par cela même à traiter. Le règlement fixe que la quantité pour laquelle ils s'engagent, lorsqu'il n'y a pas eu de montant indiqué ne peut dépasser 1.000 £ de capital, 100 actions de chemins américains ou 50 actions nominatives ; mais les jobbers se réclament rarement de cette disposition. Aussi bien, en pratique, les brokers indiquent-ils, le plus souvent, pour quel montant ils se proposent d'opérer ; et les jobbers eux-mêmes demanderaient très bien, le cas échéant: « S'agit-il de beaucoup de titres ? » « Is it many ? » — Il arrive encore que le broker, pour gagner du temps et lorsqu'il a reçu un ordre limité, donne lui-même au jobber le cours auquel il veut opérer ; les rôles sont intervertis ; c'est au jobber de dire s'il accepte. — De même enfin, lorsqu'il s'agit de valeurs ayant un marché restreint ; le broker doit indiquer non seulement pour quel montant, mais encore dans quel sens il veut opérer, parfois même donner un délai pour l'exécution de l'ordre.

De ce que nous venons de dire, il résulte que le broker opère sur n'importe quels titres et que le jobber au contraire ne traite le plus souvent que certaines valeurs d'un groupe.

Les agents indiquent dans leur demande d'admission ou de réadmission annuelle s'ils se proposent d'agir comme brokers ou jobbers ; ils peuvent opérer, tour à tour, sur différents marchés, passant de celui des mines à celui des valeurs diverses, suivant la faveur du jour et les préférences de la spéculation. La seule condition imposée par le Règlement du Stok-Exchange — c'est d'ailleurs le seul article qui fasse allusion à la double qualité de ses membres (ceux-ci, payant tous les mêmes droits et étant soumis aux mêmes règles) — est que le cumul, et l'association entre broker et jobber sont interdits.

Que faut-il penser de ce singulier dualisme ? Et, pour poser autrement la question, puisque le broker, intermédiaire nécessaire, se retrouve sur tous les marchés, comment se justifie l'existence du jobber ?

Sans lui, dit-on, on pourrait errer longtemps à la Bourse avant de réussir à traiter ; ce n'est que par hasard que l'on rencontrerait quelqu'un disposé à acheter ou à vendre. Le jobber, au contraire, permet à toutes les transactions de s'effectuer très rapidement, précisément parce qu'il assume le risque de trouver la contre-partie. Partout ailleurs l'exécution d'un ordre peut être fractionnée, n'ayant lieu qu'à mesure que des vendeurs ou des acheteurs se présentent ; à Londres les ordres sont beaucoup plus facilement exécutés en une fois. La raison d'être du jobber, c'est qu'il assure un marché régulier qui n'existerait pas sans lui. Cela vaut bien qu'on lui paie l'écart des cours, « the turn of the market ». Si celui-ci est élevé, c'est que le risque couru est grand. Un marchand de tableaux qui achète une pièce rare immobilise ainsi son capital pendant un long temps. Vienne un acheteur : il rentre dans ses débours, majorés d'un bel intérêt. Il n'en est pas autrement du jobber qui achète des titres de transaction rare, « out of the way shares », une marchandise sans marché.

Il y a du vrai dans ce raisonnement, — mais je ne sais pas s'il n'y en a pas davantage encore dans la réfutation qu'en donnent certains. Ou bien le marché est large et courant, et alors le « turn of the market » bien que très faible pour les Consolidés, les Chartered, par exemple, est encore trop fort puisqu'il s'agit là de valeurs qui se traitent tous les jours, et que l'on peut se procurer ou dont on peut se défaire à tout moment ; ou bien le marché est étroit et rare, et alors le jobber qui en est le maître, qui le contrôle à lui

tout seul (il existe des « one man's markets »), pré-
lève une dîme certainement exagérée de 15, 20,
25 p. 100; ou bien même les jobbers refusent
d'opérer : le broker auquel il a été donné pour
instruction par son client de le débarrasser de
tel titre dans n'importe quelles conditions, revient
avec cette réponse : « Pas d'acheteurs, rien que
des vendeurs. » Si l'existence du jobber ne se justifie que parce qu'il fournit une contre-partie et
assure un marché régulier, comment, lorsqu'il
est avéré qu'il ne remplit pas ce rôle, ne pas le
considérer comme un parasite coûteux? A quoi
les jobbers ne manquent pas de répondre que, si
grand que soit leur désir de contenter le public,
ils ne peuvent cependant pas se ruiner pour lui,
que ce n'est pas par pure philanthropie qu'ils
exercent leur métier et que de se porter acheteurs d'actions d'une mine au lendemain d'une
catastrophe ruinant l'entreprise répugne absolument à leur instinct d'hommes d'affaires.

Depuis l'origine de la Bourse anglaise, le jobber en a toujours été le rouage fondamental. Est-
il aussi, comme on l'a écrit, l'élément essentiel
de la prospérité de ce marché? Ce que l'on peut
dire sans exagération, semble-t-il, c'est que si les
prix sont réglés, à Londres comme ailleurs, par la
loi de l'offre et de la demande, les échanges y
sont facilités plus qu'ailleurs. Et ce qu'il faut
remarquer encore, ce dont tous les membres de
Stock-Exchange s'enorgueillissent à juste titre,

c'est que la majoration indue des cours au détriment des clients y est à peu près inconnue : ce régime de division du travail que nous avons décrit, l'interdiction du cumul et de toute association entre broker et jobber, le principe que toutes les opérations se traitent en bourse et suivant les règles, enfin la vigilance du Comité qui étudie avec soin toutes les réclamations à lui soumises, y contribuent également.

Les usages du Stock-Exchange présentent avec ceux de la Bourse de Paris des différences qui procèdent naturellement de ce que nous venons de dire ; c'est un des traits que les brokers aiment à signaler que la discrétion, la clandestinité possible.

Des opérations considérables peuvent en effet être traitées, qui demeurent absolument ignorées. « Le mode privé d'opérer entre broker et jobber, a écrit un membre du Stock-Exchange, permet à l'occasion de conclure promptement et sans publicité des affaires de haute importance dont la révélation prématurée compromettrait le succès. »

D'autres points, peu remarqués, souvent même perdus de vue, par la clientèle française, très empressée à se plaindre par la suite de la façon dont ses ordres ont été exécutés, sont à noter aussi : d'abord, le cours moyen est inconnu, le cours moyen qui ne laisserait au jobber aucun bénéfice, puisqu'il ne peut y avoir de profit pour lui que lorsqu'il a trouvé la contre-partie du marché conclu, au lieu que le broker est rémunéré, dès qu'il a touché le montant de son courtage.

Puis, toutes les affaires ou à peu près, se traitent en liquidation de quinzaine, « account ». De par l'organisation même du marché, les transactions au comptant doivent être l'exception. Il faut, en effet, que le jobber se procure les titres qu'il vient de vendre, et qu'il peut ne pas avoir, ou revende les titres qu'il vient d'acheter, et dont il peut ne pas avoir besoin. Les opérations au comptant se font donc, la plupart du temps, à des cours moins avantageux que ceux que l'on peut obtenir en liquidation courante. Par contre, lorsqu'un broker passe à un jobber, simultanément, un ordre d'achat et un ordre de vente pour le même montant d'une même nature de titre, ce qui supprime par suite complètement tout risque possible pour le jobber, le bénéfice de celui-ci, le « turn », ne disparaît pas entièrement, — le jobber est un commerçant et le gain est l'âme du commerce, — mais il est du moins réduit dans des proportions appréciables.

Voici encore un motif de réclamations fréquentes, et qui ne s'explique plus, celui-là, par le mode spécial de fonctionnement de la bourse de Londres, je veux parler de la rareté des titres au porteur. En effet, mis à part les fonds d'Etats étrangers, ce sont presque exclusivement des titres nominatifs qui circulent de l'autre côté de la Manche. Comment s'explique cette préférence ?

Peut-être parce que les Anglais ont apprécié moins que d'autres l'intérêt que présentent les valeurs au porteur, capables d'échapper aux inventaires intéressés et de déjouer par leur mobilité les dispositions prises pour les surprendre ; surtout parce qu'ils ont été séduits par les avantages d'ordre pratique des valeurs nominatives : réduction au minimum des risques de perte (à Londres les titres au porteur sont négociables sans qu'il y ait à tenir compte des oppositions), paiement régulier à domicile ou chez le banquier du titulaire des coupons ou dividendes au moyen de chèques, enfin réception directe de toutes les communications des Compagnies ou Sociétés. Ainsi, et ce sont là des données qu'il n'était peut-être pas inutile de rappeler, les ordres s'entendent à Londres en titres nominatifs lorsque la valeur existe sous les deux formes ; — quand un client a spécifié qu'il voulait des actions ou des obligations au porteur, il arrive fréquemment qu'on lui charge pour ce motif des frais supplémentaires et variables : les titres de cette nature faisaient défaut ou étaient rares sur le marché ; le broker a dû faire convertir les titres achetés par lui nominatifs et débourser le coût de la conversion.

Il me faut vous signaler une dernière caractéristique de la bourse anglaise qui résulte naturellement des conditions générales d'indépendance du Stock-Exchange, et qui a donné lieu depuis quelques mois aux plus vives controverses, — je veux parler de la liberté des courtages des brokers.

En l'absence de tarif réglementaire, on aurait pu supposer qu'il se serait établi, du fait de la concurrence, un tarif à peu près uniforme. Pourtant, il a toujours existé de très importants écarts entre les commissions prises par les différents brokers, et entre celles prises par un même broker à différents clients.

On parlait déjà en 1898 de l'« universel mécontentement provoqué par l'absence de fixité et de contrôle des courtages ». Ce ne sont pourtant pas ces récriminations qui ont décidé le Comité à agir ; et le mouvement qui vient d'aboutir au vote, le 5 mars dernier, d'un tarif général, applicable à partir du 1er juin prochain n'est qu'une manifestation de cet « esprit nouveau » que vous savez.

« Tout vient, — ainsi s'exprimait un journal financier du début de l'année, — de ce que le nombre des brokers a augmenté, celui des affaires diminuant un peu. » De même que la Compagnie avait fixé un maximum au nombre de ses membres pour donner une valeur à leurs sièges, de même elle a entendu imposer, pour augmenter et consolider leurs profits annuels, un minimum de courtage ; il n'est pas question de maximum, et peu importe au Comité qu'il soit extorqué à un client naïf des commissions excessives.

Cette réglementation est apparue d'autant plus

nécessaire que, depuis quelques années, une sorte
de tassement général s'était produit : les nouveaux
venus au Stock-Exchange, en grand nombre vous
vous le rappelez, et désireux de faire des affaires
à tout prix, réduisaient à l'infini les commissions,
en partageant le montant avec les remisiers, avec
les banques, avec les clients importants et même
avec les autres. Sous l'influence de cette concurrence, on aboutit à un régime de « dichotomie »
outrancière. Une réaction était inévitable.

Outre la création de ce tarif minimum, il me
faut signaler, — à cause de l'importance que les
cercles financiers leur ont reconnue, — les dispositions aux termes desquelles le broker peut, si
cela lui paraît justifié par l'importance des affaires
de son client, ne lui faire payer que moitié du
courtage officiel, et peut donner à un remisier à
l'étranger, jusqu'à la moitié du courtage net perçu
sur le client. Ces deux articles qui interdisent aux
banques et aux brokers de province d'obtenir
plus de 50 p. 100 sur les commissions de bourse,
alors que l'ensemble des bonifications pour des
ordres venant de l'étranger peut atteindre 75 p. 100
(50 p. 100, réduction consentie au client ; 25 p. 100
part du remisier), ont été très violemment com-
battus.

Les banques — contre lesquelles il paraît bien
que la réforme est en partie dirigée — les banques
étrangères surtout, faisant remarquer les avantages que leur intervention procure aux brokers :

instructions précises, mouvement d'affaires avec une clientèle qu'ils n'atteindraient pas sans elles, et qu'ils ignorent ; responsabilité assumée pour les ordres qu'elles passent en leur nom,... concluaient qu'elles doivent avoir un traitement plus favorisé ; de leur côté, les brokers provinciaux protestaient contre le monopole que l'adoption des modifications proposées établirait, à leur détriment, pour le plus grand bénéfice de leurs confrères de la capitale.

C'est là à coup sûr une question infiniment importante pour le marché de Londres.

Quelque séduisante que puisse paraître à certains brokers la thèse que la Bourse doit vivre des affaires de la Bourse sans être obligée de partager avec les Banques le profit qu'elle peut y trouver, on ne saurait méconnaître la part prise par celles-là au développement de celle-ci, et les services qu'elles lui rendent.

Le Comité a déjà amendé sur certains points les dispositions qu'il avait d'abord entendu édicter et y apportera encore, je crois bien, certaines modifications. Il faut espérer qu'il saura trouver ainsi, la solution moyenne désirable ; et que la situation du Stock-Exchange ne sera pas compromise dans cette évolution nouvelle : on parle déjà, en effet, d'une seconde bourse, que certains rêvent d'édifier avec l'aide des banques et des brokers de province menacés, comme nous l'avons dit, et des mécontents du Stock-Exchange même et,

où l'on chercherait directement la contre-partie,
sans subir le « Jobber's turn ». Il faut souhaiter
surtout que nous n'ayons pas à constater dans la
politique que l'on inaugure, — cela a été écrit dans
des journaux des plus sérieux, — une « politique
à courte vue capable de risquer de ruiner la situation de Londres comme centre financier et de lui
faire perdre irrémédiablement sa place prépondérante dans le monde entier ».

*
* *

En effet, si tous les grands marchés financiers
participent aujourd'hui, du fait de l'interpénétra-
tion des peuples, à un certain caractère d'internationalisme, celui de Londres a bien été jusqu'à
maintenant, est bien encore vraiment aujourd'hui
le type du marché international. Je voudrais vous
faire rapidement apparaître qu'il l'est :

par les intermédiaires qui y négocient ;
par la clientèle qui y opère ;
par les titres qui s'y traitent ;
par les maisons qui les y introduisent.

A la Bourse de Paris on parle surtout français ;
la Bourse de Londres est incontestablement plus
polyglotte.

Évidemment tous les agents sont anglais ; évidemment le sentiment national est chez eux très
développé et profondément sincère : les membres
du Stock-Exchange, le jour du retour des Souve-

rains de leur voyage aux Indes, entonnèrent avec respect le « God save the king ». Vous imaginez-vous, Messieurs, une séance de la Bourse de Paris interrompue par notre chant national, à la rentrée de Tunisie du Chef de l'État ? Et ce loyalisme se traduit par des actes : c'est la seule œuvre d'art qu'il y ait au Stock-Exchange — mais ce n'est pas sans fierté qu'on me l'a montrée, — ce bas-relief à la mémoire des vingt ou trente de ses membres, tombés sur les champs de bataille du Transvaal, pour la gloire de l'Empire !

Pourtant nombre d'agents ne sont anglais que depuis bien peu de temps : sept ans de résidence, deux de naturalisation suffisent. Aussi, à côté des Londoniens de Londres, coudoie-t-on des Allemands, des Autrichiens, des Polonais, des Grecs, des Suisses, des Hollandais et même quelques Français. En même temps que les qualités de leur race, la plupart ont conservé assez d'attaches avec leur pays pour qu'il y ait, de ce seul fait, un sérieux appoint d'hommes, d'affaires et d'argent étrangers.

Cette diversité entre les agents se retrouve parmi la clientèle qui les emploie.

Sans doute, bon nombre des ordres sont pour le compte de nationaux. Il semble que cela puisse surprendre un peu, étant donné ce que l'on entend dire généralement de leur imprévoyance. « S'ils se prémunissent contre l'avenir, c'est d'une autre façon que les Français, par des dépenses, non par des économies... Ils ne mettent pas de côté ; tout au plus ils s'assurent. » A cela on peut répondre d'abord que ces formules sont extraites des *Notes sur l'Angleterre* de Taine qui datent de 1872. Si l'Angleterre, de ce point de vue, est toujours loin du premier rang sur les statistiques internationales, s'il demeure exact qu'il y ait un moindre volume qu'en France de souscriptions et de placements émanant de petites gens, — les affaires étant surtout le fait des hommes d'affaires et des grosses fortunes, — pourtant il s'est incontestablement produit, depuis quarante ans, une évolution, facilitée par les Post office saving banks, en faveur de la petite épargne. D'ailleurs, le développement normal du pays qui, contrarié par une seule guerre importante, s'est traduit par un accroissement de la richesse publique évalué à plus de 150 milliards de francs de 1875 à 1911, suffirait à expliquer des placements fort importants. Au surplus, le Nord du Royaume-Uni a toujours été assez économe ; les idées de thésaurisation des Irlandais, le goût d'épargne des Écossais sont assez connus. En outre, l'institution juridique des « trustees », fidéicommissaires qui administrent et conservent la fortune des incapables, mineurs, femmes mariées,... etc., est bien propre à assurer le placement régulier d'une partie des disponibilités annuelles. Surtout enfin la spéculation est dans le caractère britannique. M. Aupetit vous a parlé, à juste titre, de la prépondérance du comptant

sur la place de Paris ; la spéculation est caractéristique de celle de Londres. L'Anglais est
joueur ; il a le sens et le goût inné du pari ; dès
qu'il y a eu deux Anglais, ils ont dû parier sur
la question de savoir si le troisième arriverait
par la droite ou par la gauche. Et c'est là un
élément précieux pour la prospérité d'un marché
de titres.

Si les nationaux participent ainsi aux négociations du Stock-Exchange, cela n'empêche qu'une
clientèle étrangère n'y contribue très fortement
aussi. De ce contingent composite, les Français
forment une bonne part. Ils dirigent des capitaux vers Londres, d'abord parce que, en raison
de certaines tendances de la législation fiscale,
quelques-uns estiment trouver plus de sûreté
hors les frontières de leur pays. Je crois cependant
que ce mouvement, fort important il y a quelque
cinq ou six ans, l'est beaucoup moins aujourd'hui.
Et même il paraît bien qu'un nouveau mouvement
commence à se produire, et que des fonds èt des
titres, déposés à Londres par des Français, repren-
nent maintenant, dans une incertitude nouvelle,
vers un autre asile, leur émigration interrompue.
Je ne voudrais pas affirmer, d'ailleurs, que des
capitaux Anglais ne passent la Manche, eux aussi,
pour échapper à des investigations, pareillement
redoutées, cherchant un refuge en France même,...
ou ailleurs, car ces exodes et ces erreurs profitent
peut-être surtout à des pays voisins et neutres,

et qui savent admirablement tirer parti de ce double avantage.

Mais, si le principal motif s'atténue qui incitait les capitaux à passer à Londres, ceux-ci subsistent qui les y attiraient et les y attirent encore : des taux d'intérêt plus élevés — du fait, entre autres, des droits de timbre moins forts et de la faculté, pour les étrangers ne résidant pas dans le royaume, de recouvrer l'*income tax* sur les coupons de valeurs autres que les valeurs anglaises ; certaines facilités résultant, pour le lancement des affaires de la législation sur les sociétés par actions, en particulier la légèreté des titres qui peuvent être d'une valeur nominale d'un schelling ; la faveur de la spéculation pour ce marché où les « booms » prennent une importance exceptionnelle et font se dépenser une activité inouïe ; la séduction qu'exerce cette place où il semble parfois suffire au succès d'une émission qu'elle mette à profit un de ces mouvements extraordinaires que vous vous rappelez, toute une foule « ne mangeant plus que du caoutchouc et ne buvant plus que du pétrole » ; enfin le nombre considérable et l'infinie variété des titres négociés.

Quelque 4.400 valeurs inscrites à la cote officielle et un nombre au moins égal qui n'y sont pas admises ; tous les fonds d'Etat du monde souscrits ou négociés, du Libéria au San Salvador, de la rente allemande à notre 3 p. 100 ; les entreprises les plus diverses de tous les pays et sous toutes les latitudes constituées et traitées ; et ces capitaux en quantité indéterminée à l'avance, en stock divisible à volonté, ou bien au contraire en titres d'une valeur nominale définie ; les actions étant de priorité ou ordinaires ; et ces dernières pouvant elles-mêmes être des actions de préférence « preferred », ou se distribuer le reste des bénéfices après les autres actions ordinaires, « deferred »,... c'en est assez pour avoir une idée à la fois de l'ampleur de ce marché universel, et de la difficulté qu'il peut y avoir à le posséder à fond.

Rassurons-nous toutefois en pensant que les agents eux-mêmes n'y parviennent pas.

Et, pour vous donner un exemple des confusions et des erreurs possibles, laissez-moi vous conter un des divertissements préférés des membres du Stock-Exchange. Quelque goût qu'ils aient pour le cricket ou le football avec des chapeaux de soie, et pour les écriteaux accrochés dans le dos, ce qui leur plaît surtout, « agréable synthèse, me disait l'un d'eux, de l'esprit de blague et de l'esprit d'affaires », c'est d'amener un des leurs à traiter une valeur qui n'existe pas.

Dans un groupe, près d'un jobber qui a maintes fois déclaré qu'il ne se laisserait pas prendre à pareil jeu, un broker demande : « Combien telle obligation ? » et, sur la réponse obtenue, « j'achète 500 ». Puis un autre vient qui s'enquiert du même titre, et achète ou vend ; puis un troisième; puis cinq; puis dix. Trompé par le sérieux imperturbable des donneurs d'ordres, notre jobber se renseigne près de ses collègues. On lui répond qu'il s'agit d'une valeur nouvelle, peu connue, mais sur laquelle des informations parvenues récemment rendent probables des transactions importantes. A son tour il achète et vend : àmidi il a gagné 100 livres; à 1 heure 200; à 1 heure et demie 500; à 2 heures il est riche; à 2 heures et demie à moitié ruiné ; à 3 heures perdu. On lui révèle alors enfin ce qu'il en est. Par une des journées les plus chaudes du dernier été, à un moment de stagnation des affaires, un groupe impassible assista ainsi, durant toute une séance, aux alternatives de gain et de perte d'un confrère amené à spéculer sur des obligations du « Trust de l'irrigation de l'Océan », « Ocean Irrigation Trust ».

Nous qu'aucun espoir ni aucune crainte analogue n'agite, nous pourrions peut-être, en nous en tenant aux 16 pages de la cote officielle, faire à son sujet quelques constatations instructives.

Au premier rang des valeurs qu'il décrit, figurent les « gilt edged securities » les titres, « dorés sur tranche » ; parmi ceux-ci, les Consolidés.

Passant encore le cours de 113 en 1898, alors qu'ils rapportaient 2 3/4, au pair en 1900, ils étaient en 1903 au lendemain de la conversion en 2 1/2, aux environs de 92; ils ont fini tout à l'heure à 78 5/16.

Le moins que l'on puisse dire est que le titre est assez sensiblement « dédoré ».

Les causes de la baisse varient d'après les tendances politiques de celui qui s'attache à les découvrir. « Je n'ai jamais vu deux hommes s'entendre sur la question, disait récemment M. Lloyd George. Dans notre pays, il y a trois ou quatre partis sur certaines grandes questions, telles que le Home Rule ; sur celle des Consolidés, il y en a au moins 100.000. »

Pour Sir Félix Schuster, la dépréciation du crédit national tient au développement exagéré des budgets général et locaux et à l'existence des droits de succession ; après avoir suggéré, il y a quelque temps le remède héroïque de la conversion de la dette... en 3 p. 100, — ce financier propose aujourd'hui de rendre obligatoire le fonctionnement des fonds d'amortissement.

Vous savez que le Chancelier de l'Echiquier vient d'annoncer, au contraire, dans le projet de budget de 1912, que les excédents de recette du dernier exercice, au lieu de recevoir cette affectation, seraient mis de côté pour faire face, le cas échéant, à des dépenses militaires et navales. M. Lloyd George, lui, estime que tous les fonds d'Etat européens ayant baissé, les fonds anglais devaient subir particulièrement cette influence, étant donné les campagnes de l'opposition contre le crédit de l'Etat, les réductions du taux de l'intérêt, les emprunts des guerres sud-africaines, surtout enfin l'admission d'un certain nombre de titres d'un revenu supérieur parmi ceux dont l'emploi est autorisé aux trustees.

J'ajouterai qu'une autre cause, accessoire, mais certaine, très peu remarquée et très intéressante, est la vente, depuis quatre ou cinq ans, par les grandes banques de Londres, d'une partie de leur portefeuille titres.

Et je veux mentionner, enfin, que, malgré la faveur qui s'attache en Angleterre aux titres nominatifs, on préconise beaucoup depuis quelque temps la création de petites coupures de 10 £, munies de feuilles de coupons, qui seraient très bien accueillies, assure-t-on, par les petits capitalistes. Car les Consolidés, en principe, consistent en inscriptions nominatives sur les livres de la Banque d'Angleterre, cet Institut assurant le service de la Dette Nationale ; et pour obtenir des titres au porteur, dont la plus petite coupure est de 100 £, il faut payer un droit supplémentaire.

La seule mesure adoptée jusqu'ici a été de faciliter les formalités du transfert ; elle n'a pas suffi à ramener au titre la faveur du public.

La cote officielle pourrait nous renseigner encore sur la direction, sur la répartition des placements. J'indiquerai seulement à ce sujet que d'après les statistiques les plus récentes de M. George Paish, les capitaux anglais à l'étranger représentaient au 31 décembre dernier, environ

84 milliards de francs, ce qui pour une fortune mobilière totale de quelque 140 milliards représente une proportion de 60 p. 100, alors que, pour la France, M. Aupetit, a évalué la part des valeurs étrangères à 40 milliards, contre 70 milliards de titres nationaux, soit 36 p. 100 seulement.

Si près d'un quart de la fortune anglaise s'en est allé ainsi sur les points les plus divers du monde, c'est sans doute que des maisons d'origines très diverses ont contribué à cet exode : il me reste à vous montrer sous ce dernier aspect le caractère international du marché.

Il n'est pas dans ma pensée d'esquisser ici le tableau de l'industrie bancaire en Angleterre. D'ailleurs, les conférences précédentes ont déjà permis de faire ressortir certains traits distinctifs des Banques anglaises, en les opposant aux établissements français ou allemands.

Il vous a été dit qu'elles se divisent en Joint Stock Banks, sociétés anonymes à vaste capital, — et en maisons privées.

Les premières sont des banques de dépôts; leur nombre diminue progressivement, car le phénomène de la concentration et de la centralisation se peut observer en Angleterre comme en France et en Allemagne.

Elles font le service de caisse pour leurs clients et sont avant tout des instruments de banque. Elles sont aussi des moyens de crédit, mais, dans l'ensemble, ne traitent que des affaires de banque et peu d'affaires financières. Elles ne s'occupent pas de placement de titres ; il leur arrive de prêter leurs guichets pour une souscription, mais elles agissent alors comme simples intermédiaires, sans responsabilité d'aucune sorte ; il se peut encore qu'elles participent à un syndicat d'émission de titres de chemins de fer ou d'un emprunt étranger, mais elles n'interviennent alors que pour garantir la prise ferme de tout ou partie de la souscription ouverte. Elles ne sollicitent pas leur clientèle à y prendre part, elles se refusent même en général à la conseiller pour la constitution ou la modification de son portefeuille. Rien d'analogue au procédé français de placement direct. Et, pour la différenciation des deux marchés, ce point paraît assez important, sur lequel l'attention a été récemment attirée par l'insuccès relatif de la tranche anglaise d'un emprunt de ville japonaise dont la tranche française a été bien mieux accueillie ; car il y a comme des nationalisations d'adoption des emprunts internationaux.

Il n'existe pas, par ailleurs, de banques d'affaires ; les intermédiaires de placement sont donc moins nombreux en Angleterre qu'en France. Ce sont surtout, — pour les entreprises industrielles, ce sont presque exclusivement, — des banques privées, ces puissantes maisons de « merchants bankers » et des « foreign bankers » que sont les Rotschild, les Hambro, les Baring, les Lazard, les Erlanger, les Speyer, les Kleinworth... Elles n'ont pas de service de caisse, ayant leurs banques qui s'en chargent, et traitent principalement des affaires financières. Encore sont-ce surtout leurs brokers qui s'occupent des émissions nouvelles et font toutes les démarches que suppose le lancement d'un titre. Intermédiaires entre la clientèle et les jobbers, ils sont souvent aussi, en effet, comme les commissionnaires attitrés de tel ou tel banquier ; et lorsque celui-ci a été saisi de quelque proposition intéressante, ce sont généralement eux qui se chargent, sur ses indications, de constituer le syndicat de garantie, c'est-à-dire de trouver les souscripteurs « underwriters » ; ceux-ci s'engagent, moyennant une commission de tant, à prendre ferme la partie de l'emprunt qui n'aurait pas été immédiatement absorbée par le public.

Ainsi que vous vous en êtes rendu compte par quelques-uns des noms que je citais à l'instant, il y a déjà un certain internationalisme dans la Haute Banque de Londres. Les Banques étrangères à proprement parler interviennent parfois, elles aussi, pour souscrire dans les syndicats de garantie ou même pour émettre directement des titres. Mais il semble qu'elles introduisent relativement assez peu d'actions ou d'obligations d'entreprises des pays où se trouvent leurs sièges sociaux ou principaux établissements. Et, d'ailleurs, s'il en était autrement, il ne resterait pas grand'chose pour les autres marchés car bien rares sont les pays qui ne sont pas représentés sur la place. Les Banques coloniales y abondent, naturellement ; parmi les Banques étrangères, celles de l'Extrême-Orient et de l'Amérique du Sud voisinent avec celles du Vieux Monde ; les succursales de la Deutsche Bank, de la Disconto Gesellschaft, de la Dresdner Bank avec celles des établissements de crédit français ; les agences du Credito Italiano et de la Banca Commerciale Italiana avec les bureaux de la Banque Impériale Ottomane.

Toutes ces banques s'occupent donc peu du placement de titres, qui est surtout affaire des brokers. Ce n'est pas dans cette vue qu'elles se sont établies à Londres ; et ce qui les y a attirées, c'est bien plutôt le rôle qu'elles y peuvent jouer sur d'autres terrains.

*
* *

Dans la salle des séances de la Bourse, des tableaux lumineux placés au-dessus des portes rappellent le taux officiel de l'escompte à la Bank of England, à la Banque de France, à la Reichsbank.

Je ne saurais trouver plus frappant symbole de la dépendance où se trouve le marché financier proprement dit, le marché des titres, par rapport au marché monétaire, au marché de l'argent.

Cette connexion entre le Stock - Exchange, d'une part et Lombard street (où les grandes banques ont leurs bureaux) et Threadneedle street (où s'élèvent les bâtiments de la Banque d'Angleterre), d'autre part — m'impose de vous dire quelques mots du « Money Market », en manière de conclusion.

Que cette pénétration réciproque existe, ce n'est pas douteux. Le capital disponible est la matière commune aux deux marchés entre lesquels il doit y avoir action et réaction constante, et qui ne sont d'ailleurs, comme M. Aupetit vous l'a si bien su montrer, que deux catégories, deux aspects du marché financier, envisagé dans toute son ampleur.

Cette relation de dépendance est surtout vraie, d'ailleurs, pour les valeurs à revenu fixe, garanties par l'État, pour les « gilt edged securities », pour les rentes nationales. Ce sont, en effet, ces titres qui paraissent, ou du moins ont longtemps paru pouvoir prendre place en toute sécurité dans les portefeuilles, — en particulier faire concurrence dans celui des banques à des valeurs aussi sûrement réalisables que le sont généralement des effets de commerce bien choisis.

L'argent, on le conçoit, se porte aisément, naturellement, des banques à la Bourse ; il y est également attiré par l'attrait d'une utilisation à long terme (achats de placement), ou d'un emploi à court terme rémunérateur et bien garanti (reports des positions de spéculateurs).

Au contraire l'argent semble revenir beaucoup plus lentement et plus difficilement de la Bourse aux banques.

Le Stock-Exchange est ainsi très généralement emprunteur, — au contraire de tous les autres éléments qui alternativement prêtent et empruntent, — et dépend donc bien vraiment du marché de l'argent, du « Money Market. »

Or c'est un trait caractéristique de celui-ci qu'il a été longtemps dans une dépendance complète, qu'il est encore dans une très grande dépendance vis-à-vis de la Banque d'Angleterre, sous l'influence profonde de sa situation et de sa politique.

D'abord, les banquiers règlent, en général, l'intérêt qu'ils allouent aux fonds déposés chez eux (exception faite d'une certaine balance créditrice minimum sur le montant de laquelle il n'est fait aucune bonification) d'après le taux officiel. Et, suivant qu'ils paient plus ou moins cher l'argent qui leur est confié, ils doivent demander davantage à l'argent qu'ils prêtent ou peuvent se contenter d'une rémunération moindre. En ce sens, on peut dire que le taux officiel donne le ton au marché.

Mais surtout, c'est la Banque d'Angleterre qui a été longtemps l'assise presque unique, qui demeure encore aujourd'hui l'armature de toute l'organisation du crédit dans le pays.

Pourtant, c'est d'après la loi naturelle de

l'offre et de la demande que doit s'établir le cours de l'argent.

L'offre constituée par les dépôts dans les banques du Royaume-Uni peut être évaluée, en tenant compte des doubles emplois possibles, à quelque 900 à 950 millions de livres sterling, environ 23 milliards de francs.

La demande est le produit des multiples et complexes influences qui peuvent affecter la condition présente ou les vues d'avenir de l'industrie et du commerce. C'est dire assez qu'il est impossible de donner des précisions de chiffres, quant à l'importance qu'elle représente. Mais au sujet de la forme qu'elle revêt, ceci doit être remarqué que la création du papier de commerce est beaucoup moins en faveur en Angleterre qu'en France. Toutes les ventes aux détaillants se règlent comptant, en général par chèques ; la petite traite intérieure à 90 jours est presque inconnue. Le papier sur Londres, créé dans les pays de production, dans les centres industriels et manufacturiers de province, est escompté par les banques locales et n'arrive guère que pour l'encaissement aux banques de la City, si bien que la plupart, peut-être, des effets escomptés à Londres sont des effets sur l'étranger. On s'explique ainsi que la part proportionnelle du portefeuille d'escompte dans l'actif des Joint Stock Banks ne soit que de 20 à 25 p. 100 (en France environ 44 p. 100). Par contre, elles emploient en avances une bonne part de leurs disponibilités. Ces immobilisations leur sont facilitées par l'obligation qu'elles imposent à leurs clients de toujours maintenir à leur compte une balance créditrice minimum, souvent assez élevée : cette disposition réduit, en effet, d'une manière appréciable, le montant des retraits inopinés possibles. Les avances consenties sont généralement des avances contre documents, warrants, récépissés, lettres de voiture,... etc. De larges crédits sont ouverts aussi à des courtiers d'escompte, « bill brokers », — qui, eux, n'ont rien à voir avec les brokers du Stock-Exchange, — et qui, d'ailleurs, ne sont pas seulement des intermédiaires, mais opèrent bien pour leur propre compte : achetant des effets qu'ils paient souvent en empruntant, au jour le jour, ou à court terme, sur ces effets même, et les revendant ensuite aux banques qui veulent du papier court, — escomptant à un taux et cherchant à trouver chaque matin de l'argent à des taux inférieurs, ils sont ainsi nécessairement, professionnellement, les régulateurs attentifs et prévoyants du « Money Market ».

Mais les besoins économiques nationaux ne sont pas plus l'élément unique de la demande que l'utilisation des fonds déposés dans les banques anglaises ne constitue toute l'offre disponible.

Il est aisé de s'imaginer le rôle et les moyens d'action des banques étrangères.

L'Échiquier agit aussi directement sur le marché monétaire, en particulier, en émettant, puis en remboursant à l'échéance des bons et des obligations à court terme. Il en est de même du Conseil de l'Inde ; il met en adjudication chaque semaine des traites payables dans l'Inde, paie avec le produit de l'achat les coupons de la dette indienne, les pensions des fonctionnaires ayant servi dans la colonie, et, s'il existe un solde, le dépose à la Banque d'Angleterre, — où il a son compte, — à moins qu'il ne le prête sous forme d'avances à courte échéance.

Lorsque les conditions de cette offre et de cette demande dont nous venons de passer en revue les éléments les plus importants sont normales, la Banque d'Angleterre n'intervient qu'au même titre que les autres banques, escomptant les effets que lui apporte sa clientèle propre aux conditions générales, ou du moins, à des conditions inférieures au taux officiel.

Au contraire, dès que l'argent se resserre un peu, le marché est bientôt obligé d'avoir recours à la Banque. Sans doute, avec leur encaisse en numéraire, les banques peuvent tenir quelque temps. Mais cette encaisse est assurément très réduite, car, comme vous le savez, dans le grand et le petit commerce à peu près toutes les transactions, dans la vie privée un très grand nombre de dettes se règlent par chèques : c'est là vraiment la monnaie courante du pays. Les banques doivent donc ne pas renouveler leurs avances, et rappeler leurs prêts à vue ; or, comme leurs débiteurs, commerçants et brokers, ont encore moins d'argent disponible qu'elles-mêmes, elles les rejettent ainsi sur la Banque d'Angleterre, elles les obligent, suivant l'expression consacrée, à être « in the Bank ».

« Les ressources du marché sont très étendues, dit un auteur anglais qui le connaît bien ; pourtant son organisation est si délicate, si faible est la marge sans emploi conservée comme provision contre les événements imprévus que le retrait de 2 ou 3 millions £ suffit à détruire l'équilibre et laisse le marché dépendant de la Banque d'Angleterre pour avoir le moyen de payer. »

Nous constatons tout à l'heure que le marché financier est sous l'influence du marché monétaire, — maintenant il nous apparaît que celui-ci est dans la dépendance de la Banque.

Nous voilà conduits à chercher plus loin, à nous demander ce qui détermine la ligne de conduite de la Banque d'Angleterre, et, pour tout dire en un mot, quelles sont les causes essentielles des variations du taux de l'escompte ; car c'est là, — si nous laissons de côté les emprunts qu'elle peut faire elle-même au marché et la vente de Consolidés dont elle se défait au comptant, pour les racheter en liquidation, — l'instrument normal de sa politique.

Le taux officiel varie d'après la tendance du

marché, c'est-à-dire d'après des causes naturelles, à la fois si générales et si profondes que nous ne pouvons guère ici qu'en constater l'action. Mais il peut varier, encore, pour d'autres raisons qui tiennent, celles-là, à la loi première, au statut fondamental de l'Établissement. Ceci est un point essentiel sur lequel j'aurais scrupule à passer aussi vite, si M. Delamotte, dans son magistral exposé sur l'organisation du marché allemand, n'avait déjà, en comparant à la Reichsbank la Bank of England, marqué avec une précision parfaite les traits caractéristiques de cet Institut.

L'objet imposé à la politique de la Banque d'Angleterre par l'Act de 1844, est, vous vous en souvenez, que les billets émis, — au delà de la quantité gagée par la dette de l'État envers elle et des rentes immobilisées, — soient garantis par du numéraire, soient « as good as gold », aussi bons que de l'or, soient convertibles en souverains, dès présentation.

Que les réserves or de la Banque viennent à baisser, elle sera bientôt conduite à les défendre en restreignant ses opérations, c'est-à-dire en élevant le taux de l'escompte, — mesure qui devra naturellement attirer de l'étranger de nouvelles quantités d'or.

Le problème que nous cherchons, non pas même à résoudre, mais seulement à poser, change encore une fois d'aspect. Voici qu'il nous faut nous demander maintenant, d'après quoi varie l'encaisse-or ; ce qui nous fera comprendre pourquoi le taux d'escompte varie ; ce qui, enfin, nous permettra de nous expliquer tous les mouvements qui en découlent.

A cette question très simple : « D'après quoi varie l'encaisse-or ? », une réponse un peu déconcertante s'impose : « d'après tout ».

En vérité, il n'est presque pas un incident de la vie économique nationale, des relations économiques internationales, qui ne doive avoir sa répercussion, dans un temps donné, avec une plus ou moins grande amplitude, sur l'encaisse-or de la Banque.

Cette réponse d'ailleurs, il faut le constater, explique bien des choses : d'abord que la Bourse de Londres doive être, pour la spéculation, un terrain encore plus favorable que nous ne l'avions supposé jusqu'à présent ; ensuite qu'il y ait eu, depuis 1844, à peu près quatre fois plus de variations du taux de l'escompte à Londres qu'à Paris, et l'on serait même tenté de s'étonner que la proportion ne soit pas plus élevée, n'étaient connues la prudence et l'habileté des gouverneurs de Threadneedle street.

Et il semble aussi que cette réponse s'explique un peu, à première vue, par ce fait que le capital monétaire circulant en Angleterre étant beaucoup moindre par habitant que ce qu'il est en France, moitié moindre peut-être, tous les mouvements économiques doivent avoir sur l'encaisse conservée dans les caves de la Banque une répercussion très sensible.

En ce qui concerne les phénomènes nationaux, ce contre-coup peut être suivi dans les bilans de la Banque, dans ces situations de chaque jeudi, accueillies avec tant de curiosité par le monde financier, bien que si sommaires.

J'ai déjà eu l'occasion de vous rappeler que la Banque a les comptes des Commissaires de la Dette, et du Conseil de l'Inde. Elle a encore celui de l'Échiquier. « Un beau compte, s'écrie un écrivain financier : une balance importante, et des variations que l'on peut aisément prévoir. » Mais la plus forte part de ses mouvements, — encaissement de l'impôt, paiement des dépenses des différents départements ministériels, — se règle par des débits ou des crédits passés aux autres banques, et non en souverains ou en banknotes. Il semblerait pourtant que la masse des contribuables dût s'acquitter en espèces. Mais l'existence de larges dégrèvements à la base du système fiscal explique que l'impôt frappe principalement des personnes titulaires de comptes de banque.

La Banque tient, réunis en un seul chapitre, « autres dépôts », les comptes des clearing banks de Londres, de nombreuses banques de province, de maintes sociétés, et de puissants particuliers. Cela doit suffire à indiquer à quel point les variations de ce chapitre peuvent être sensibles. Certaines se traduisent seulement par des écritures de compte à compte ; d'autres se règlent, soit par des virements, soit par des mouvements d'or. D'autres enfin sont toujours corrélatives à des entrées ou à des sorties d'or : demande de souverains en mai et novembre par les Banques d'Irlande et d'Écosse, à cause de situations spéciales qu'explique leur charte particulière, demande générale d'or au moment des vacances, aux fins de mois, de trimestres... Mais ces mouvements, étant périodiques, ont peu d'importance sur le taux officiel ; car la Banque, en connaissant la nature, en prévoyant l'étendue, peut, par avance, prendre les mesures nécessaires pour faire face aux retraits.

Il est d'autres mouvements exceptionnels, plus inattendus, et qui, eux, ont presque toujours leur contre-coup sur l'encaisse.

Lorsqu'on peut redouter une crise économique ou financière, que l'on soit à la veille de la faillite d'une grande banque ou de quelque grève générale, la confiance est ébranlée ; il commence à se produire comme un discrédit des instruments de crédit, chèques, effets, billets de banque même, parce que, se souvenant tout à coup que le pays est sous la loi de l'étalon-or et que c'est en monnaie de cette nature que doivent être effectués les règlements de tous les contrats, on « réveille ce droit endormi qui avait été perdu de vue ». C'est alors l'encaisse de la Banque qui est directement visée et va être immédiatement atteinte dans cette course à l'or, peut-être dans ce « struggle for gold ».

Les besoins intérieurs de numéraire pour lesquels il semble que la réserve de Threadneedle street constitue le seul stock utilisable aux heures critiques, suffiraient à nous donner la preuve de son instabilité relative. A quel point l'idée ne s'en imposera-t-elle pas à nous si nous considérons maintenant que cette même réserve se trouve être précisément l'approvisionnement d'or le plus accessible, le moins défendu qui existe au monde ?

Je laisse de côté volontairement ces grands mouvements internationaux qui font que l'Angleterre doit payer ou recevoir des millions de livres sterling pour le règlement de ses transactions extérieures, — bien qu'ils puissent aboutir à des mouvements d'or, — parce qu'ils sont réguliers, et parce que ces placements à l'étranger dont nous disions tout à l'heure l'importance, assurent au pays des changes généralement favorables.

Ce qu'il faut voir surtout, c'est que Londres qui, du fait de sa situation géographique, de la suprématie de la marine britannique, et de la merveilleuse aptitude des Anglais au commerce et à la colonisation, devait devenir et est, en effet, devenue le plus grand centre de règlement des opérations commerciales et financières de l'univers, où se liquide peut-être au moins la moitié des échanges et des transactions mondiales; Londres, à qui il aurait suffi de cette condition pour que la traite sur la place fût appréciée et recherchée en tout lieu, — (et cela seul encore expliquerait la création dans la City de tant de succursales de banques étrangères, —) Londres se trouve être par surcroît le marché nécessaire de l'or, l'entrepôt obligé du métal précieux.

On peut vendre de l'or à la Banque, — l'Acte de 1844 l'obligeant à le prendre à un certain cours fixé ; on peut surtout le lui acheter, puisqu'elle doit à tout moment échanger ses billets contre de l'or.

Ainsi, toutes les fois qu'une nation a besoin de métal jaune pour satisfaire à un goût particulier de thésaurisation, fortifier ses réserves de banques, étayer une émission de billets, préparer ou réaliser le passage d'un régime différent au monométallisme-or, il lui suffit d'acheter du papier sur Londres, de le remettre à l'escompte ou à l'encaissement, de s'en faire donner la contrevaleur en billets et d'échanger ceux-ci. Ces sortes de transactions-là sont si fréquentes et si importantes que l'or conservé par la Banque en garantie des billets émis est très largement composé de lingots et de pièces étrangères, constamment demandées et par suite toujours tenues prêtes pour l'exportation.

Comme toute sortie réduit la capacité de la Banque de payer ses dettes, vous concevez à quel point elle doit être guidée dans la fixation du taux de son escompte par ces mouvements mêmes.

Et il en est, parmi eux, de malaisés à prévoir !

La possibilité d'une crise industrielle et financière dans un grand pays du Nouveau Monde, une crainte de conflit entre deux nations européennes,... c'en est assez pour que l'on doive envisager, comme suite normale de ces éventualités, des retraits d'or par des peuples inquiets, l'affaiblissement de la réserve, et, dans le moment même où il faudrait le plus qu'il fût élargi et facilité, le resserrement du crédit.

Nous voilà bien cette fois au cœur de la question et face à face avec cette sorte de paradoxe en quoi elle se résume. Nous voyions tout à l'heure que tout semble dépendre de la Banque et qu'à en croire un auteur anglais, les 23 milliards de dépôts de toutes les banques du Royaume n'ont pour garantie que les 900 ou les 980 millions de l'encaisse de Threadneedle street. Nous voyons maintenant que la Banque dépend de tout et que la fameuse proportion de ses disponibilités aux exigibilités risque de tomber bien bas au cas d'une grave crise économique ou d'un sérieux conflit armé.

Bien qu'en trois circonstances seulement depuis 1844, il ait fallu suspendre, par des mesures d'exception, l'application rigoureuse du principe alors posé de la convertibilité des billets en or, l'organisation du marché tout entier est donc affligée d'une sorte de précarité. L'assise du crédit n'est pas seulement étroite, elle est comme mouvante.

Tout gravite autour d'un établissement unique que rien ne défend contre les assauts possibles. D'autres banques d'émission ont des encaisses bien supérieures à celles de Threadneedle street, mais ne les livrent pas sans lutte et opposent de tels obstacles aux demandes qu'en réalité elles les écartent; les dépôts de Londres sont accessibles au monde entier. Il n'y a qu'une réserve dans le pays, et l'accès en est ouvert. Et ainsi, si j'ose reprendre en cette matière le mot de Pascal, « et ainsi cela fait un cercle d'où sont bien heureux ceux qui sortent ».

J'aurai terminé quand je vous aurai dit que les Anglais ont, tout récemment, essayé de sortir de ce cercle en créant ou du moins en fortifiant l'encaisse monétaire du pays, et qu'ils sont en voie d'y réussir.

Ce mouvement, né d'hier et extrêmement important est encore peu ou mal connu, et il ne peut pas ne pas l'être, comme est généralement ignoré tout ce qui concerne l'encaisse des banques anglaises. Voici pourquoi : dans leurs bilans, le numéraire et la balance à la Banque d'Angleterre sont presque toujours confondus en un poste unique « Cash ». Or c'est la répartition, la composition intérieure seule de ce poste qui, dans les quatre ou cinq dernières années, s'est très sensiblement modifiée, l'ensemble représentant toujours, en 1910 comme en 1905, la même proportion de l'actif total, à peu près 14 1/2 p. 100.

Jusque vers 1907, les réserves-or des banques étaient nettement insuffisantes pour faire face à une demande de remboursements un peu au-dessus de la normale. On avait demandé qu'un Bill du Parlement contraignît les établissements de dépôts à détenir une réserve-or proportionnée à leurs exigibilités, par analogie avec la loi des États-Unis. Ce sont les grandes banques elles-mêmes qui, dans une politique de sagesse et de prévoyance, ont résolu de se constituer des réserves en lingots et en souverains.

En voyant le nuage qui avait obscurci l'horizon de l'autre côté de l'Atlantique, et qui était venu jusque vers l'Angleterre, elles ont estimé qu'il fallait se mieux garder contre l'orage possible ; elles ont voulu acquitter la prime d'une assurance reconnue nécessaire ; et c'est cet enseignement, tiré de la crise américaine récente, que depuis quatre ou cinq ans elles ont mis en pratique.

Elles ont vendu une partie de leur portefeuille titres et utilisé dans les mêmes vues d'autres disponibilités. Sans se concurrencer les unes les autres, avec une discipline spontanée, elles ont absorbé une forte part des derniers arrivages d'or et porté à la frappe des stocks importants.

Le cours des Consolidés baissait ; le loyer de l'argent renchérissait plus ou moins ; tout le surplus des importations sur les exportations d'or dans le pays ne venait pas accroître les réserves de la Banque d'Angleterre... Pourtant je ne crois pas que, même à Londres, on sache aujourd'hui exactement le résultat obtenu : à savoir qu'il se trouve actuellement dans les caves des grandes Banques anglaises, des réserves-or sans doute égales, sinon supérieures à celles de Threadneedle street.

Cela, cet élargissement, au prix de coûteuses immobilisations, de l'assise du crédit britannique, — rançon jugée indispensable d'un emploi trop exclusif de procédés de crédit perfectionnés, — est tout à l'honneur de ceux qui l'ont conçu et réalisé.

Par ailleurs, la Banque d'Angleterre va, je crois bien, émettre sous peu des billets d'une livre qui, dans le courant des échanges journaliers se classeront mieux et seront conservés plus volontiers que les coupures actuelles de 5 £ et plus ; et ce sera là un moyen appréciable de fortifier son encaisse.

Et pourtant, malgré ces efforts, la meilleure sauvegarde du marché de Londres, c'est toujours, tout de même, le progrès et le développement économique du monde entier dans la concorde et dans la paix.

* *
*

Il ne me reste plus, messieurs, qu'à m'excuser d'avoir retenu si longtemps votre attention.

Nous avons vu ensemble, — ainsi que cela était naturel chez le peuple qui, Taine l'a dit, fait des affaires et non des phrases, l'affaire des affaires, « business of businesses », la Bourse, en un mot, trouver son plein développement dans une institution où se marquent les traits les plus caractéristiques peut-être de la race, institution libre, grandie librement, dans une entente tacite avec les Ministres de la Couronne, dans une collaboration féconde avec les Forces Vives du pays.

Nous avons vu, ensuite, ayant pris pour point de départ cette constitution sans éclat, mais si admirablement adaptée à la fin poursuivie, du Stock-Exchange, qu'un développement logique nous amenait à cette constatation : la puissance financière du marché de Londres a pour base primordiale sa merveilleuse aptitude comme intermédiaire des échanges universels, — servie par cette suprématie commerciale et maritime qui embrasse le monde.

Nous avons vu, enfin, que ce marché dont l'ampleur et la force sont dues non pas tant, malgré leurs progrès d'hier, aux instruments de banque qui le servent qu'aux facteurs essentiels de tout le développement économique national et international, a pour assise nécessaire la paix. M. Delamotte vous disait du marché allemand qu'il lui faut la paix, la paix occidentale. On peut en dire autant du marché anglais : la paix paraît la condition indispensable de sa grandeur. Je suis à mon aise pour l'affirmer devant vous, M. l'Ambassadeur. A un banquet de la Chambre de Commerce française de Londres, il y a six ou sept ans, parlant de l'Entente Cordiale, vous proclamiez l'avoir toujours considérée, « comme l'un des facteurs essentiels de la paix européenne et du progrès général » ; et vous ajoutiez l'instant d'après que « c'est en grande partie au monde d'affaires des deux pays que le rapprochement serait dû ».

Messieurs, il ne m'appartient pas de dire quelle conclusion peut se dégager pour vous de la série de ces cinq conférences où vous nous aurez suivis avec une attention et une bonne grâce dont il m'est agréable de vous remercier pour ma part.

Peut-être serait-ce qu'il n'y a pas de formule bancaire indispensable, de théorie qui s'impose, de doctrine qui soit absolue.

Mais il me paraît bien aussi que ces quelques monographies aboutissent toutes à une même idée, qui se dégage ainsi, sur ce domaine immense des réalités économiques, du chaos des échanges universels et des liquidations mondiales, à cette idée que, — contrairement à ce qu'écrivent parfois les polémistes hostiles aux grandes forces financières, — la trame complexe des relations d'intérêt développe entre les hommes d'un même pays une solidarité nationale, de même qu'il crée, malgré les frontières et les océans, entre les peuples de tous les continents et de toutes les races, une solidarité internationale. (*Vifs applaudissements.*)

Messieurs,

Avant de nous séparer je pense répondre à votre sentiment en remerciant M. Jacques Armagnac de sa conférence si neuve, si précise, si vivante et en lui adressant en même temps toutes nos félicitations. (*Applaudissements.*)

IV

LE MARCHÉ FINANCIER ALLEMAND

CONFÉRENCE DE M. Gabriel DELAMOTTE

Inspecteur des finances,
Chef du service de l'Inspection générale des finances.

DISCOURS DE M. Paul BEAUREGARD

de l'Institut,
Député de Paris, Professeur à la Faculté de droit de Paris
et à l'École libre des Sciences politiques.

Messieurs [1],

Je tiens tout d'abord à remercier les organisateurs de ces Conférences si intéressantes d'avoir bien voulu me demander d'en présider une : c'est en même temps une grande joie pour moi de me trouver parmi vous. Je tiens aussi à remercier vivement les hommes éminents qui honorent de leur présence cette brillante réunion de la Société des Élèves et Anciens Élèves de l'École des Sciences Politiques.

J'ai le devoir — devoir qui m'est particulièrement agréable — de vous présenter le Conférencier, M. Gabriel Delamotte, qui nous fait le grand honneur de vouloir bien nous entretenir du marché financier allemand.

M. Gabriel Delamotte ne vous est pas inconnu ! C'est un de vos anciens camarades ; il fut un brillant élève de cette grande École, puis Inspecteur des Finances ; très heureusement, ses fonctions ne l'ont pas empêché de poursuivre ses études. La science économique a eu le bonheur de voir M. Gabriel Delamotte consacrer dix années

---

1. Discours prononcé par M. Paul Beauregard, le lundi 18 mars 1912.

de son activité à maintenir le Bulletin de statistique et de législation comparée à l'état de perfection auquel l'avait porté M. de Foville. Cela est un grand service car ce Bulletin est un des éléments les plus remarquables qui nous permette de compléter nos études de statistique.

Par la suite, M. Gabriel Delamotte nommé Chef du Service de l'Inspection Générale des Finances, a dû voir de plus haut cette œuvre si utile, mais cependant il a continué à donner son temps à la spéculation pure et c'est ainsi qu'il va vous présenter aujourd'hui ce tableau d'ensemble du marché financier allemand, de ce qui constitue comme la clef de voûte de tout l'organisme financier d'un peuple voisin que nous avons vu grandir depuis quarante ans d'une façon prodigieuse et qui certes nous donne des exemples qui méritent d'être médités.

M. Gabriel Delamotte vous présentera cette étude en faisant ressortir les points essentiels de ce sujet si vaste et si délicat; mais j'ai comme vous, Messieurs, hâte de l'écouter et je lui donne la parole. (*Vifs applaudissements.*)

Messieurs [1],

Toutes les manifestations de l'activité économique d'un pays, la plupart même des manifestations de son activité politique se répercutent sur ce qu'on appelle son « marché financier ». Le sujet de cette conférence est donc bien vaste. Aussi ai-je pensé qu'il convenait de le délimiter. Je ne passerai pas successivement en revue les divers éléments qu'on rattache assez souvent au marché financier : budgets, commerce extérieur, chemins de fer, etc. ; cette revue, faute de temps, ne pourrait être que superficielle et par là même risquerait fort de ne pas intéresser un auditoire aussi renseigné que celui qui me fait l'honneur de m'écouter.

Je bornerai mon examen à ce que je considère comme les aspects essentiels du marché financier, à savoir : d'une part, le marché de l'argent, d'autre part, le marché des titres.

Le marché de l'argent qu'on appelle aussi le marché de l'escompte ou du crédit à court terme, ou tout simplement le marché monétaire, ne saurait d'ailleurs être envisagé en dehors de ses

1. Conférence faite par M. Gabriel Delamotte le 18 mars 1912.

organismes : les banques. En procédant autrement on n'arriverait qu'à une connaissance incomplète de son fonctionnement, de ses ressources, de sa situation actuelle. Je vous en parlerai donc en vous parlant des banques.

Quant au marché des titres, si les banques n'y demeurent pas étrangères puisque le plus souvent elles sont chargées des opérations d'émission, il est concentré principalement dans les Bourses de valeurs et je me propose de vous le faire connaître en vous exposant les grandes lignes de l'organisation de ces Bourses, après avoir donné quelques indications sur les opérations d'émission.

Avant d'entrer dans le fond même du sujet, j'appellerai votre attention sur deux points :

Je voudrais, en premier lieu, vous demander d'avoir présente à l'esprit l'influence énorme qu'à exercée dans le monde entier la crise économique qui a éclaté avec tant de violence aux États-Unis dans les derniers mois de 1907, parce que, cette influence, nous aurons à la constater plusieurs fois au cours de cette étude.

Je voudrais, en second lieu, vous rappeler qu'à l'heure actuelle nos voisins de l'Est ont parachevé la réforme monétaire dont les bases avaient été posées par les lois de 1871 et 1873. Depuis le mois d'octobre 1907, date à laquelle la puissance libératoire illimitée a été retirée aux anciens thalers d'argent, l'Allemagne est sous le régime de l'étalon d'or, sans aucune restriction ; les monnaies d'argent, quelles qu'elles soient, ne peuvent plus être imposées dans les paiements entre particuliers que jusqu'à concurrence de 20 marks, et la loi de 1909 qui a renouvelé le privilège de la Banque de l'Empire a pu stipuler que les billets émis par cette banque seraient remboursables exclusivement en « monnaies d'or allemandes ».

Il existe toutefois dans la circulation allemande une monnaie d'une nature spéciale, en papier, et dont il sera question plus loin. Je veux parler des *Reichskassenscheine*, c'est-à-dire « certificats » ou « billets de caisse de l'Empire ». Leur émission remonte à 1875 ; il y en a pour 120 millions de marks, soit actuellement : 6 millions de coupures de 5 marks et 9 millions de coupures de 10 marks. Ces billets n'ont, à proprement parler, aucune garantie spéciale ; ils constituent une véritable dette de l'Empire, non productive d'intérêts ; mais il convient de remarquer que leur montant correspond à celui du Trésor métallique renfermé dans la forteresse de Spandau. Ces *Reichskassenscheine* ne jouissent pas du cours légal.

I. — LES BANQUES ET LE MARCHÉ DE L'ARGENT

Laissant de côté les nombreuses banques hypothécaires qui existent en Allemagne parce que la sphère et le mode de leur activité sont d'un ordre particulier, je vais m'occuper exclusivement des banques dénommées banques de crédit et de la Banque Centrale d'émission autour de laquelle elles gravitent : la Banque de l'Empire ou *Reichsbank*.

A. — *Les banques de crédit.*

Deux traits bien particuliers caractérisent les banques allemandes de crédit :

D'une part, le développement *extérieur* qu'elles ont pris, sous l'action d'un mouvement de concentration qui ne s'est peut-être manifesté avec autant de puissance dans aucun autre pays ;

D'autre part, les relations étroites qui unissent ces banques à l'industrie.

Ce sont les grandes banques, celles de Berlin principalement, qui se sont mises à la tête du mouvement de concentration. Ou bien elles se sont *affilié* les banques de moindre importance grâce surtout à des achats d'actions. Ou bien, elles les ont *absorbées*, en recourant au besoin à des augmentations de capital. Ces deux formes de la concentration sont les plus connues.

Dans certains cas, la concentration s'est produite sous une autre forme, celle qui a reçu le nom de « Communauté d'intérêts » et dont l'exemple le plus notoire a été fourni par deux grands établissements de Berlin : le « *Schaaffhau-sen sche Bankverein* » et la « *Dresdner Bank* ». En vertu d'un accord dont la durée avait été fixée à trente ans à partir de 1904, chacune des deux sociétés devait conserver *extérieurement* son indépendance et continuer à fonctionner sous sa raison sociale propre, mais les affaires devaient être conduites en commun, les bénéfices réunis et distribués au prorata du capital social et de la réserve de chaque société. La communauté ne s'étendait pas aux pertes.

Dans les milieux financiers on avait attaché une grande importance à cette combinaison. On avait voulu y voir la forme typique de la concentration, la forme de l'avenir, celle à laquelle les grandes banques elles-mêmes pourraient finalement recourir pour arriver à une association d'intérêts de plus en plus étroite. Ces espérances — disons-le de suite — ne se réalisèrent pas et, dans le courant de 1908, cette communauté fut résiliée. Elle avait duré quatre ans. L'expérience aurait démontré qu'il y avait des inconvénients dans la limitation de la liberté d'action de chaque banque. En réalité, les sacrifices que l'une des deux banques — celle qui réalise les plus gros bénéfices — consent à son associée sont très apparents dans ce système, et si ces sacrifices proviennent généralement de la même banque, il est difficile que l'entente puisse se prolonger bien longtemps.

Commencé il y a une vingtaine d'années, le mouvement de concentration a été surtout actif pendant les années 1903, 1904 et 1905. Il s'est ralenti à partir du commencement de 1906 et s'est presque complètement arrêté en 1907, sous l'influence de la crise américaine. En 1908, malgré quelques transformations d'importance secondaire, on noterait plutôt un recul, par suite de la dissolution de la « communauté d'intérêts » dont je viens de parler. Depuis lors, le mouvement en avant a repris quelque peu ; des banques importantes de province, notamment, ont absorbé de petites maisons de banque ; le réseau de succursales et d'agences étendu sur le pays s'est agrandi encore ; mais on sent que les principaux meneurs, les grandes banques de Berlin, accusent une certaine satiété. Il est donc peu probable que, dans un avenir très prochain, la physionomie d'ensemble, l'aspect extérieur de la Banque en Allemagne se trouve modifié sensiblement.

Sans entrer dans les détails, je voudrais seulement, à l'aide de statistiques établies en Allemagne, vous donner un aperçu de l'importance des groupements qui se sont ainsi formés[1].

Le groupe de beaucoup le plus important est celui de la « *Deutsche Bank* ». On peut ranger

---

1. Tous les chiffres donnés dans cette étude sont extraits :
De l'*Economiste allemand ;*
De l'*Annuaire statistique de l'Empire ;*
Ou des comptes rendus de la *Reichsbank.*

dans son « concert », comme disent les Allemands, vingt-cinq autres banques. L'ensemble des capitaux administrés par ce groupe (montant de l'actif ou du passif des bilans) s'élevait, fin 1910, à 4.672 millions de marks. Viennent ensuite, par ordre d'importance : le groupe de la « *Disconto-Gesellschaft* » qui comprenait quatorze autres banques et administrait 2.591 millions ; le groupe de la « *Dresdner Bank* » avec huit autres banques et 1.777 millions ; le groupe de la « *Bank für Handel und Industrie* » (Banque de Darmstadt), avec trois autres banques et 1.155 millions ; le groupe du « *Schaaffhausensche Bankverein* » avec quatre autres banques et 739 millions.

Il faut citer à part une grande banque de Berlin, la « *Berliner Handels Gesellschaft* » (capital 110 millions de marks, réserves 38 millions) qui est demeurée en dehors de la formation des groupes et n'a ni agences, ni succursales, ni communauté d'intérêts avec d'autres banques. On peut dire d'elle qu'elle est restée *centralisée*, alors que les autres grandes banques, tout en recourant à une concentration des capitaux, ont procédé à une décentralisation de leur exploitation, par l'intermédiaire de leurs agences et succursales.

Après s'être appliquées à développer et à améliorer leur outillage à l'intérieur du pays, les grandes banques allemandes ont porté leurs efforts du côté des pays lointains et favorisé l'expansion coloniale allemande. La *Deutsche Bank* a pris pied dans l'Afrique Orientale allemande avec la *Deutsch Ost Afrika Bank* de Berlin; dans la République Argentine, la Bolivie, le Pérou, le Chili, l'Uruguay avec la banque transatlantique de Berlin (*Deutsche überseische Bank*). La *Disconto-Gesellschaft* déploie dans cette direction une activité remarquable; d'elle relèvent : la Banque brésilienne pour l'Allemagne à Hambourg; la Banque pour le Chili et l'Allemagne à Hambourg; la Banque asiatique allemande à Sanghai; la Banque générale roumaine à Bucarest; la Banque allemande d'Afrique à Hambourg; la Banque allemande de Palestine à Hambourg; la Banque de crédit à Sofia. La *Dresdner Bank* s'est également implantée dans l'Amérique du Sud, dans l'Afrique occidentale allemande, la Turquie et en Egypte.

Le mouvement semble maintenant se diriger vers l'Ouest de l'Europe. Les financiers allemands regardent comme désirable un rapprochement économique avec la France qui dispose de capitaux si abondants. Ils comptent beaucoup aussi sur la Belgique. Nos gisements miniers, en particulier le gisement lorrain-luxembourgeois qui a pris une importance prépondérante dans ces derniers temps, exercent sur eux un grand attrait. Plusieurs pas d'ailleurs ont déjà été faits dans la voie que je signale. Il y a quelques années la *Disconto* a fondé la « Compagnie commerciale belge » à Anvers (anciennement « de Bary et Compagnie »). A la fin de 1909, la *Deutsche Bank* a repris et transformé en succursale la maison de banque « Balser et Compagnie » à Bruxelles. A la même époque, la *National Bank für Deutschland* s'unissait étroitement au *Crédit mobilier français* qui, avec sa participation, a pu augmenter considérablement son capital. En 1910, la *Dresdner Bank* a souscrit un montant important des nouvelles actions émises par la Banque « J. Allard et Cie », à Paris.

Ce n'est pas seulement dans le domaine de la Banque que le mouvement de concentration s'est fait jour en Allemagne. L'industrie proprement dite y a donné lieu à de multiples combinaisons de cartels et de syndicats. Nous n'examinerons pas ici ces combinaisons quoique, dans une mesure importante, les deux mouvements de concentration, parallèles et dirigés dans le même sens, se soient influencés réciproquement ; mais nous allons jeter un coup d'œil rapide sur les relations particulièrement étroites qui, comme je l'ai dit en commençant, existent en Allemagne entre la banque et l'industrie.

Ces relations se manifestent principalement dans la composition des conseils d'administration. Les directeurs de banque, et même les fondés de pouvoir, sont en quelque sorte *délégués* dans les Conseils des entreprises industrielles pour y surveiller les intérêts de la banque à laquelle ils appartiennent et non élus en considération de leur propre personne. De la même manière, les directeurs des entreprises industrielles sont *appelés* dans les Conseils d'administration des banques. Il se forme ainsi auprès de chaque grande banque un cercle d'une centaine d'hommes qui occupent de grosses situations et peuvent servir les intérêts de cette banque. Il semble bien que l'influence prépondérante appartient aux banques plutôt qu'aux entreprises industrielles et cela n'a rien de surprenant puisque, pour se créer la majorité dans les assemblées d'actionnaires, les banques disposent non seulement des actions leur appartenant en propre, mais aussi le plus souvent de celles déposées par les clients dans leurs caisses ou dans les caisses des banques affiliées.

On a calculé que la *Deutsche Bank* était représentée dans les Conseils de 134 sociétés, la *Disconto* dans les conseils de 114 ; la *Dresdner Bank* dans les Conseils de 112 ; le *Schaaffhausensche Bankverein* dans les Conseils de 112 ; la *Berliner Handels Gesellschaft*, la *Bank für Handel und Industrie* et la *National Bank für Deutschland*, chacune dans les Conseils de 101 sociétés. Il importe toutefois d'observer que dans ces chiffres sont comprises les places d'administrateurs possédées par les grandes banques de Berlin non seulement dans des entreprises industrielles, mais aussi dans les banques qui leur sont affiliées.

Ces relations étroites entre les banques et l'industrie ont pour conséquence d'entraîner les banques dans trois séries d'opérations.

a) La mise en portefeuille d'actions de sociétés industrielles.

b) Le placement d'actions et d'obligations industrielles, ce placement s'effectuant souvent de telle sorte que le souscripteur ou l'acheteur ne verse qu'un à-compte, la banque restant créancière à son égard de la plus grande partie du prix.

c) Enfin des ouvertures de crédit à des sociétés industrielles.

On voit que si les sociétés industrielles sont placées sous la dépendance des banques, cette dépendance n'est pas sans danger pour les banques.

Le danger est particulièrement grave pour les banques allemandes à raison même de leur mode d'activité sur lequel je vais donner quelques indications.

En Angleterre, il s'est produit entre les banques une distinction bien nette d'après la nature de leurs opérations ; les unes — on les appelle les *joint stock banks*, — ne s'occupent que d'opérations de banque proprement dites, notamment des opérations d'escompte et d'avances sur titres ; les autres, qui sont le plus souvent des banques pri-

vées, commanditent des affaires industrielles et se
livrent aussi aux opérations d'émission de titres.
Les banques de la première catégorie reçoivent
des dépôts de fonds et s'en servent pour leurs
opérations, comme de leur propre capital, et de
leurs réserves. Les banques de la deuxième catégorie ne reçoivent pas de fonds en dépôt et n'engagent que leurs capitaux propres dans leurs
opérations. La différence des risques encourus
dans l'un ou l'autre cas justifie la différence des
procédés. En France, la division entre les deux
sortes d'établissements n'est pas tout à fait aussi
nette qu'en Angleterre ; mais il semble qu'elle
tende à le devenir de plus en plus. Un certain nombre d'établissements reçoivent des fonds
en dépôt et s'en servent pour leurs opérations
d'escompte et d'avances sur titres ; ils se livrent
aussi au placement des titres dans leur clientèle;
mais en principe ils s'abstiennent de commanditer directement les entreprises industrielles.
D'autres banques, au contraire, qui ne reçoivent
pas de dépôts se chargent de subventionner l'industrie et s'occupent aussi des affaires d'émission.
En Allemagne, cette division du travail entre
les banques n'existe pas. Les grands établissements dont j'ai parlé plus haut, reçoivent des
fonds en dépôt et s'en servent pour venir en
aide à l'industrie[1]. *C'est même là, la principale*

---

1. Il faut faire une exception pour la *Berliner Handelsgesellschaft* qui n'a pas de comptes de dépôts.

raison de l'intimité existant entre les banques et l'industrie. Il est, je crois, inutile d'insister sur les embarras qu'une telle politique peut occasionner aux banques allemandes. Le jour où une crise grave éclaterait et où les dépôts seraient réclamés en masse, ces banques ne se trouveraient-elles pas en moins bonne posture que les banques d'autres pays ? Dans quelle mesure pourraient-elles faire face à leurs engagements ?

Cette question est une de celles que l'on agite fréquemment en Allemagne. Lors de l'enquête sur la banque, en 1908, l'un des points à examiner était le suivant : « Est-il désirable, dans l'intérêt public, de régler, *par voie législative*, l'emploi des dépôts, en vue de leur sécurité et de leur liquidité ? » Un représentant du gouvernement de l'Empire déclara que les gouvernements confédérés ne songeaient pas à recommander une division *légale* des banques en banques de dépôts d'une part et en banques de titres d'autre part et aucun membre de la Commission d'enquête ne fit de proposition dans ce sens.

Les choses restent donc en l'état, mais on peut se demander si la division du travail entre les banques ne s'opérera pas d'elle-même en Allemagne, avec le temps, c'est-à-dire avec un développement encore plus considérable des fortunes dans ce pays et le ralentissement de l'activité économique qu'il déploie depuis quarante ans. Il semble, en effet, que la distinction entre les banques d'affaires et les banques de dépôt qui s'est réalisée dans les autres pays a été le résultat d'une sorte de loi d'évolution.

Du reste, l'organisation actuelle des banques en Allemagne ne manque pas de défenseurs dans ce pays. On lui attribue en grande partie, et non sans fondement, les énormes progrès réalisés par l'Empire, notamment dans l'ordre économique. Et l'on a une tendance à considérer comme *théoriques* les objections formulées de divers côtés contre cette organisation. On fait valoir que plus une banque a de branches d'exploitation, plus elle a de chances de ne pas voir diminuer ses bénéfices quand la « conjoncture » change ; dans les années prospères elle gagne sur les émissions ; dans les années de crise, où l'argent est cher, elle gagne sur les opérations d'escompte. On veut même voir dans l'organisation actuelle des banques un avantage économique général. Si, dit-on, la division en pures banques de dépôt d'une part et en banques d'affaires et d'émission de titres d'autre part était entièrement réalisée, ces dernières banques, ne pouvant se passer d'un capital important qu'elles devraient rémunérer, seraient obligées de forcer les affaires de fondations et d'émissions, ce qui ne saurait être dans l'intérêt du développement économique général.

Ces arguments sont intéressants, mais ils ne sauraient faire disparaître les craintes que j'ai exprimées et qui trouvent trop souvent leur justification dans des désastres financiers importants. Je sais bien qu'on ne veut voir, dans ces désastres, que la conséquence de fautes individuelles et non ce qu'on a quelquefois appelé la faillite du système. On peut toutefois se demander si ces désastres se seraient produits aussi facilement, sans la mentalité créée dans la clientèle par le régime actuel des banques.

Quoi qu'il en soit, les grandes banques allemandes ont compris qu'elles devaient tenir compte des exigences de l'opinion publique de plus en plus désireuse de suivre la marche de leurs affaires et, *spontanément*, dans les délibérations tenues lors de l'enquête de 1908, sous la présidence du Gouverneur de la *Reichsbank*, elles se sont engagées, en tant que membres de la Chambre de compensation de Berlin, à publier leur bilan tous les deux mois à partir du 1er janvier 1909, et d'après un modèle uniforme qui est entré en vigueur, pour la première fois, à la fin de février 1911. Le nouveau règlement sur l'admission des titres à la cote de la Bourse de Berlin a même spécifié que les banques qui ne se conformeraient pas à cet engagement ne pourraient faire admettre leurs actions à la cote.

Le nouveau modèle de bilan distingue, *à l'actif*, les traites escomptées par la Banque, ses propres acceptations et ses propres tirages. Les titres composant le portefeuille sont répartis en quatre catégories suivant leur nature ; les débiteurs sont divisés en « couverts » et « non couverts ». Au *passif*, les comptes créditeurs comprennent 5 divisions dont 2 avec 3 subdivisions chacune. Les « dépôts » font l'objet d'une des divisions. On sait qu'il s'agit là d'une distinction des plus délicates ; il faut entendre par « dépôts » les versements faits à des comptes dont le solde ne peut devenir débiteur à la suite d'opérations sur titres. Enfin les « chèques » sont séparés des « acceptations ». L'établissement des bilans se trouve ainsi sérieusement compliqué. L'avenir seul permettra d'apprécier la valeur pratique de ces dispositions.

Des statistiques dressées en Allemagne à l'aide des bilans des principales banques (elles portent sur 165 banques en 1910) fournissent des données sur l'activité de ces établissements pendant une période assez longue et sur leur situation à la fin de 1910.

Les capitaux administrés par l'ensemble des banques de crédit, c'est-à-dire les capitaux leur appartenant en propre ou appartenant à des tiers (total de l'actif *ou* du passif des bilans) s'élevaient à 3.150 millions de marks à la fin de 1890 et à 15.015 millions à la fin de 1910. Les neuf grandes banques de Berlin seules sont comprises dans ces chiffres pour 1.607 millions en 1890 et pour

7.757 millions en 1910, soit sensiblement pour un peu plus de moitié. Pendant cette période de vingt et un ans, l'augmentation a été à peu près la même pour les banques de Berlin et pour les banques de province. Pour l'ensemble des banques, le montant des capitaux administrés a toujours été en augmentant d'une année à l'autre, sauf en 1901, année qui a suivi une crise importante. Pour les banques de Berlin seules, l'augmentation s'est interrompue en 1901, et en 1908, après la crise américaine. Pour les banques de province, l'augmentation a été chaque année très importante depuis 1905. Pour les banques de Berlin, elle n'a pas été inférieure à 519 millions de marks en 1909 et à 905 millions en 1910.

Si, laissant de côté les capitaux appartenant en propre aux banques, on n'envisage dans leurs bilans que les capitaux appartenant à des tiers, par exemple les « *dépôts* » et les «*comptes créditeurs* », on trouve qu'ils s'élevaient pour l'ensemble des banques :

	DÉPÔTS	CRÉDITEURS	TOTAL
	(en millions de marks).		
Fin 1890 . . .	403	883	1.286
Fin 1910 . . .	3.241	5.882	9.123
+	2.838	4.999	7.837

Un autre compte du passif non moins intéressant que ceux dont on vient de parler est celui des

« *acceptations* ». Pour l'ensemble des banques ces acceptations s'élevaient à 1.300 millions de marks fin 1903 ét à 2.099 millions fin 1910. Régulièrement, une banque ne devrait donner son « acceptation » qu'à l'occasion d'opérations relatives à des chargements de navires et contre remise du connaissement. Il est à craindre que les choses ne se passent pas toujours ainsi. Lors de l'enquête sur les banques, le Président de la Commission, M. Havenstein, Président de la *Reichsbank*, a fait ressortir que le mauvais emploi des fonds appartenant aux tiers était encore accru « par l'augmentation extraordinairement considérable et malsaine des acceptations et des tirages de banque, ne reposant pas sur des opérations de marchandises, mais servant uniquement à procurer du crédit ».

Quant on veut se rendre compte de la situation d'une banque, on se livre généralement à une comparaison entre ses engagements et ses disponibilités; mais rien n'est plus délicat, car il s'en faut de beaucoup que tous les éléments, tous les postes compris parmi les disponibilités présentent au même degré le caractère de liquidité, surtout aux époques de crise, les seules qu'il convienne d'envisager. En réalité, les postes autres que les fonds en caisse ne peuvent être considérés comme *liquides* que dans une certaine mesure.

En ce qui concerne les titres notamment, portés dans les bilans comme appartenant aux banques allemandes, la plus grande partie se compose d'actions de banques et d'entreprises industrielles qui en temps de crise ne pourraient guère être réalisées. Seule la *Deutsche Bank* a les 2/3 de son portefeuille de titres en fonds d'États et emprunts communaux. Une partie des titres figurant ainsi dans les bilans peut d'ailleurs être déjà engagée à la *Reichsbank* et le produit de ces avances avoir été versé dans la caisse. D'un autre côté, il est bien difficile à une banque de faire appel à ses *débiteurs* en temps de crise, sous peine de perdre sa clientèle, car c'est à ce moment-là surtout que les débiteurs ont besoin de la banque. Enfin une bonne partie des titres servant de couverture aux « débiteurs » consiste non en titres pouvant donner lieu à des avances de la *Reichsbank*, mais en actions d'entreprises industrielles déposées en garantie d'ouvertures de crédit. En cas de crise, ces titres seraient invendables et la banque serait obligée de les reprendre.

Dans les statistiques dressées par la *Reichsbank* lors de l'enquête de 1908, on avait distingué les disponibilités en *deux catégories*, suivant qu'elles sont plus ou moins facilement réalisables. Dans la première, on avait rangé les espèces (nationales ou étrangères), les soldes créditeurs à la *Reichsbank* et dans les autres banques, ainsi que les effets de commerce; dans la deuxième catégorie, les avances sur titres et les reports. On avait ainsi laissé les titres de côté.

A la fin de 1910, l'actif des neuf grandes banques de Berlin se répartissait comme suit ; (chiffres moyens pour l'ensemble de ces neuf banques) :

Caisse	4,8 p. 100	6,4
Traites.	21,2 —	28,4
Avances sur titres.	20 —	24,1
Titres et participations.	12,4 —	9,1
Débiteurs.	40,3 —	30,3

Les chiffres de la *Deutsche Bank* étaient sensiblement plus favorables.

On ne saurait, je le répète, tirer de ces chiffres des déductions absolues.

Très habilement dirigées, les grandes banques allemandes ont toujours pu distribuer à leurs actionnaires des dividendes élevés et cela malgré l'importance de leurs frais généraux qui absorbent plus de la moitié de leurs bénéfices bruts. Leur activité a continué à être très grande en 1911. Une seule grande banque toutefois a augmenté son dividende pour cet exercice : la *Berliner Handelsgesellschaft.*

Il n'est pas sans intérêt de rechercher comment la crise marocaine de l'été dernier s'est répercutée sur les bilans des banques. On peut voir, en examinant les bilans publiés fin octobre 1911 par huit des grandes banques de Berlin, que l'effet de cette crise s'est surtout traduit dans les comptes du *passif* : créditeurs, dépôts et acceptations. Du 1er janvier au 31 août 1911, les comptes « créditeurs » de ces huit banques avaient éprouvé une augmentation de 401 millions de marks ; ils ont diminué, en septembre et octobre 1911, de 412 millions ; le recul s'est produit dans toutes les banques ; la *Deutsche Bank* y a participé pour 218 millions, la *Dresdner Bank* pour 68 millions. Quant aux dépôts, leur diminution pendant la même période a été de 69 millions ; leur chiffre est resté néanmoins supérieur de 174 millions à ce qu'il était au commencement de l'année. On relève au contraire une augmentation de 89 millions de marks au compte « acceptations », ce qui ne saurait surprendre. A l'*actif*, on note une diminution sur les comptes « avances et reports ». L' « avoir en caisse », les « titres et participations » et les « débiteurs » ne se modifient guère ; les « avances sur marchandises et connaissements » augmentent. Le recul des « avances et reports », en septembre et octobre 1911, est surtout remarquable ; il atteint 31 millions de marks, alors que pendant les mêmes mois de l'année précédente, ce compte avait augmenté de 20 millions. Sans doute les banques ont cherché, en réduisant les crédits ayant un caractère trop spéculatif, à compenser les retraits qui se produisaient sur les comptes « créditeurs » et « dépôts ».

B. — *La Reichsbank.*

On a senti le besoin dans la plupart des États modernes d'avoir un établissement central investi d'une sorte de tutelle supérieure sur les banques et les banquiers qui se chargent de procurer des facilités au commerce et à l'industrie. Cet établissement a pour mission principale d'élargir le crédit et de régulariser sa distribution ; il doit d'autre part veiller sur le stock monétaire du pays, en ne permettant pas à l'or, devenu le métal précieux par excellence, de franchir trop facilement les frontières. Pour remplir cette double tâche, la banque centrale dispose surtout d'un moyen efficace ; faire varier le taux de son escompte d'après l'état du marché intérieur et les cours des changes avec les pays étrangers. De son côté l'Etat vient à son aide en lui concédant le droit d'émettre des billets qui circulent à l'égal de la monnaie, soit qu'ils aient, soit qu'ils n'aient pas ce qu'on appelle le « cours légal ». Il importe toutefois que cette prérogative d'émettre des billets soit convenablement réglée ; en d'autres termes, il ne faut pas que des facilités de crédit puissent être accordées au détriment du régime monétaire du pays.

Après s'être rallié au principe de l'étalon d'or par les lois de 1871 et de 1873, le nouvel Empire allemand jugea nécessaire de confier la double tâche dont je viens de parler à un établissement relevant exclusivement de lui et une loi du 14 juin 1875 fonda la *Reichsbank*, en remplacement de l'ancienne Banque royale de Prusse. Mais comme il existait des banques d'émission dans divers autres Etats incorporés à l'Empire, on ne leur enleva pas ce droit du jour au lendemain ; on inséra dans la loi des dispositions tendant à leur substituer la *Reichsbank* dans un avenir plus ou moins rapproché. On trouve, vous le savez, une situation analogue en Angleterre.

Avant d'examiner à l'aide des chiffres, la situation de la *Reichsbank*, il ne me paraît pas inutile de rapprocher sommairement son mécanisme d'émission de celui des banques centrales de France et d'Angleterre.

C'est dans les statuts fondamentaux de la Banque de France, définitivement fixés par décret du 12 janvier 1808, qu'il faut chercher les règles de l'émission des billets dans notre pays. Ces règles sont en quelque sorte implicites et indirectes. Elles n'assignent aucune limite à l'émission ; elles n'établissent aucun rapport déterminé entre le montant de cette émission et le montant de l'encaisse métallique détenue par la Banque. Mais celle-ci ne pouvant, aux termes de l'article 8, émettre de billets que pour les besoins des opérations limitativement énumérées et réglementées par les statuts, la conséquence en est que toute l'émission a nécessairement pour contrepartie des éléments d'actif d'une nature, d'une valeur et d'une sécurité légalement déterminées. Pas un seul billet ne peut être émis s'il ne correspond à un dépôt de fonds, à un escompte statutaire ou à des avances sur les titres spécialement admis. On a donc pu dire qu'en France le législateur s'est surtout préoccupé de la qualité des opérations auxquelles peut servir l'émission des billets, laissant à la Banque la plus grande latitude, en ce qui concerne les quantités, c'est-à-dire le montant sans cesse variable des divers éléments de l'actif statutaire et le judicieux équilibre à maintenir entre eux.

La *solidité* de ce système repose principalement sur la qualité du portefeuille d'effets de commerce ; ces effets, comme vous le savez, doivent porter trois signatures et être à trois mois au plus d'échéance. La Banque écarte avec soin tous les effets qui ne lui paraissent pas reposer sur la vente des marchandises, c'est-à-dire les effets de finance et de complaisance. L'expérience a toujours démontré la prudence et l'habileté des hommes chargés de l'Administration de la Banque.

Ce système présente en même temps une très grande *élasticité*. En effet, le volume de la circulation des billets tend naturellement à se proportionner au volume des traites émises ; il augmente donc quand l'activité commerciale et par suite les besoins de moyens de paiement augmentent.

Dans des lois plus récentes, on a cru devoir fixer un maximum à l'émission des billets de la Banque de France, mais si cette fixation peut s'expliquer historiquement, on est beaucoup plus embarrassé pour la justifier. Lorsque des circonstances exceptionnelles l'y contraignirent, en 1848, en 1870, le législateur dispensa la Banque de rembourser ses billets à présentation ; pour maintenir la valeur du billet, il a pu paraître alors nécessaire d'assigner une limite à l'émission ; mais on s'explique mal que cette limite ait été maintenue en 1878 dans la loi qui abolit le cours forcé, et à diverses reprises depuis 1878. Du reste, on pourrait presque qualifier cette limite de *provisoire*, car chaque fois qu'elle a été sur le point d'être atteinte, on l'a reculée pour ne pas gêner l'émission et ne pas obliger la Banque à se séparer de son or.

A la Banque d'Angleterre, au contraire, l'émission des billets est strictement réglementée. En vertu de sa charte, cette banque a le droit d'émettre, sans être tenue d'avoir dans ses caisses une seule once d'or, un montant de billets qui avait été fixé par l' « Act » de 1844 à 14 millions de livres sterling, mais qui se trouve aujourd'hui porté à 18.450.000 £ par suite de la disparition successive d'anciennes banques d'émission. La garantie de cette émission consiste dans ce qu'on appelle la « Dette fixe de l'Etat envers la Banque », soit 11.015.100 £ et dans des rentes sur l'Etat, immobilisées pour 7.434.900 £ Au delà de ce chiffre de 18.450.000 £, la Banque ne peut émettre de billets que pour une somme égale à l'or (lingots ou espèces) qui rentre dans ses caisses.

On peut dire que la *solidité* de ce système est absolue : le billet est gagé par de l'or ou par le crédit de l'Angleterre tout entière, crédit représenté par des rentes sur l'Etat appartenant à la Banque et par la dette fixe de l'Etat envers la Banque ; celle-ci est d'ailleurs tout à fait indépendante du Gouvernement. En outre, et c'est là un point qu'il ne faut jamais perdre de vue, ce billet est encore gagé par le portefeuille d'escompte de la Banque d'Angleterre et par tous les autres éléments de son actif.

En revanche, on peut reprocher à ce système sa rigidité, son *défaut d'élasticité*. Dès qu'une crise éclate, la réserve de billets s'épuise et la Banque se trouve dans l'impossibilité de venir au secours du marché. Aussi a-t-il fallu, à diverses reprises, suspendre l'effet de l'act de 1844.

Le système d'émission de la Banque de France repose sur ce qu'on appelle le *banking principle ;* en dehors du numéraire, il adosse l'émission à des opérations de banque, c'est-à-dire d'escompte, susceptibles d'une extension indéfinie. Le système de la Banque d'Angleterre repose sur le *currency principle ;* à partir d'une certaine limite fixée, l'émission ne peut s'y poursuivre qu'à l'aide de la monnaie métallique ou du métal précieux.

Il y a là, Messieurs, deux conceptions tout à fait différentes sur lesquelles je ne puis m'étendre ici. Je me bornerai à faire remarquer que les partisans du *currency principle* se préoccupent par-dessus tout de sauvegarder l'intégrité du régime monétaire, fût-ce au prix de la restriction des affaires et même de liquidations désastreuses, mais dont les conséquences pour l'ensemble de la vie économique du pays leur paraissent devoir être d'autant plus promptement réparables que le mal aura été plus aigu. Pour eux, le système opposé peut conduire à l'inflation et au cours forcé avec toutes ses conséquences funestes dont on ne peut prévoir la durée, par exemple à la suite d'un « *moratorium* » accordé aux débiteurs d'effets de commerce.

En 1875, lorsqu'on fonda la *Reichsbank*, le législateur allemand se trouva placé dans la nécessité d'opter pour l'un ou l'autre des deux systèmes d'émission dont je viens de parler. Il se prononça en faveur de celui qui repose sur le *banking principle ;* mais il s'efforça d'y apporter des perfectionnements destinés surtout à prévenir l'inflation de la circulation.

Tout d'abord la *Reichsbank* est tenue d'avoir une *encaisse* égale au moins au *tiers* de ses billets en circulation. Quant au reste de la circulation, il doit être couvert par des effets escomptés, à l'échéance de trois mois au plus et portant trois ou au moins deux signatures de personnes reconnues solvables. *Sous cette double condition la Reichsbank peut émettre des billets pour un montant illimité.*

La disposition plus spécialement imaginée pour prévenir l'inflation est la suivante. Quand la circulation excède l'encaisse augmentée d'une certaine somme forfaitaire dite *contingent*, une redevance de 5 p. 100 est perçue au profit de l'Empire sur cet excédent de circulation.

Bien entendu le contingent est fixé empiriquement par le législateur, d'après le besoin de billets qu'il présume normal.

Le mécanisme de ce système est facile à saisir. Dès que la circulation de la *Reichsbank* se développe et devient, pour partie, passible de l'impôt de 5 p. 100, la Banque supporte une perte sur cette partie de sa circulation si elle n'élève pas le taux de son escompte au moins à 5 p. 100. La *Reichsbank* doit être ainsi amenée, *d'une façon en quelque sorte automatique*, à se défendre par des élévations du taux de l'escompte, contre des demandes excessives d'argent. En d'autres termes, la taxe de 5 p. 100 agit comme un frein modérateur, elle équivaut à une sorte de limitation *indirecte* de la circulation.

On avait pensé que les dépassements de la cir-

culation au delà de la limite non imposable cons-
titueraient pour le monde des affaires un *signal
d'alarme*, l'annonce d'une élévation imminente
du taux de l'escompte. Dans la réalité, il n'en est
plus tout à fait ainsi ; les dépassements sont devenus très fréquents surtout dans ces dernières
années ; il y en a eu 25 en 1907, 14 en 1908,
18 en 1909, 19 en 1910, 16 en 1911, et il s'en faut
de beaucoup que dans chaque cas la Banque ait
immédiatement relevé le taux de son escompte.
La Banque n'obéit pas aveuglément audit signal ;
elle ne procède à un relèvement du taux de l'escompte que si le dépassement est considérable,
que si ses causes lui paraissent avoir un caractère
durable et pouvoir, d'après leur nature, être com-
battues par une élévation du taux de l'escompte.

Je ne serais pas entré dans ces développements au sujet des divers systèmes d'émission
sion des billets de banque si je n'attribuais pas
une importance considérable au choix du système. Je m'abstiendrai toutefois d'assigner une
sorte de supériorité théorique à l'un ou à l'autre. A mon avis, en cette matière comme en
beaucoup d'autres, il faut tenir le plus grand
compte du milieu. Tel pays où les ressources
financières sont considérables et l'activité industrielle modérée peut admettre un système élas-
tique qui ne conviendrait pas à un peuple em-
porté par la fougue des affaires. Tel autre pays

où se liquide la majeure partie des engagements internationaux doit se montrer particulièrement rigoureux lorsqu'il s'agit de défendre une encaisse or, déjà généralement considérée comme trop faible. Même avec un système d'émission analogue, divers facteurs conduisent à des résultats très différents d'un pays à l'autre. L'Angleterre et la Russie ont beau avoir toutes deux un système d'émission basé sur le *currency principle*, la situation de leurs Banques Centrales diffère énormément sous le rapport notamment du volume de la circulation des billets, de l'importance des stocks métalliques, du taux moyen de l'escompte, etc. La différence n'est pas moins grande entre la situation de la Banque de France et celle de la Banque d'Allemagne, quoique dans les deux cas l'émission repose sur le *banking principle*.

Le contingent de la *Reichsbank* avait été fixé en 1875, à 250 millions de marks; il fut porté en 1899 à 450 millions, en raison de l'accroissement de la population et du volume des affaires. La loi de 1909 qui a renouvelé le privilège pour une nouvelle période de dix ans a majoré à nouveau le contingent et introduit dans sa fixation une innovation qui est entrée en vigueur le 1er janvier 1911 ; désormais le contingent n'est plus le même pour toute l'année ; il est de 550 millions en temps ordinaire, mais *à la fin de chaque trimestre*, c'est-à-dire fin mars, fin juin, fin septembre et fin décembre, il est augmenté de 200 millions et porté à 750 millions. On a voulu ainsi permettre à la *Reichsbank* de prêter un concours plus large aux affaires et en même temps rendre aux dépassements de la circulation au delà de la limite non imposable le caractère de « signal d'alarme » qu'ils avaient notablement perdu. On constatait en effet, à la fin de chaque trimestre, un excédent de circulation imposable fort élevé qui disparaissait ensuite assez rapidement, sans que la *Reichsbank* procédât au relèvement du taux de son escompte.

Le produit de l'impôt sur l'excédent de la circulation qui, dans les années antérieures à 1903, était resté inférieur à 1 million de marks, s'est élevé :

En 1906 à 3.7 millions de marks ;
En 1907 à 5.6 — —
En 1908 à 2.6 — —
En 1909 à 3.9 — —
En 1910 à 3.9 — —

Si en 1911, il n'a pas dépassé 2.7 millions de marks, c'est grâce aux modifications apportées à la fixation du contingent. Par eux-mêmes, ces chiffres laissent déjà présumer que la situation de la *Reichsbank* est assez chargée depuis quelques années. Je vais montrer, à l'aide de données statistiques d'un autre ordre, combien la situation de cet établissement s'est aggravée surtout depuis 1906, c'est-à-dire à la suite de la grande crise économique issue des Etats-Unis.

Un des critérium auquel on recourt le plus souvent lorsqu'on veut apprécier la situation d'une banque d'émission est le rapport qui existe entre le montant de l'encaisse métallique et le montant des billets en circulation [1]. Il faut toutefois observer que ce rapport varie suivant l'époque de l'année à laquelle on l'envisage ; il s'abaisse généralement en fin de trimestre et surtout le 31 décembre, parce que les échéances sont particulièrement nombreuses à ces dates là et qu'elles entraînent des demandes de numéraire considérables. Il me paraît donc utile, en ce qui concerne la *Reichsbank*, d'examiner d'abord le *rapport moyen annuel* de l'encaisse métallique à la circulation, puis ce *rapport au 31 décembre*.

De 1883 à 1897, le rapport *moyen annuel* avait toujours été supérieur à 80 p. 100 ; il s'était même élevé à 96,82 p. 100 en 1888, à 95,67 en 1892 ; il était encore de 92,35 en 1895. En 1896, il tombe brusquement à 82,32 et à partir de cette époque on peut dire qu'il n'a pas cessé de fléchir.

---

1. Quand il s'agit de la *Reichsbank*, il faut distinguer trois sortes d'encaisse : d'abord l'encaisse ou mieux la couverture métallique qui ne comprend que du numéraire et des lingots ; c'est d'elle qu'il s'agit ici. En second lieu, l'encaisse qui doit représenter le tiers au moins de la circulation et qui, outre l'encaisse métallique, peut comprendre les *Reichskassenscheine*. Enfin l'encaisse à envisager pour le calcul de la circulation imposable et qui, outre l'encaisse métallique et les *Reichskassenscheine*, peut encore comprendre les billets des autres banques d'émission.

On le retrouve à 72,84 en 1905, à 64,23 en 1906 ; enfin, à son niveau le plus bas en 1907, soit 57,03. Depuis lors il oscille aux environs de 67 ou de 66 p. 100. La chute est énorme ; elle est d'une trentaine de points par rapport à l'année la plus favorisée (1888). On note toutefois un certain relèvement pour 1911 : 67,88 p. 100 au lieu de 65,74 p. 100 en 1910.

Si l'on considère ce rapport *au 31 décembre* de chaque année, on arrive à des constatations qui sont encore moins satisfaisantes ; il tombe de 80,8 p. 100 fin 1888, à 44,8 fin 1911, soit une diminution de 36 points.

On peut aussi comparer l'encaisse métallique de la Banque non pas à la circulation seulement, mais à *l'ensemble des engagements de la Banque*, remboursables à vue : billets en circulation, dépôts en compte-courant, chèques, etc. ; le fléchissement du *rapport moyen annuel* ainsi établi, quoique un peu moins fort que celui du rapport de l'encaisse métallique à la circulation seule, est également très considérable ; ce rapport s'abaisse de 68,71 p. 100 en 1888, à 45,51 en 1909, 46,83 en 1910 et 48,74 en 1911 ; la diminution est d'environ 20 points.

L'embarras qui règne sur le marché financier allemand se traduit encore dans les mouvements du compte « avances sur titres » qui comprend aussi les reports : alors que le montant moyen annuel de ce compte n'est pas très élevé, le chiffre des avances fait des bonds considérables *en fin de trimestre et surtout au 31 décembre*. Pour 1910, par exemple, le montant *moyen annuel* des avances sur titres a été de 98 millions de marks, mais ces avances se sont élevées : fin mars à 198 millions, fin juin à 256 millions, fin septembre à 210 millions, fin décembre à 371 millions. Ces avances, ne sauraient servir de couverture à l'émission des billets. La *Reichsbank*, se trouve ainsi plus chargée qu'elle ne le désirerait et éprouve, à certains moments, des difficultés pour maintenir son encaisse au tiers de sa circulation. Dans le but de remédier à cet inconvénient, une décision du gouvernement de la Banque, en date du 24 mai dernier, a frappé d'un intérêt supplémentaire de dix jours les avances sur titres (y compris les reports), supérieures à 30 mille marks, existant au dernier ou au premier jour du trimestre. A ne consulter que le compte des avances sur titres en 1911, on aurait ainsi obtenu le résultat cherché ; on ne remarque plus dans ce compte d'écarts aussi considérables.

Diverses mesures d'un ordre différent ont d'ailleurs été prises depuis quelque temps pour arriver à faire refluer l'or dans les caisses de la *Reichsbank*. C'est ainsi qu'en 1906 une loi a autorisé cette dernière à mettre en circulation des billets de 50 et de 20 marks (auparavant les plus petites coupures étaient de 100 marks) et une autre loi a abaissé à 10 et à 5 marks le montant des coupures des *Reichskassenscheine*. C'est également pour le même motif que la loi de 1909 sur le renouvellement du privilège de la *Reichsbank* a donné *cours légal* aux billets de *Reichsbank* qui jusque-là ne l'avaient pas. Ces diverses mesures font partie de ce qu'on appelle volontiers chez nos voisins la « *mobilisation financière* », au sens militaire du mot. On pense qu'il vaut mieux les adopter en temps de paix pour permettre au public de s'y habituer. Enfin, toujours dans le même ordre d'idées (préserver l'or de la *Reichsbank*), on peut citer la promulgation en 1908 d'une loi sur les chèques, loi qui avait fait défaut jusque-là. On espère que le chèque se substituera à la monnaie dans les paiements.

Voyons maintenant quel a été dans les dernières années le taux d'escompte de la *Reichsbank*, c'est-à-dire le prix de l'argent sur le marché officiel. Jusqu'en 1898 le *taux moyen annuel* d'escompte de la *Reichsbank* n'avait pas atteint 5 p. 100 ; ce taux ressort à 5,04 en 1899 et à 5,33 en 1900. Il s'abaisse ensuite sensiblement au-dessous de 5 p. 100 ; mais en 1906 on retrouve le taux moyen annuel de 5,15 p. 100 et en 1907 celui de 6,03, qui constitue un record, dû à la crise américaine. Depuis lors, on est rentré dans une période plus calme et le taux moyen annuel est tombé à 4,76 en 1908, 3,95 en 1909, 4,35 en

1910 et 4,40 en 1911. A la fin de 1906 et au commencement de 1907, la Banque dut recourir pendant un certain temps au taux de 7 p. 100 ; à
la fin de 1907 et au commencement de 1908 le
taux de 7,50 p. 100 fut atteint. En 1907, le taux
moyen de la Banque d'Angleterre n'a pas dépassé
4,90 quoiqu'on soit allé jusqu'au taux de 7 p. 100
en novembre. A la Banque de France le taux
moyen de 1907 fut celui de 3,47 p. 100 et le taux
maximum celui de 4 p. 100.

D'une façon générale, le taux de l'escompte
est sensiblement plus élevé à la Reichsbank qu'à
la Banque d'Angleterre et à la Banque de
France.

Pour défendre son encaisse contre les demandes,
soit de ses nationaux, soit de l'étranger, la Banque
d'Angleterre n'a guère d'autre moyen — et elle
n'hésite pas à l'employer, — que de relever le
taux de son escompte ; mais par suite de l'état
économique général du pays qui est très satisfaisant, il n'arrive pas souvent que ce taux reste
très élevé pendant bien longtemps. Aussitôt le
danger passé, la Banque d'Angleterre revient à
un taux normal et modéré.

C'est en France que le taux de l'escompte est
le plus bas et subit le moins de variations. Assurément, la cause principale de cette situation
réside dans l'abondance des ressources du pays
par rapport aux demandes de capitaux pour
l'industrie et le commerce. On peut voir aussi

une cause du bon marché de l'argent en France dans le système monétaire du pays, dans ce bi-métallisme boiteux qui, en permettant à la Banque de rembourser ses billets en pièces de 5 francs en argent ou de faire payer une prime pour la délivrance de l'or, lui donne un moyen de préserver son encaisse or sans recourir à une élévation du taux de l'escompte ; pour ma part, je crois cette cause bien secondaire. Enfin, il ne faut pas perdre de vue que la France est créditrice de la plupart des pays étrangers et que les changes lui sont généralement favorables.

Si en Allemagne depuis plusieurs années, le taux de l'escompte officiel est particulièrement élevé et si ce taux y subit des variations fréquentes et étendues, cette situation est due bien moins au système d'émission que l'on connaît qu'à l'état économique général du pays. La fougue industrielle et commerciale est plus grande en Allemagne que dans tous les autres pays, sauf peut-être les États-Unis ; les besoins d'argent y sont par conséquent plus considérables. Le capital mobile est à peine formé qu'il est incorporé immédiatement dans de nouvelles entreprises ; on ne peut donc se le procurer que difficilement et en le payant plus cher.

On ne saurait contester sérieusement que les affaires soient rendues plus difficiles par l'élévation et les variations fréquentes du taux de l'escompte. Les Allemands néanmoins supportent cette élévation et ces variations plus facilement peut-être que les autres peuples parce que rien ne les arrête lorsqu'il s'agit d'élargir leur clientèle dans le monde et parce que, tout compte fait, ils retirent encore un profit des avances colossales en marchandises qu'ils consentent, pour des temps très longs, à l'univers entier.

Après ces explications j'ai à peine besoin de faire remarquer combien il serait faux de considérer l'Allemagne comme un pays pauvre parce que l'argent y est cher. Il ne faut pas perdre de vue que l'augmentation annuelle des fortunes en Allemagne peut être évaluée approximativement à 3 milliards de marks.

Il nous reste à rechercher, comme nous l'avons fait pour les banques de crédit, quelle a été la répercussion exercée sur la *Reichsbank* par la tension des rapports qui s'est produite l'été dernier entre la France et l'Allemagne à propos du Maroc.

La circulation des billets de la *Reichsbank* atteignit le 30 septembre 1911 un maximum inconnu jusque-là : 2.295 millions de marks contre 2.056 millions le 30 septembre 1910 et 2.022 millions le 30 septembre 1909. Si l'on envisage la *circulation imposable*, en tenant compte des modifications apportées au« contingent » par la loi de 1909, l'aggravation au 30 septembre 1911, par rapport à 1910, est de 173 millions de marks. Du 23 au 30 septembre 1911 c'est-à-dire d'une semaine à l'autre, l'aggravation de la circulation imposable ressort à 773 millions de marks. Depuis sa fondation la Banque n'avait jamais eu un pareil effort à faire. Au 30 septembre 1911, la couverture métallique était de 996 millions, *soit 43 p. 100* des billets en circulation ; l'or entrait dans cette couverture pour 719 millions.

Il n'est pas possible de chiffrer avec quelque exactitude les retraits de fonds effectués alors sur les places allemandes, tant par la France que par d'autres pays à la suite de demandes françaises. Elles atteignirent vraisemblablement plusieurs centaines de millions de marks. D'autre part un certain secours est venu à l'Allemagne du côté des États-Unis. Le cours le plus élevé du chèque sur Paris fut coté à Berlin en septembre : 81^m,52 (pour 100 francs) ; le cours le plus bas avait été pratiqué en juin : 80^m,69. Le chèque sur Londres fut coté 20^m,52 au plus haut en octobre, contre 20^m,42 au plus bas en juin. Ces chiffres montrent la force du courant qui entraînait les capitaux hors d'Allemagne. Si les exportations d'or, hors d'Allemagne, ne furent pas plus considérables, c'est que la *Reichsbank* détenait un portefeuille très important d'effets sur l'étranger qu'elle mit à la disposition de ses nationaux. En même temps d'ailleurs les Allemands réalisaient au dehors une partie des titres indigènes ou internationaux dont ils étaient possesseurs. Il ne fut pas nécessaire toutefois, comme en 1906, 1907 et 1908 de recourir à des taux d'escompte très élevés. Le taux de 5 p. 100 (venant de 4 p. 100), adopté à partir du 17 septembre, fut jugé suffisant.

A la séance tenue par la Commission centrale de la *Reichsbank* le 30 octobre 1911, M. Havenstein, président du Comité de direction de la Banque, reconnut que la situation du marché financier national était devenue particulièrement difficile par suite d'un concours de circonstances fâcheuses. Pour ce motif, il ne croyait pas devoir se livrer à une comparaison approfondie avec la marche antérieure des affaires. « Toutefois, ajoutait-il, cette situation du marché financier à la fin de septembre et les faits qui l'ont amenée, ont démontré que si notre situation économique et notre organisation du crédit prise dans son ensemble sont solides et saines, notre vie économique et encore plus nos transactions de bourse reposent beaucoup trop sur le crédit et que, pour partie, ce crédit n'est pas sain. »

II. — LE MARCHÉ DES TITRES

A. *Émissions*. — Comme je l'ai indiqué en commençant, la plupart des titres nouvellement émis ne passent pas directement entre les mains des véritables acquéreurs. Le plus souvent les émissions se font par les soins de syndicats ou « consortium » formés des grandes maisons de banque, qui garantissent le succès de l'opération et conservent les titres nouvellement émis jusqu'à ce qu'ils aient pu les placer dans leur clientèle.

L'Empire et les États confédérés recourent eux-mêmes à ces consortium pour le placement de leurs emprunts. C'est ainsi qu'au mois de janvier dernier l'emprunt de 500 millions de marks émis par l'Empire et le Royaume de Prusse a été « pris » par un consortium composé de la Banque de l'Empire, de la *Seehandlung* (qui est une sorte de banque d'État prussienne) et d'une trentaine des principales banques allemandes.

Un procédé généralement employé en vue d'assurer le bon classement des titres et d'éviter des ventes immédiates de la part de souscripteurs n'ayant poursuivi qu'un but spéculatif mérite d'être signalé ; il consiste à accorder des avantages aux souscripteurs qui veulent bien prendre certains engagements. Par exemple, pour l'emprunt dont je viens de parler, le prix de souscription, fixé d'une façon générale à 101,40 p. 100, était abaissé à 101,20 p. 100, pour les souscripteurs qui s'engageraient à faire inscrire leurs titres au grand-livre de la Dette publique et à ne pas les aliéner avant le 15 janvier 1913. Ces souscripteurs étaient servis les premiers. Venaient ensuite par préférence — au prix de 101,40 p. 100

— les souscripteurs qui, sans réclamer l'inscription au grand-livre, s'engageaient à ne pas vendre avant le 15 novembre 1912 les titres qui leur seraient attribués.

Sur ce terrain spécial des émissions, la concentration de la banque a eu une conséquence qui ne s'est pas manifestée jusqu'ici pour les autres opérations auxquelles se livrent les banques : elle a supprimé la concurrence non seulement des moyennes et des petites banques, mais même toute concurrence, en constituant une sorte de monopole au profit des grandes banques qui se mettent d'accord pour se charger de l'émission aux conditions qu'elles jugent convenables.

B. *Bourses des valeurs*. — Les Bourses allemandes de valeurs ou de marchandises, sont de véritables institutions commerciales ayant un caractère corporatif. Pendant très longtemps elles se sont administrées librement ou à peu près, par des organes à leur nomination. C'est seulement en 1896 que le législateur obéissant à un sentiment de défiance à leur égard sous l'influence des agrariens, et à un sentiment d'hostilité envers le capital mobilier, sous l'influence des socialistes, édicta une série de dispositions qui ont consacré d'une façon expresse et élargi le droit d'intervention des pouvoirs publics, en même temps qu'elles restreignaient le champ d'activité des corps commerciaux, en réglant uniformément pour tout l'Empire les points qui rentraient autrefois dans les attributions de ces corps : fixation des cours ; nomination et devoirs des courtiers, admission des titres à la cote. C'est alors que les commissaires d'État ont été institués auprès des Bourses avec mission de surveiller leur fonctionnement. Enfin — et c'est surtout en cela qu'elle a été funeste — la loi de 1896 a fait peser sur les marchés à terme une réglementation draconienne.

Cette loi donnait au Conseil fédéral le droit de soumettre les opérations de Bourse à terme à certaines conditions et même de les interdire pour certaines marchandises et valeurs déterminées. Elle interdisait elle-même, immédiatement, toute opération de Bourse à terme sur les actions et parts d'entreprises minières ou industrielles, ainsi que sur les grains et les produits de la minoterie. Quant aux opérations de Bourses à terme sur les valeurs admises au marché à terme officiel, la loi de 1896 subordonnait leur validité à l'inscription des parties contractantes sur un registre spécial dit « registre de bourse », sur lequel d'ailleurs le premier venu pouvait se faire inscrire, en payant un droit d'inscription. N'était pas reconnue comme constituant une dette valable toute opération de bourse à terme pour laquelle les deux parties n'étaient pas, au moment de sa conclusion, inscrites sur le registre de Bourse. C'était la création d'une nouvelle « exception ». Le législateur croyait à la nécessité de protéger certaines personnes contre les dangers résultant des opérations de Bourse à terme. La loi de 1896 ne visait toutefois que les marchés à terme tels qu'ils se pratiquent dans les bourses et non les marchés à livrer, régis par le droit commercial.

Dès la promulgation de la loi, on s'attacha à éluder la prohibition relative aux valeurs minières et industrielles qui étaient précisément les valeurs favorites de la spéculation allemande. On créa de nouvelles formes commerciales permettant de donner satisfaction aux besoins de la spéculation sans tomber sous le coup de la loi. On recourut à ce que l'on appela « les grands marchés au comptant » ou encore les « marchés au comptant en compte-courant » dont le principal inconvénient était d'immobiliser une grande quantité d'espèces, au détriment des affaires en général, pour l'avantage des grandes banques, mais pour la ruine des petites maisons qui ne disposaient pas de capitaux suffisants pour des affaires de cette nature.

Les dispositions de la loi de 1896 relatives à l'inscription des spéculateurs à terme sur le registre de bourse ne furent pas mieux respectées. Un très petit nombre de maisons se firent inscrire. L'insécurité dont souffraient déjà auparavant les affaires à terme par suite de l'excep-

tion de jeu se trouva encore accentuée ; la validité des engagements reposa uniquement sur la
bonne foi des contractants ; les *tuteurs* et les
avoués se trouvèrent même placés dans l'obligation d'invoquer l'exception du registre de bourse
du chef de leur pupille ou client non inscrit.

Le développement considérable qu'avait su
prendre la place de Berlin subit un arrêt par.
suite de ces entraves apportées aux transactions ;
une bonne partie du public allemand donna ses
ordres aux bourses étrangères. La Bourse des
marchandises perdit plus encore que celle des valeurs.

Les récriminations du monde des affaires qui
n'avaient pas cessé de se faire entendre depuis
la mise en vigueur de la loi de 1896 n'avaient pu
amener aucun revirement du législateur. Il fallut,
pour le décider, que la crise américaine de 1907
vint faire sentir son contre-coup redoutable.

La loi du 8 mai 1908 qui a amendé celle de 1896
n'a pas abandonné l'idée fondamentale de cette
dernière : nécessité de protéger certaines personnes contre les dangers résultant des opérations
de Bourse à terme ; elle a seulement limité diffé-
remment le cercle des personnes capables d'effectuer des opérations de cette nature. Le registre
spécial de Bourse est supprimé ; mais les opérations de Bourse à terme ne constituent une dette
valable que si les deux parties contractantes sont

des négociants inscrits au *registre de commerce* (à l'exception des simples détaillants), ou des sociétés enregistrées. Toutefois, à l'inverse de ce qui se passait précédemment, si un seul des deux contractants est autorisé à faire des opérations de Bourse à terme, il peut, quand il s'est fait donner une provision, se couvrir à l'aide de cette provision. Les banquiers ont ainsi la possibilité de se prémunir contre la mauvaise foi de leur clientèle.

Le loi de 1908 permet, en outre, d'opposer la compensation dans les cas d'engagements résultant d'opérations de Bourse à terme non défendues, mais non valables par suite de la qualité d'un des contractants.

Les opérations de Bourse à terme sur les grains et les produits de la minoterie demeurent interdites ; elles ne peuvent, en aucun cas, engendrer une dette valable.

L'interdiction de faire des opérations de Bourse à terme sur les parts et actions d'entreprises minières et industrielles se trouve levée en principe par la nouvelle loi ; néanmoins une situation à part continue d'être faite à ces titres. Alors que pour les titres et marchandises en général, l'admission au marché à terme dépend uniquement des autorités de la Bourse, il faut, pour les parts et actions d'entreprises minières et industrielles, l'autorisation du Conseil fédéral.

La Bourse de Berlin est placée sous la surveillance immédiate de la Chambre de Commerce de Berlin qui l'administre à l'aide d'un Comité de 36 membres. C'est ce Comité qui délivre les cartes d'entrée aux personnes admises à y pénétrer et à y conclure des affaires et qui sont principalement les chefs des maisons de commerce, des banquiers surtout, et les Directeurs des Sociétés anonymes. On peut aussi admettre leurs fondés de pouvoirs. La majeure partie des ordres que donne le public sont remis aux banquiers ; ceux-ci en assurent l'exécution en s'adressant, soit à un autre banquier, soit à un courtier libre, soit à un des courtiers de cours qui ont remplacé les anciens courtiers assermentés.

Ces courtiers de cours sont tout à la fois des intermédiaires pour les transactions et des auxiliaires du Comité de Direction de la Bourse en ce qui concerne la fixation des cours des titres admis à la cote officielle. Ils sont nommés et révoqués par le Gouvernement de chaque État. L'une des particularités de la Bourse de Berlin est la fixation d'un *cours unique*, pour les affaires au comptant. Des notations inscrites sur la cote indiquent en outre pour chaque valeur si, en fin de séance, il reste des offres ou des demandes à servir. Les cours sont exprimés en p. 100 de la valeur nominale des titres et ne tiennent pas compte des intérêts courus.

Alors que les banquiers sont de véritables commissionnaires, admis comme tels à faire la contre-partie de leurs clients les courtiers de cours ne peuvent conclure d'affaires pour leur propre compte, ni se porter garants pour les affaires qu'ils négocient « qu'autant que cela est nécessaire pour l'exécution des ordres qu'ils ont reçus ». Ce tempérament à la règle trouve son application surtout au cas de « pointe » (fraction d'un ordre qui sans cela ne pourrait être exécuté). On voit ainsi qu'à la Bourse de Berlin tous les intermédiaires, même les courtiers de cours, sont autorisés, sous certaines conditions dont il est assez difficile de contrôler la réalisation, à se porter contre-partie de leurs clients. Un ordre a ainsi beaucoup plus de chances d'être exécuté : mais les intérêts de celui qui le donne ne sont peut-être pas aussi bien garantis que quand il est absolument interdit à l'intermédiaire de sortir du rôle de simple intermédiaire. La situation des courtiers de cours ne saurait d'ailleurs être comparée à celle de nos agents de change. Ce ne sont pas eux, mais bien les banquiers qui ont l'influence prépondérante à la Bourse de Berlin.

L'admission des titres à la cote est prononcée par un comité spécial dont la moitié des membres au moins doivent être des personnes qui ne s'occupent pas professionnellement d'opérations de bourse sur titres.

La demande d'admission à la cote doit être faite par écrit et publiée. Un prospectus doit être également publié avant l'introduction à la Bourse ; il doit être signé et contenir des indications détaillées permettant d'apprécier la valeur des titres à admettre.

Les emprunts émis ou garantis par l'Empire, les États confédérés et les communes jouissent d'un régime de faveur sous le rapport de l'admission à la cote.

A côté des fonds publics allemands, des emprunts des provinces et des villes allemandes, des obligations hypothécaires allemandes qui sont fort nombreuses, des actions de banques et d'entreprises industrielles allemandes, la cote de la Bourse de Berlin comprend un grand nombre de fonds d'États étrangers et une assez grande quantité d'actions et d'obligations de chemins de fer étrangers, notamment de chemins de fer américains.

Comme en d'autres pays, la question de l'*admission des valeurs étrangères à la cote* passionne périodiquement l'opinion publique. Elle a encore donné lieu à un débat au sein du *Reichstag*, au commencement de 1911, lorsqu'il a été question de l'introduction des actions du chemin de fer de Chicago, Milwaukee and Saint-Paul, par la *Berliner Handels Gesellschaft*. Tout en reconnaissant les avantages des placements de capitaux à l'étranger, certains voudraient ne les admettre que s'ils doivent servir à des *buts nationaux* et *au travail national*. Il n'est pas facile de résoudre ce problème tout à la fois politique et économique. Les Gouvernements des États confédérés peuvent — s'ils jugent à propos d'intervenir — puiser des moyens d'action suffisants dans la loi sur les Bourses. L'article 1ᵉʳ de cette loi place, en effet, les Bourses sous leur surveillance et l'article 36 fait un devoir aux Comités d'admission de ne pas admettre les émissions « susceptibles de porter préjudice à des intérêts généraux importants ou qui auraient pour but évident d'exploiter le public ».

Dès 1885, une loi a frappé d'un droit de timbre, non pas les opérations de bourse — comme on le dit communément — mais toutes les transactions portant sur des titres et même sur certains autres objets. La presque totalité de ces transactions, il est vrai, s'effectue en bourse. Cet impôt, indépendant du droit de timbre qui frappe le titre, envisagé dans sa matérialité, est perçu au moyen d'un timbre mobile apposé sur un bordereau (*schlussnote*) qui doit être établi pour chaque transaction. La loi détermine à qui incombe l'obligation d'établir le bordereau, suivant les cas, et fixe par suite l'ordre des responsabilités. Chaque bordereau se divise en deux parties identiques dont une doit être remise à chaque contractant et conservée par lui pendant un certain temps pour permettre le contrôle des agents du fisc. Cette législation ne conduit pas à des recherches inquisitoriales.

CONCLUSION

J'arrive à la conclusion de cette communication que, malgré sa longueur, vous avez bien voulu écouter avec une indulgence dont je ne saurais trop vous remercier.

Ici, nous n'avons tous qu'un but : la recherche de la vérité. Ce serait fermer les yeux à cette vérité que de méconnaître les gigantesques progrès réalisés par l'Allemagne : une population qui a augmenté de plus de moitié en quarante ans, passant de 41 millions à 65 millions d'âmes ; un commerce extérieur (*spécial*) qui, en vingt ans, de 1891 à 1910, a plus que doublé, s'élevant de 9.157 millions de francs à 20,5 milliards de francs, inférieur seulement à celui de la Grande-Bretagne (25 milliards 6 en 1910) ; un réseau de chemins de fer atteignant, fin 1909, une longueur de plus de 60.000 kilomètres, supérieure à celle de tout autre pays, sauf les États-Unis ; une marine marchande dont le tonnage dépasse celui des autres marines européennes, exepté celle de la Grande-Bretagne.

Tous ces progrès eussent-ils été possibles, malgré les qualités de la race, si l'outillage économique et les méthodes employées avaient été aussi défectueux que d'aucuns le prétendent ?

Il ne paraît pas douteux toutefois que l'intervention excessive du législateur dans le domaine d'activité des Bourses ait eu des résultats fâcheux. La législation de 1896 destinée à protéger et à moraliser a produit des résultats opposés à ceux qu'on attendait ; elle a poussé à la violation des engagements pris ; elle a lésé les petits et moyens banquiers ; elle a favorisé le développement d'autres grands marchés financiers au détriment de celui de Berlin. Il était temps de l'amender, comme on l'a fait par une Novelle.

En ce qui concerne le marché de l'argent, qui présente en Allemagne un intérêt tout particulier, peut-être convient-il d'admettre que son organisation s'adapte aux besoins du pays, qu'elle correspond à son degré d'avancement économique. Il n'est pas moins vrai que cette organisation recèle des imperfections et que son fonctionnement entraîne des dangers.

Nos voisins reconnaissent eux-mêmes que les engagements des banques sont trop considérables par rapport à leurs liquidités ; que les « acceptations » notamment atteignent des chiffres trop élevés ; bref, qu'il est fait du crédit un usage excessif et parfois abusif. De louables tentatives sont faites pour améliorer cette situation, *en dehors de toute intervention du législateur*.

Le *Reichsbank*, malgré l'habileté de ses dirigeants et l'adoption de mesures législatives ou autres tendant à ce but, ne parvient pas à accroître notablement son encaisse métallique, comme l'ont fait la Banque de France et la Banque de Russie. Sa circulation de billets se développe et ce développement, facilité par des majorations successives du contingent, est normal dans la mesure où il est occasionné par l'accroissement de la population et des véritables opérations de commerce ; il semble toutefois qu'on le juge insuffisant et qu'on regrette de ne pouvoir aller plus loin dans cette voie parce qu'on a le légitime souci de maintenir un rapport satisfaisant entre l'encaisse métallique et la circulation. Or, comme je l'ai indiqué, depuis une vingtaine d'années ce rapport s'est abaissé considérablement. En 1906 et 1907 il est tombé au plus bas à 37,4 et à 37,3 p. 100 ; il s'en est fallu de peu que la limite du tiers fixée par la loi de 1875 ne fût atteinte.

Cette surcharge de la *Reichsbank* préoccupe beaucoup les Allemands et à juste titre. Elle dénote une spéculation exagérée de la part du public. Elle fait craindre que l'Allemagne, à l'inverse d'autres nations qui, il est vrai, s'étaient moins lancées en avant, ne soit pas encore entièrement remise du contre-coup de la crise américaine ; elle paraît bien démontrer que les ressources financières de ce pays ne sont pas proportionnées à l'effort énorme qu'il accomplit dans l'ordre commercial et industriel; enfin elle explique pleinement le désir que manifestent nos voisins d'être admis à puiser plus largement dans le vaste réservoir de nos capitaux disponibles. La continuation du magnifique développement économique de l'Empire n'est donc pas à l'abri de risques sérieux. Il y a là une situation qui a besoin de se consolider et qui ne peut se consolider qu'avec le temps et sous une condition : que la paix ne soit pas gravement troublée dans le monde et surtout en Europe. (*Vifs applaudissements.*)

Messieurs [1],

J'exprimerai certainement le sentiment de cette assemblée en disant à M. Gabriel Delamotte le grand plaisir que nous avons éprouvé à entendre cette brillante communication.

Vraiment, il nous a présenté un tableau d'une véritable puissance.

J'ai admiré avec quelle sage circonspection votre conférencier abordait l'étude de ces questions. Et c'est chose profondément vraie que cette remarque qu'il vous faisait au sujet des différents systèmes de banques d'émission que nous voyons fonctionner en Europe. Il vous disait : « Ne choisissez pas trop vite ; à chaque pays convient un système particulier qui concorde avec son caractère ». Je m'incline devant cette sagesse et quand il vous parlait de la *Reichsbank* et l'opposait au système français il indiquait que pour accorder à l'un ou à l'autre système une préférence, il fallait avant tout tenir compte de l'ambiance.

Et il est un point, Messieurs, vraiment intéressant à étudier chez nos voisins : cette merveilleuse ténacité avec laquelle l'Allemagne s'est attachée à résoudre le problème de la réforme monétaire.

1. Discours prononcé par M. Paul Beauregard, le 18 mars 1912.

Où est le temps où un homme qui était un économiste à l'esprit très original, M. Cernuschi, comparant le système monétaire allemand au système français, constatait qu'en dépit de nos déclarations nous étions en réalité deux pays pratiquant le même système : l'Allemagne, le monométallisme or avec une bosse d'argent à traîner, la France, le bi-métallisme certes, mais désireuse de se débarrasser de sa bosse d'argent; la nôtre, plus grosse, nous n'en sommes pas encore débarrassés. Les Allemands sont arrivés à installer le monométallisme or. Ils ont profité d'une merveilleuse augmentation de la population et comme le chiffre de la monnaie d'appoint est fixé à tant par tête d'habitant, la plus grosse partie des thalers ont été transformés en monnaie divisionnaire.

L'Allemagne a eu également le grand mérite de faire passer au tout premier plan les questions vitales, telles que celles du meilleur développement économique. M. Gabriel Delamotte nous a montré parfaitement les résultats de ces efforts persévérants et je n'essaierai pas de compléter ce qui a été complet et je m'empresse de m'unir à vous pour remercier chaleureusement M. Gabriel Delamotte. (*Vifs applaudissements.*)

V

LE MARCHÉ FINANCIER AMÉRICAIN

CONFÉRENCE DE M. Georges AUBERT
Banquier, Conseiller du Commerce extérieur.

DISCOURS DE M. Raphael-Georges LÉVY
Professeur à l'École libre des Sciences Politiques.

Messieurs[1],

La finance américaine est relativement facile à comprendre, mais elle atteint de si vastes proportions, des chiffres si élevés, elle a une influence si considérable sur les divers marchés du monde, que celui qui l'étudie craint d'être taxé d'exagération.

Le marché financier américain est concentré à New-York. Cette ville commande à tous les États de l'Union, domine toutes les Bourses des États-Unis. New-York, — et c'est là une des causes de sa supériorité financière, — contrôle presque la totalité des marchés commerciaux, à l'exception du marché du blé, régi par Chicago. Même le coton, dont les grands marchés sont ceux de New-Orléans, de Memphis, de Galveston, joue un très grand rôle à la Bourse de New-York, et les principaux brokers exécutent, aussi bien que les achats ou ventes d'actions de chemins de fer, Steel, Amalgamated, un ordre de 1.000 ou de 10.000 balles de coton. Boston a conservé une spécialité pour le marché des mines de cuivre ; San Francisco et Denver ont des

---

1. Conférence faite par M. Georges Aubert, le 19 janvier 1912.

Bourses animées pour les valeurs d'or et d'argent de la Californie, du Colorado et de la Nevada ; mais toutes les valeurs un peu importantes de ces groupes passent au Curb Market de New-York.

Avant d'aborder le sujet qui nous occupe, il est utile de dire, en quelques mots, ce que sont les États-Unis et les Américains ; on pourra ensuite mieux se rendre compte de l'adaptation de la finance au pays et à ses habitants.

I. — LES ÉTATS-UNIS ET LE PEUPLE AMÉRICAIN

Les États-Unis sont, depuis leur origine, dans une croissance continue, qui n'est pas près de s'arrêter ; loin de là. Seules des crises économiques ou financières, comme il s'en est produit trop souvent et comme il s'en produira encore, sont capables de paralyser pendant quelques mois, quelques années peut-être, la poussée de la sève américaine. Mais aussitôt que les circonstances favorables réapparaissent, la croissance fait de tels bonds qu'elle rattrape largement les retards et le temps perdu.

Deux causes primordiales déterminent cette perpétuelle augmentation de richesses : d'abord, la fertilité générale du territoire ; puis l'augmentation incessante de la population, qui s'accroît d'environ un million d'habitants par an.

A l'heure actuelle, près de cent millions d'Américains, presque tous laborieux et énergiques, peuplent un pays capable, dans un siècle, d'en nourrir peut-être encore cent autres millions.

Les États-Unis produisent annuellement des récoltes et des produits divers naturels pour environ quarante-cinq milliards de francs. La récolte du blé dépasse trois milliards, celle du maïs huit milliards; celle du coton a été en 1910 de quatre milliards. Nos récoltes françaises de vin, de blé paraissent bien modestes en comparaison. Un seul article de grande consommation manque aux États-Unis : la laine. Ils en importent, à l'état brut, pour plus d'un demi-milliard de francs par an. Pour la plupart des autres matières d'usage courant, telles que le cuivre, la houille, le fer, le blé, le coton, le bois, le maïs, le pétrole, les États-Unis récoltent ou produisent le quart ou la moitié de tout ce qui est récolté ou produit dans le monde entier.

Cette énumération permet de concevoir quelle énorme richesse économique annuelle se répartit sur cette agglomération de cent millions d'individus.

Quels cataclysmes, quelle catastrophe de longue durée et irrémédiable pourraient donc se produire aux États-Unis et arrêter ce brillant essor ? En dehors d'une crise financière toujours possible, il ne semble pas y avoir de cause d'alarmes. Une mauvaise récolte ne s'étend guère au pays tout entier, ni à tous les ordres de production ; s'il n'y a pas de blé, le maïs ou le coton peuvent être abondants. Les prix d'un produit pourront être en baisse ; mais, par contre, il y aura la quantité ; quelquefois même, il y aura la hausse des prix et la quantité, comme cela s'est produit, l'an passé, pour le blé.

Il y a dix ans, il y a vingt ans, l'influence des récoltes, surtout de celles du blé et du maïs, était décisive et les trois ou quatre crises financières, précédant celle de 1907, eurent toutes comme cause directe une ou deux mauvaises récoltes. Mais, depuis lors, la diversité des productions agricoles, l'énorme accroissement des surfaces ensemencées, le nombre considérable d'immigrants agriculteurs, ont eu pour effet une stabilité plus accentuée des produits de l'agriculture : il est maintenant admis qu'une crise économique importante n'est pas à prévoir, du fait de la récolte.

Cependant, si deux ou trois années de suite les États-Unis avaient la malchance de voir leurs productions agricoles complètement compromises, en fort déficit, avec des prix très bas, la situation deviendrait dangereuse et pourrait avoir sur les marchés financiers les plus graves conséquences. Les États-Unis doivent, en effet, avoir une très forte balance exportatrice en leur faveur : si pendant plusieurs exercices continus, la valeur des importations dépassait sensiblement celle des exportations, les disponibilités ne seraient plus suffisantes pour faire bonne figure devant les pays créanciers, c'est-à-dire devant l'Europe, à l'occasion des énormes mouvements financiers qui découlent des échanges journaliers aux États-Unis. Mais, à mon avis, cette perspective n'est pas à craindre, puisqu'il faudrait au moins trois années consécutives de mauvaises récoltes en blé, maïs et coton pour rendre la situation dangereuse.

La production industrielle varie en proportion de la richesse publique ; les extractions de minerais, de la houille, du cuivre, du pétrole, la fabrication de la fonte, du fer et de l'acier, sont en rapport avec les besoins du pays, et ces besoins sont, tout d'abord, réglés par la production agricole.

La fortune américaine, comprenant les terrains urbains et agricoles, les maisons, usines et autres constructions, les chemins de fer, les meubles, est évaluée à plus de 600 milliards de francs, et augmente de près de 20 milliards par an. Celle de la France ne dépasse guère 200 milliards et augmente d'environ 3 milliards par an.

Il y a aux États-Unis plus de six mille millionnaires en dollars, c'est-à-dire ayant plus de 5 millions de francs ; en France, il n'y a pas six mille millionnaires en francs.

Sur les 20 milliards d'augmentation annuelle de richesse, on estime que 10 milliards sont employés en achats de terrains et en construction d'immeubles ; environ 5 milliards sont placés en fonds d'États, emprunts de villes et autres ; enfin les derniers 5 milliards vont aux entreprises commerciales, industrielles, dépenses de confort et autres.

Aux États-Unis, chacun cherche à vivre aussi confortablement que possible ; au lieu d'épargner, il préfère contracter une assurance en faveur de ceux qu'il laisse après lui. La consommation des automobiles, fabriquées maintenant en Amérique à raison de 150.000 par an, est un signe manifeste du besoin de luxe répandu dans toutes les classes de la nation.

Rien ne semble devoir arrêter cet accroissement régulier de la fortune publique. Le moment viendra donc où d'emprunteurs, nos amis américains deviendront prêteurs, où l'Europe aura besoin d'eux, ou, en tout cas, les trouvera sur son chemin dans toutes les opérations financières et de crédit du monde.

Un autre fait économique est d'une grande importance aux États-Unis. La dette totale à intérêts se monte à environ 5 milliards de francs, dont une grande partie est représentée par l'actif du canal de Panama. Cette dette est donc insignifiante par rapport au nombre d'habitants.

En Europe, et principalement en France, les dettes publiques sont très élevées et constituent une charge énorme pour les budgets, d'abord, pour les peuples producteurs ensuite. Si les Français avaient comme capital effectif et de roulement 20 ou 25 milliards, sur les 33 qui forment notre dette publique, que de bouleversements dans la finance mondiale, dans les entreprises, dans les échanges, ce capital énorme n'aurait-il pas produits ?

Cette quasi-absence de dette publique est une des causes principales de l'expansion considérable de l'Amérique, où toutes les forces vives, créatrices, productrices sont aidées par un capital immense, tandis qu'en France, au contraire, un capital semblable est immobilisé et représenté par des charges de guerres ou autres, datant de plusieurs générations.

Nous venons de voir la maison et le terrain : voyons maintenant l'habitant et l'ouvrier. Race merveilleuse, la race américaine a été formée d'un mélange des races européennes, les meilleures, les plus fortes, les plus intelligentes ; les Hollandais, les Anglais qui fondèrent la nouvelle Angleterre, puis les Français, qui vinrent verser leur sang pour leurs amis américains, lors de la guerre de l'Indépendance. Ensuite pendant la période du peuplement, apparurent surtout les Irlandais, les Écossais et les Anglais, puis les Scandinaves du Nord de l'Europe : Danois, Suédois, Norvégiens. Jusqu'en 1850, la race américaine se trouva en contact constant avec les représentants de ces diverses nations, tous gens énergiques, audacieux, travailleurs. Les découvertes de Californie amenèrent ensuite les éléments allemands, autrichiens, russes, italiens ; ceux-ci firent souche rapidement et contribuèrent largement à l'expansion commerciale et agricole du pays.

Ce n'est que beaucoup plus tard, depuis vingt ans au maximum, que l'immigration devint moins bonne et que des éléments « undesirable » s'y introduisirent : la faute en est aux agences qui attirent l'émigrant de Pologne, de Silésie, de Roumanie, d'Italie, de Sicile, etc., quelle que soit sa valeur personnelle, et l'envoient à New-York en telle quantité et avec si peu de qualités que le gouvernement est obligé de prendre des mesures presque prohibitives. Une commission de sénateurs vient de terminer un travail des plus importants à ce sujet ; elle propose au Congrès diverses mesures propres à restreindre l'immigration dans de très fortes proportions : on n'acceptera que les hommes utiles, apportant une richesse au pays ou pouvant en créer.

Le caractère américain a emprunté : aux Français, l'intelligence vive, la faculté d'assimilation, la souplesse dans la discussion ; aux Anglais, le sérieux, la réflexion et l'audace ; aux Hollandais, aux races allemandes et aux races du Nord, la fermeté, la persévérance, le travail. Il est cependant juste de dire que l'Américain n'a pas, dans les transactions commerciales, la rigidité de principes des peuples européens : il considère une opération d'affaires comme une bataille, où les moyens violents peuvent être employés si la victoire doit être le prix de l'effort.

Armé de ces qualités, développées encore par une instruction pratique et toute moderne, affranchi des préoccupations ancestrales de nos races européennes, l'Américain est fortement armé pour la vie. Il a en outre la joie de se sentir l'homme le plus libre du monde, de vivre dans un pays qui se développe, où les citoyens ne se déchirent pas les uns les autres, où la prospérité est la règle, où des affaires nouvelles surgissent chaque jour, donnant des occupations, du travail, du profit à tous. Comment, dans ces conditions, ne serait-il pas optimiste ? Il voit toujours le succès autour de lui et il sait bien que, si quelquefois il tombe une averse, bientôt le soleil luit de plus belle.

Aussi les entreprises nouvelles se multiplient, les usines se créent, les terres se peuplent et se défrichent, les villes surgissent, et tout cela avec une rapidité inouïe ; en dix ans, une ville passe de 3.000 à 30.000 habitants.

Messieurs, je me suis laissé aller à parler trop longuement des États-Unis et du peuple américain. Mais cette étude me paraissait indispensable avant d'examiner le marché financier, qui est à l'unisson avec le pays et avec le peuple, s'est adapté à ses besoins et à son caractère, présente enfin les mêmes qualités et les mêmes défauts. Parmi ceux-ci, il en est un d'ordre essentiellement financier : l'abus de la spéculation, cause presque fondamentale de toutes les crises américaines.

II. — LE MARCHÉ FINANCIER

Pour étudier le marché financier, il convient d'examiner successivement : 1° la clientèle ; 2° les banques ; 3° les trusts industriels et financiers ; 4° les banquiers promoteurs et les courtiers.

1° LA CLIENTÈLE

L'Américain spécule parce qu'il veut gagner vite beaucoup d'argent. Il a sous les yeux des exemples constants de grandes, d'immenses fortunes faites en peu d'années. Il sait que les rois de l'or, les Gould, les Rockfeller, les Carnegie, les Harrimann, et tant d'autres, sont partis de presque rien. Pourquoi, lui, n'en ferait-il pas autant ? Il a vu le cours des valeurs monter à des hauteurs imprévues, des propriétaires de mines ou de terrains pétrolifères, des agriculteurs gagner 1.000 p. 100 en quelques années ; bref, il essaie toujours et sans cesse. S'il culbute, il recommence avec une inlassable énergie, jusqu'au jour où il saisit la chance et fait fortune à son tour.

Il est donc le client parfait, celui que l'on n'a pas à rechercher, mais plutôt à modérer. Il n'a pas, comme le Français, le goût de limiter son horizon pour concentrer son attention. Au contraire, il prendra un intérêt, il risquera de l'argent dans beaucoup d'entreprises étrangères à sa profession ; il spéculera principalement sur les affaires faciles, c'est-à-dire sur les valeurs de Bourse, sur le blé, le coton et le café.

2° LES BANQUES

Pour cette clientèle si bien disposée, un grand nombre d'organisations tentatrices se sont créées et multipliées, ayant toutes pour but de réaliser un bénéfice en faisant travailler le public, soit par spéculations, soit par placements durables.

Les banques jouent un rôle considérable à ce point de vue. On en compte plus de 25.000 aux États-Unis. En France, il y en a environ 4.000, y compris les soi-disant banquiers qui ne sont en réalité que des démarcheurs, courtiers, etc.

Bien entendu, les 25.000 banques américaines ne sont pas toutes également puissantes et dignes de confiance. Elles poussent comme des champignons dans toutes les localités nouvelles : en même temps qu'on bâtit une première église et qu'on lance un premier journal, une ou deux banques s'installent au capital de 100, 200, 500.000 dollars, capital presque toujours de façade, la loi américaine n'imposant aucun minimum de versement à la constitution d'une société. Le plus souvent les seuls capitaux d'une banque, à l'origine, sont ceux des déposants, sollicités avec ardeur, amabilité et adresse par les chefs de l'établissement. Le grand point, le principal travail consiste à faire entrer dans la caisse quelques ressources auxquelles on ne paie pas d'intérêt, tout au moins lorsqu'elles peuvent être retirées à vue. Avec ces capitaux, grossis par de nouveaux dépôts, la banque prête à gros intérêts, spécule sur des terrains ou sur des valeurs, place des titres, etc... Grâce à la prospérité générale du pays, il arrive souvent que ces entreprises réussissent et réalisent un bénéfice d'autant plus important, un pourcentage de profits d'autant plus élevé que le capital initial ou appelé a été en général très faible. Les directeurs de ces banques ne dédaignent aucune publicité : leur portrait est reproduit, leurs qualités techniques, civiles et familiales sont exposées tout au long dans les journaux locaux. Leur effort constant tend à faire connaître la banque et ses avantages par tous les moyens possibles.

L'ensemble de ces institutions ne peut être comparé au système bancaire français. Les banques américaines, d'autre part, sont beaucoup moins utiles au commerce que ne le sont en Angleterre les établissements similaires. Elles n'ont pas encore organisé d'une manière sérieuse et complète les opérations d'escompte. Du reste, les tirages à trente jours ou à trois mois, si usités en France, sont presque inconnus aux États-Unis, où les règlements se font en général par chèques.

Les banques de placement proprement dites, si nombreuses en France, n'existent pas aux États-Unis. Cependant il s'est opéré au cours de ces dernières années quelques changements à cet égard : les grands établissements, tels que la National City Bank et la First National Bank, ont un réseau d'agences, de filiales et de correspondants qui se partagent les émissions, comme le font en France les sociétés de crédit.

Les banques américaines se divisent en quatre groupes :

1° Les banques nationales ;

2° Les banques d'États ;

3° Les banques d'épargne ;

4° Les trusts companies.

1° *Les banques nationales* sont au nombre d'environ 7.000. Elles peuvent être constituées avec un capital nominal minimum de 25.000 dollars. Le gouvernement autorise leur création et exerce une surveillance sur elles. Leur privilège consiste à pouvoir émettre des billets de banque payables à vue, pour un chiffre égal au montant de rentes fédérales américaines possédées par elles et mises en dépôt à leur nom dans les caisses du Trésor. Ce privilège est important. Mais la plupart de ces banques ne créent pas de papier-monnaie et se bornent aux opérations de commerce, escompte, chèques, prêts sur titres ou sur marchandises, etc.

L'institution des banques nationales, dont la complète organisation date de la loi sur l'or de 1900, présente deux caractéristiques. D'abord, les billets émis en Amérique par l'une quelconque de ces banques sont bien garantis, puisqu'ils le sont par des obligations du gouvernement. D'autre part, celui-ci arrive ainsi à placer et à maintenir au pair sa rente à 2 pour 100 ; elle lui est achetée par les banques nationales, qui l'emploient comme contre-valeur de leurs émissions. C'est un avantage financier important pour les États-Unis ; mais il ne faut pas oublier qu'il serait contrebalancé par de graves dangers si les émissions de rentes sur l'État n'étaient pas faites avec une grande modération. D'ailleurs, la rigidité de ce système, qui ne facilite pas la réduction du montant des billets lorsque les affaires sont stagnantes et l'extension des émissions dans les périodes de besoins monétaires intenses, constitue parfois pour le commerce une gêne, dont tout le monde souhaite la disparition.

2° *Les banques d'États* viennent, comme importance, après les banques nationales ; elles sont établies en vertu d'une loi spéciale édictée par chaque État. Elles font toutes sortes d'opérations, mais n'émettent pas de billets. Un comité de commissaires de banque, nommés par chaque État, exerce son contrôle sur elles.

Leur action n'est pas considérable.

3° *Les banques d'épargne* fonctionnent sous le régime de lois spéciales à chaque État : tantôt elles ont la forme de *mutuelles* constituées sans capital d'origine ; tantôt elles sont constituées avec un capital garantissant, au moins en partie, le remboursement de leurs dépôts.

Elles sont obligées d'employer leurs ressources en premières hypothèques, fonds d'État, emprunts municipaux, obligations de chemins de fer. Elles sont favorisées par une loi fixant à un préavis de soixante jours le remboursement de leurs dépôts en cas de panique. Cette loi a été appliquée pendant la crise de 1907. Elles ne peuvent être mises en faillite, mais leur liquidation peut être demandée par le commissaire de banque représentant l'État.

4° *Les Trust companies*, qu'il ne faut pas confondre avec les trusts financiers ou industriels tels que le *Steel Trust* ou la *Standard Oil*, sont placés sous le contrôle de chaque État. Ils ont des fonctions variées ; ils peuvent être administrateurs judiciaires, exécuteurs testamentaires, fidéicommissaires, chargés de veiller au service d'emprunts faits sous forme d'obligations industrielles, etc. Ils n'émettent pas de billets, mais des certificats (*bonds*), correspondant aux dépôts dont ils ont la garde.

Toutes ces banques, — bien administrées dans leur ensemble, puisque, pendant la crise de 1907-

1908, à peine cinquante d'entre elles durent fermer leurs portes, — offrent au public de multiples tentations et de nombrenx avantages. Il existe, en outre, une multitude de banquiers particuliers, depuis la grande maison Morgan de New-York jusqu'au plus petit changeur du Far West. On peut d'après cela se faire une idée de l'énorme importance des opérations financières traitées aux États-Unis. Voici, d'ailleurs, quelques chiffres : le total des dépôts effectués dans l'ensemble des banques aux États-Unis dépasse 75 milliards de francs ; rien qu'à New-York, en réunissant les banques associées et les banques non associées, on trouve presque toujours un minimum de 30 milliards de dépôts.

Il faut, d'ailleurs, reconnaître que, si une crise très grave et très prolongée se faisait sentir aux États-Unis, il y aurait à craindre un grand nombre de faillites : car les banques font toujours leurs opérations au maximum, souvent même plus qu'au maximum de leurs forces, et le fait que quelques grands établissements viendraient à sombrer aurait une répercussion immédiate et fatale sur des centaines d'autres banques.

Les crises financières. — La réforme monétaire.

Nous venons de voir l'ensemble des forces vives de la nation américaine, toujours en ébullition, créant chaque jour des richesses nouvelles dans l'agriculture, dans le commerce, dans l'industrie. Mais les États-Unis ne sont pas arrivés à leur brillante situation actuelle sans traverser de nombreuses épreuves. Il serait trop long de faire l'historique de ces crises, qui, dans un autre pays moins jeune et moins riche, auraient pu causer la ruine définitive.

Depuis la guerre de Sécession, les grandes crises ont eu deux causes principales :

Les insuffisances de récolte ;

Un très mauvais système monétaire.

A ce dernier point de vue, on constate que la circulation de papier est exagérée avant les crises, puis que pendant celles-ci il se produit une raréfaction extrême des moyens d'échange, indispensables dans un pays aussi vaste, où les produits du sol sont payés comptant et où des sommes considérables sont nécessaires pour rémunérer la main-d'œuvre, d'un prix toujours très élevé.

Avant la loi de 1900 établissant l'étalon d'or, une des plus graves crises financières, celle de 1893, fut provoquée par l'emploi abusif du métal argent. En vertu de la loi de 1900, il a été constitué une réserve de 150 millions de dollars en or destinée à servir uniquement au rachat éventuel du papier-monnaie. Le Trésor est, d'autre part, autorisé à frapper pour un maximum de 100 millions de dollars d'argent. Par suite de l'émission de certificats d'or et de l'obligation imposée au

Trésor de conserver en caisse l'équivalent de ses billets en circulation, une grande partie de l'or disponible aux États-Unis se trouve actuellement dans les caves de Washington.

Malgré les progrès réalisés, la circulation monétaire manque encore de souplesse ; et cette situation a contribué à provoquer la crise de 1907. Celle-ci fut d'ailleurs le résultat de beaucoup d'autres causes, et en particulier, des excès de la spéculation, de la surproduction dans beaucoup de branches de l'industrie, de la raréfaction des espèces et des billets de banque. L'argent valut alors au Stock Exchange 50 et 60 pour 100 par an ; il monta même à 125 pour 100.

La panique fut calmée par l'action énergique de quelques banquiers de New-York, surtout de MM. Rockefeller et Pierpont Morgan, qui avancèrent et décidèrent les banques à avancer au marché les fonds indispensables, au taux de 10 pour 100.

L'attention des pouvoirs publics avait été attirée sur la nécessité de réformer le système fiduciaire. Une commission de sénateurs et de banquiers fut constituée, aussitôt après la crise, sous la présidence du sénateur Nelson W. Aldrich. Ce n'est pas seulement en France que les commissions mettent du temps pour déposer un rapport. Voici cinq ans que la commission monétaire américaine a été constituée ; depuis lors, elle a voyagé dans tous les principaux pays, a interrogé les chefs des grandes banques et les plus éminents financiers ; aux États-Unis même, elle a convoqué, dans chaque région, les banquiers les plus notables à venir déposer devant elle ; et il y a quelques semaines seulement que M. Aldrich a développé le progamme définitif de la réforme bancaire devant l'association des banquiers américains réunis à la Nouvelle-Orléans. Ce projet a été approuvé par les milieux financiers compétents. Il reste à le faire accepter par le Congrès, ce qui peut être long, soit à cause de divergences politiques profondes, soit à cause de la campagne présidentielle qui se poursuit.

M. Aldrich propose la constitution d'une association de banquiers ayant le pouvoir de faciliter les opérations d'escompte, de faire des avances au commerce et à l'industrie à des taux modérés sur les grands produits et sur d'autres garanties facilement réalisables.

Cette organisation aurait tous pouvoirs d'émettre de nouvelles quantités de papier-monnaie, qu'elle remettrait à chacun des banquiers de l'association. Celle-ci devrait constituer elle-même de très fortes réserves, afin d'atteindre un double but : créer un large et puissant marché d'escompte entre tous les banquiers américains et pour le commerce intérieur ; fournir en cas de nécessité des espèces ou des billets de banque à des établissements dignes de confiance, privés par suite de circonstances accidéntelles de fonds de roulement suffisants pour faire face aux opérations urgentes.

Cette réforme paraît de nature à donner au système fiduciaire des États-Unis plus d'élasticité ; il réduirait ainsi une des principales causes des crises.

3° LES TRUSTS

Ce mot éveille, j'en suis sûr, la curiosité de beaucoup de ceux qui me font l'honneur de m'écouter, car c'est, depuis dix ans, l'un des plus employés par quiconque parle de l'Amérique.

Plusieurs définitions ont été données des trusts, et, par suite des événements et des modifications qui se sont produits dans les grandes combinaisons financières américaines, le sens du mot a changé plusieurs fois.

L'origine du mot « *trust* », employé pour désigner une grande combinaison financière et industrielle, date de la création de la *Standard Oil Company* sous les auspices de John D. Rockefeller. Lors de la formation de cette puissante corporation, M. Rockefeller voulait seulement réunir les diverses sociétés s'occupant de pétrole en une seule entreprise, gérée par des *trustees*, qui, en l'espèce, étaient les directeurs et administrateurs de la corporation du pétrole. Chacune des sociétés entrant dans l'association, conservait son autonomie, son organisation financière, son capital, ses actions et ses actionnaires. Le trust fut organisé dès sa conception, le 16 juin 1899, avec une telle prévoyance qu'en 1911, après le jugement de la Cour Suprême ordonnant la dissolution de la *Standard Oil Campany*, il a suffi de répartir aux actionnaires de cette corporation des parties d'actions de chacune des trente-trois sociétés principales qui la composaient, pour donner satisfaction aux arrêts de la Cour.

Au début des « trusts », on pouvait donc les définir : « des associations d'argent, de propriétés, de pouvoir commercial et d'énergie, dans le but de créer de la richesse pour les associés ». Mais très peu de temps après la création de la *Standard Oil Company* et par suite de l'accroissement formidable du pouvoir de cette société, l'opinion publique se tourna rapidement contre les trusts ; ce mot devint alors synonyme « d'accaparement, de monopole supprimant la concurrence extérieure ou s'alliant avec elle dans le but de majorer le prix des produits naturels ou manufacturés ».

Des trusts peu importants, comme celui du sucre, avaient déjà été créés avant la *Standard Oil Company* ; mais c'est surtout depuis 1900 que ces organisations se sont multipliées. D'innombrables trusts ont été constitués, parmi lesquels le plus célèbre est celui de l'acier.

Leurs adversaires déclarent que, par l'accaparement et la hausse des prix, la fusion de plusieurs affaires constitue une mainmise sur toutes les industries similaires et tue la concurrence en écrasant le petit commerce et la petite industrie. Les défenseurs des trusts répondent qu'il est légitime de fusionner les efforts d'un grand nombre d'industriels dans une seule corporation permettant de réduire au minimum les frais généraux, de réunir autour d'une table de conseil d'administration, pour diriger une affaire, les personnages les plus compétents et les plus remarquables d'une même industrie, de limiter ou de supprimer la concurrence, d'avoir des moyens d'action plus considérables, de conquérir ainsi plus facilement de nouveaux débouchés, et de réduire le prix de revient à un point tel que la vente peut être faite à des prix égaux ou inférieurs aux prix antérieurement pratiqués, tout en laissant un plus gros bénéfice.

Les récoltes et les richesses naturelles des Etats-Unis ont permis au commerce et à l'industrie de se développer d'une manière telle que, malgré une surcapitalisation excessive, les trusts ont pu, dans presque tous les cas, donner néanmoins de bons résultats. On redoutait les pouvoirs exorbitants qu'ils prendraient et la hausse des prix qu'ils imposeraient à la clientèle. Mais, ces craintes ne se sont pas vérifiées dans beaucoup de cas ; les produits vendus par les trusts sont maintenant moins chers, en proportion du prix de la matière première, qu'à l'époque de la naissance de ces associations.

Le pétrole, qui est le monopole presque absolu de la *Standard Oil Company*, puisqu'elle contrôle 90 p. 100 de la production générale de ce produit aux États-Unis, a baissé de plus de 50 pour 100 depuis la création de cette corporation. Les autres trusts n'ont jamais pu contrôler d'une manière complète la production ou la fabrication d'un article déterminé. Leur monopole rencontre partout des obstacles : des concurrences se créent, souvent dans l'espoir d'être rachetées par les corporations ; elles abaissent les prix du marché, et forcent ainsi les trusts à réduire également leurs prix, sauf dans le cas où ils ne peuvent suffire eux-mêmes aux demandes de leur clientèle.

Actuellement, on dit que le capital, actions et obligations, des trusts aux Etats-Unis dépasse cent milliards de francs ; il est impossible de donner un chiffre précis, car leur nombre n'est pas nettement délimité.

Dès 1887, le gouvernement s'était préoccupé de l'accaparement de lignes de chemins de fer par certains groupes et des réductions apportées aux tarifs en faveur de ces groupes. De cette époque date la première des lois faites pour arrêter le développement des trusts ; elles ont abouti au jugement de 1911.

L'*Interstate Commerce Act* de 1887 avait pour but de régulariser les tarifs de chemins de fer, mais il n'atteignit qu'imparfaitement son but.

En 1890 le Congrès vote la loi *Sherman*, connue sous le nom d'« *Anti-Trust Act* », qui interdit toute entente en vue de restreindre le commerce entre Etats ou avec les pays étrangers. A cet effet, elle déclare illégaux tous les contrats, toutes les combinaisons ou ententes ayant pour but d'accaparer ou de monopoliser une branche de commerce ou d'industrie à l'intérieur de l'Union Américaine. Voilà vingt et un ans que la loi Sherman a été promulguée et ce n'est qu'en 1911 qu'elle a été appliquée, à deux des plus grands trusts attaqués par le gouvernement, la *Standard Oil Company* et l'*American Tobacco Cᵒ*. Outre la loi Sherman, de nombreux autres « *acts* » et amendements ont été approuvés par le Congrès ; entre autres, la loi « *Elkins* », qui interdit aux compagnies de chemin de fer les rabais de tarifs favorisant des intérêts particuliers, et la loi « *Hepburn* » de février 1906 ; celle-ci autorise la commission de Commerce fédéral, lorsqu'elle est saisie d'une plainte et qu'il est prouvé que les conditions de transport ne sont pas « justes et raisonnables », à ordonner la révision du tarif, sauf appel devant les tribunaux civils. L'Etat tend à intervenir en cette matière plus qu'il ne le faisait par le passé, mais ce n'est pas sans hésitation, et, en définitive, la réglementation américaine est beaucoup moins complète que la nôtre. Un des hommes qui ont combattu les trusts avec le plus d'énergie a été le président Roosevelt.

Depuis dix ans, les élections présidentielles se sont faites avec la guerre aux trusts comme tremplin électoral.

Les jugements, attendus depuis plusieurs années avec tant d'impatience ou d'inquiétude, contre la *Standard Oil* C° et contre l'*American Tobacco* C° ayant été rendus, les grandes corporations devront s'y conformer ; il leur faudra agir avec une certaine modération pour ne pas irriter le public et le gouvernement.

Les dirigeants des trusts.

Parmi les hommes d'affaires américains dont les noms sont connus du public français, trois personnalités méritent d'être mentionnées : MM. John Rockefeller, Pierpont Morgan et Andrew Carnegie. En parlant d'eux, on peut donner une idée de ce que sont les autres grands financiers américains, car tous, plus ou moins, procèdent des mêmes principes et ont suivi les mêmes méthodes de travail et d'organisation.

M. Rockefeller est, dit-on, l'homme le plus riche du monde. Il est, d'ailleurs, extrêmement généreux, donne beaucoup aux pauvres et a fait de très nombreuses et très importantes libéralités aux Etats-Unis, principalement aux Universités. Il a été le type de l'Américain réfléchi, travailleur, dur, ne laissant rien au hasard et poursuivant en dépit des obstacles, qu'il a toujours brisés, une politique déterminée. Il a fondé la *Standard Oil Company*, dont il n'a abandonné la direction que l'année dernière. Cette société au capital de 500 millions de francs contrôle, dans une partie du monde, le marché du pétrole. En outre, elle est devenue le plus grand organisme capitaliste aux Etats-Unis. De nombreuses sociétés dépendent de la *Standard Oil C°* : elle contrôle les affaires de cuivre, de l'*American Tobacco C°*, de la plus grande partie de l'industrie électrique aux Etats-Unis, des compagnies de gaz, de tramways et du Métropolitain de New-York. Le groupe Rockefeller est maître de la plus grande banque américaine, la *National City Bank*, et de beaucoup d'autres. Il occupe aussi une place prépondérante dans les principales compagnies d'assurances, qui disposent de capitaux considérables.

La puissance du groupe Rockefeller est formidable et dépasse de beaucoup celle du groupe Morgan, qui vient immédiatement après lui. Tous deux, du reste, ont des liens étroits et, dans les grandes entreprises américaines, se partagent les participations. Le fils de M. Morgan est même devenu administrateur de la *National City Bank*, fief incontesté du groupe Rockefeller.

M. J. Pierpont Morgan est le chef de la maison Morgan de New-York, fondée depuis plus de cent ans. Mais ce n'est que depuis une quinzaine d'années que M. Morgan a pris la place exceptionnelle qu'il occupe actuellement dans le monde entier. La plus célèbre de ses opérations fut la constitution de la *Steel Trust Corporation*. Il contrôle plus de 50.000 milles des meilleurs chemins de fer américains, les trusts du caoutchouc et de la navigation, et bien d'autres entreprises ; il jouit d'une prépondérance dans beaucoup de grandes banques et de sociétés fidéicommissaires, telles que le *Guaranty Trust*, le *Mercantile Trust*[1], etc.

Actuellement, aucune des grandes affaires auxquelles prennent part les capitalistes américains, ne se conclut sans l'intervention du groupe Rockefeller ou du groupe Morgan. Beaucoup sont même faites presque exclusivement par ces deux groupes, qui contrôlent près de 60 milliards de capital d'entreprises financières et industrielles.

Quant à M. Carnegie, il ne dirige aucun trust. Mais on ne peut parler des grands financiers américains sans mentionner son nom : il est universellement connu et sa fortune est considérable. Il a autrefois vendu ses propriétés à M. Morgan, lors de la constitution du *Steel Trust*. Il distribue sa fortune par portions de plusieurs millions de francs, non seulement aux Etats-Unis, mais à l'Ecosse, sa patrie d'origine, et à tous les pays du monde.

---

1. Ici le mot trust n'a plus le sens de monopole ou de quasi monopole ; il désigne des sociétés qui ont pour but principal de gérer les fortunes que leur confient leurs clients.

D'autres personnalités pourraient encore être citées ; elles se distinguent par leur activité, leur génie commercial et industriel.

La « *Steel Trust Corporation* ».

On ne peut parler de la finance américaine sans dire quelques mots de la *Steel Corporation*, l'une des plus formidables sociétés qui soient au monde, et l'une des entreprises américaines qui ont le plus attiré l'attention du public européen.

Elle fut fondée le 25 février 1901, au capital de 5 milliards et demi de francs ; elle absorba, à son origine, dix grandes entreprises, — dont la plus importante était celle de M. Carnegie, — et un certain nombre de petites sociétés ayant pour objet la fabrication du fer et de l'acier. M. Pierpont Morgan entreprit la consolidation de toutes ces grandes usines, et créa un syndicat. Depuis dix ans, la prospérité de la *Steel Trust Corporation* ne s'est pas démentie ; malgré des crises passagères, sa situation paraît solide et semble justifier *a posteriori* l'exagération du capital à ses débuts.

Elle compte 225.000 employés et environ 100.000 actionnaires ; son chiffre d'affaires a été de plus de 31 milliards de francs de 1901 à 1911, soit une moyenne annuelle de plus de 3 milliards ; elle réalise pour plus de 500 millions de bénéfices, distribue 800 millions en salaires annuels, et produit 14 millions de tonnes d'acier.

Un procès a été engagé par l'État contre la *Steel Trust* par application de la loi Sherman ; mais la décision, qui n'interviendra peut-être pas avant plusieurs années, ne sera probablement pas la même que pour la *Standard Oil Corporation* ou pour l'*American Tobacco C°*. La situation est différente, en effet, et il semble difficile de trouver un motif légal à la dissolution de la *Steel Trust Corporation*.

Elle ne contrôle, d'ailleurs, pas la totalité du commerce de l'acier ni des autres métaux, puisqu'elle ne produit qu'environ 60 p. 100 de la consommation américaine ; c'est cependant une entreprise énorme, très audacieuse à ses débuts, mais qui est devenue, grâce à la prospérité générale des États-Unis, une affaire sérieuse, possédant des réserves, des capitaux considérables et une organisation telle qu'elle peut envisager l'avenir avec sécurité.

4° LE STOCK EXCHANGE DE NEW-YORK

Depuis quelques années, le public français s'intéresse aux valeurs américaines. A Londres depuis plus de quarante ans, les grandes valeurs de chemins de fer et les principales valeurs industrielles d'Amérique ont un marché considérable. Grâce à une différence de cinq heures entre

New-York et Londres, des opérations d'arbitrage se font journellement : les spéculateurs peuvent vendre ou acheter à la Bourse de Londres bien avant l'ouverture de celle de New-York.

En général, le public français, à moins qu'il n'ait fait une étude spéciale des titres américains, a une peur instinctive de cette catégorie de valeurs, sujettes de temps à autre à de violentes perturbations. Il y a cependant aux États-Unis, comme en France et en Angleterre, deux sortes de valeurs ; celles de tout repos, dites de « père de famille » et, au contraire, les valeurs industrielles, de chemins de fer ou de mines, dites « de spéculation ».

Les premières sont capitalisées à des taux bas, qui étaient jusqu'ici légèrement au-dessus des taux de nos obligations françaises : à égalité de valeur intrinsèque, on pouvait admettre que l'argent solidement placé aux États-Unis, rapporterait 1/2 pour 100 de plus qu'en France.

Mais aussitôt que l'on quitte le compartiment des valeurs extrêmement sûres, telles que les emprunts des villes américaines, les obligations hypothécaires de chemins de fer, on peut obtenir, par un choix judicieux, un revenu d'au moins 5 ou 6 pour 100, avec des valeurs de premier ordre.

Ce revenu élevé, d'une part, et, d'autre part, les possibilités d'avenir plus grandes que partout ailleurs ont attiré de plus en plus l'attention des capitalistes français. Malheureusement, l'usage ne s'est pas encore répandu en France d'opérer directement à New-York. Nos compatriotes préfèrent acheter ou vendre sur le marché de Londres, où les liquidations se font deux fois par mois et où les brokers ne demandent pas de couverture à la remise de l'ordre. Il serait cependant beaucoup plus simple et économique de nous mettre en rapports directs avec New-York : les commissions prises par les courtiers sont plus modérées que celles des brokers de Londres, le marché de New-York est large et les opérations y sont d'une simplicité remarquable.

Le *Stock Exchange* ou bourse de New-York se divise en trois groupes distincts :

Le *Stock Exchange*, qui correspond au marché des agents de change, c'est-à-dire au marché officiel de Paris ;

Le *Consolidated Exchange*, qui correspond au marché de la coulisse ;

Le *Curb Market*, qui, pour employer un langage imagé, correspondrait au « marché des pieds humides » de Paris, mais cependant avec une allure bien différente ; ainsi, c'est au *Curb Market* qu'est cotée la *Standard Oil C°*.

Le *Stock Exchange* est une association libre, qui n'est pas organisée comme une société commerciale ordinaire, mais a néanmoins une constitution écrite et des statuts. Elle a son origine dans un accord du 17 mai 1792 conclu entre les

« courtiers s'occupant de l'achat et de la vente de fonds publics ». A cette époque, ils traitaient leurs affaires sous un platane recouvrant en partie le terrain occupé aujourd'hui par les n°s 68 et 70 de Wall Street. Depuis lors, le *Stock Exchange* s'est organisé au fur et à mesure des besoins, d'une manière empirique, comme, d'ailleurs, tous les marchés du monde et spécialement ceux d'Amérique. La constitution du marché de New-York a été adoptée en 1817 et modifiée le 29 janvier 1863.

Depuis le commencement du XXe siècle, le *Stock Exchange* compte 1.100 membres. Pour en faire partie, il faut acheter, à un prix variable selon les circonstances, le siège — en réalité, il n'y a pas de siège à la bourse de New-York : tout le monde se tient debout — le siège d'un membre décédé, démissionnaire ou expulsé, être élu et payer un droit d'entrée de 2.000 dollars. Les plus grands banquiers sont membres du *Stock Exchange*, bien qu'ils ne fréquentent pas régulièrement la bourse ; mais ils prennent cette qualité afin de pouvoir, le cas échéant, y pénétrer. Parmi les personnes qui achètent des sièges au *Stock Exchange*, il y a des spéculateurs opérant pour leur propre compte, qui aiment mieux payer 50 ou 60.000 dollars la faculté d'être membre de la bourse qu'acquitter la commission de 1/8 p. 100 sur les affaires qu'ils font.

Les membres du *Stock Exchange* sont élus à

vie, sauf démission ou expulsion. L'insolvabilité temporaire entraîne la suspension ; le courtier définitivement insolvable perd sa qualité de membre ; son siège est vendu et le produit de la vente sert à rembourser les créanciers membres du *Stock Exchange* ; s'il y a un reliquat, il est remis au courtier insolvable ou, en cas de banqueroute, attribué à l'ensemble de ses créanciers. Lorsqu'un membre est décédé, le produit de la vente de son siège est remis, par les soins du comité d'admission, à l'exécuteur testamentaire ou à l'administrateur de la succession.

Il existe à New-York une chambre de compensation des titres, qui simplifie le travail des courtiers pour les valeurs ayant un marché assez large. Cette chambre de compensation sert d'intermédiaire collectif, évite ainsi les innombrables transferts de courtier à courtier et réduit l'opération matérielle de chacun au règlement d'un solde.

Il y a deux cotes à New-York, l'une dite « régulière », l'autre « irrégulière ». Elles ne diffèrent l'une de l'autre qu'au point de vue de la forme ; car les titres figurant [sur l'une ou l'autre cote jouissent des mêmes avantages et des mêmes facilités, et se négocient suivant les mêmes règles ; cependant il n'y a compensation que pour les titres inscrits à la cote « régulière ».

La cote « irrégulière » offre l'hospitalité aux valeurs qui ne remplissent pas toutes les conditions nécessaires pour être admises à l'autre cote, mais qui ont cependant été officiellement jugées propres à faire l'objet de négociations au *Stock Exchange*. La cote « irrégulière » sert aussi à faciliter la négociation des titres des nouvelles sociétés en attendant que l'organisation soit achevée et qu'elles puissent être admises à la cote « régulière ».

Les conditions d'admission des valeurs à la Bourse de New-York sont exposées dans un prospectus, mis à la disposition de tous ceux qui font une émission ; elles peuvent se ramener aux principes suivants pour le cas le plus fréquent, celui des sociétés : la société émettrice doit prouver la légalité de sa propre existence, la légitimité de ses droits sur les biens qu'elle possède et la régularité de l'émission qu'elle fait. Elle doit, en outre, donner des renseignements détaillés sur ses affaires et sur sa situation financière, fournir un exemplaire de ses statuts, etc. La forme extérieure des titres et leurs coupures doivent être conformes à certaines règles ; la société doit désigner un lieu, généralement le siège d'une *trust company* ou d'une banque, où s'opéreront les transferts. Sont seuls admis à la cote les titres réellement émis et payés dans une mesure quelconque et non ceux que la société émettrice a conservés par devers elle.

En vertu d'une décision du comité de gouvernement, depuis le 1er janvier 1909 et seulement pour les obligations dont les intérêts sont payés sans exception, les cours cotés au *Stock Exchange* de New-York ne comprennent plus l'intérêt couru. Pour tous les autres titres, l'intérêt couru est, comme en France, compris dans le cours.

Au *Stock Exchange*, les opérations sont sujettes à un courtage de 1/8 pour 100, soit douze dollars et demi pour cent titres, quelle que soit la valeur nominale des titres. Au *Consolidated Exchange*, le courtage n'est que de 1/16 pour 100.

La caractéristique des opérations de New-York, c'est leur simplicité; les brokers n'emploient aucun intermédiaire et achètent ou vendent directement aux autres brokers, tandis qu'à Londres ils sont forcés de passer par l'intermédiaire d'un « jobber ».

Les principales maisons de brokers ont des agences dans différents endroits de New-York et dans de nombreuses villes de province. Chacune de ces agences possède une grande salle réservée à la clientèle, qui vient s'y asseoir et voit de seconde en seconde les cours des principales valeurs affichés sur un tableau noir. Les ordres se passent par téléphone ou par télégraphe. Les brokers ont tous des lignes spéciales, par exemple entre New-York et Boston, entre New-York et Philadelphie, et leurs opérations se font ainsi avec une rapidité remarquable. On aura une idée des frais d'un broker de New-York, quand on saura que nombre de maisons dépensent 250.000 francs par an en frais de téléphone et de télégraphe. Mais, comme un grand broker exécute souvent dans une journée des ordres pour 60 ou 80.000 titres, il encaisse 30 ou 40.000 francs de courtages.

Les brokers de New-York n'exécutent aucun ordre sans recevoir une marge d'au moins 10 pour 100 de la valeur de l'ordre. Cette règle absolue est indispensable dans un pays où les gens spéculent beaucoup plus qu'ils ne devraient le faire et généralement qu'ils ne peuvent le faire. Très souvent, les spéculateurs perdent la marge qu'ils ont versée. Car lorsqu'ils ne l'ont pas complétée immédiatement en cas de baisse rapide de leurs titres, le broker liquide d'office leur position.

Les liquidations à New-York se font tous les jours et non pas tous les mois comme à la coulisse de Paris, ou tous les quinze jours comme au parquet (sauf pour certains titres), ou à la Bourse de Londres. L'existence de ce seul marché au comptant oblige les spéculateurs à terme à recourir à des avances journalières ; au lieu de se faire reporter de mois en mois ou de quinzaine en quinzaine, ils se font reporter de jour en jour.

Les brokers ont besoin d'avoir de grands capitaux à leur disposition, puisqu'ils ont à payer ou à livrer des titres tous les jours, pour le compte de leur clientèle. Leur propre capital ne pourrait jamais suffire à ces multiples et vastes opérations ; ils sont donc obligés d'emprunter de grandes sommes à leurs banquiers, en donnant en garantie les titres de leur clientèle. Tous ces échanges de titres, versements, paiements, emprunts et remboursements compliquent énormément le travail du broker de New-York.

Les transactions à la Bourse nécessitant de très vastes capitaux, les banquiers de New-York sont amenés, pour ces opérations et pour leurs autres affaires, à emprunter de l'argent en Europe. Il y a de ce fait une suite de transactions extrêmement importantes, portant sur des centaines de millions de francs, entre Londres, Paris et New-York. Ces opérations se compliquent de questions de change, de remises d'or monnayé ou en barres.

La haute banque de Paris joue un grand rôle dans ces transactions financières, et cela grâce à l'excellente qualité des premières maisons de notre place et grâce également au bon marché relatif et à l'abondance de l'argent dans notre pays.

CONCLUSION

Beaucoup de points importants ont dû être laissés de côté. Tout d'abord la question des chemins de fer ; qu'il me suffise de dire qu'il y a près de 400.000 kilomètres de railways en exploitation, soit huit fois plus qu'en France, et que le capital investi dans ces chemins de fer dépasse 100 milliards de francs. J'ai laissé aussi de côté la réforme du tarif douanier, une des questions sur lesquelles se font les élections présidentielles. Tous ces sujets se rattachent cependant à celui du marché financier américain, sur lequel les problèmes économiques et commerciaux ont leur répercussion.

J'ai surtout insisté sur les forces vives de la nation américaine : la richesse et la fertilité du sol, une population laborieuse, le travail et l'intelligence répandus dans toutes les classes de la société, une immigration puissante, la clientèle financière et commerciale du monde entier, telles sont les causes de la prospérité des États-Unis.

Toutes ces raisons paraissant devoir persister, il ne semble pas que cette prospérité cesse. Elle ne fera plutôt que s'accroître, peut-être trop vite quelquefois ; il faudra bien des années avant qu'une stabilité générale soit atteinte, comme elle est maintenant acquise dans certains de nos vieux pays d'Europe, où il ne nous reste plus guère qu'une chance de nous enrichir rapidement; aller faire des affaires dans des pays plus jeunes.

Pour nous, Français, au point de vue économique, nos désirs et nos efforts doivent tendre à rendre plus intimes et plus étroits nos rapports avec notre vieille amie, la République des États-Unis. Nous devons lui demander, d'abord, un tarif douanier plus favorable : car nos exportations de tissus de laine, de coton, de soie, nos rubans, nos gants, nos dentelles, nos vins, en un mot tous les articles essentiellement français, sont lourdement taxés. Avec le tarif d'il y a vingt ans, nous exporterions maintenant chaque année plus d'un milliard aux États-Unis.

Au point de vue financier, nous devons nous intéresser aux bonnes affaires américaines. Que nos établissements de crédit et les grands banquiers de Paris ne présentent aux capitalistes que des affaires saines et sûres, et nous emploierons ainsi une partie de nos capitaux, avec un intérêt plus rémunérateur que celui que nous obtenons chez nous ou en Angleterre.

Messieurs, l'affection séculaire que nous portons aux États-Unis, les liens d'amitié, vivifiés par le sang qu'ont versé nos compatriotes pour la liberté américaine, sont trop profonds dans nos cœurs pour que j'aie à en parler longuement.

Les plus hautes personnalités françaises sont à la tête d'associations, de comités destinés à maintenir et à resserrer les liens de tous genres qui nous attachent à la grande République sœur. Qu'il me soit permis, en qualité de Français ayant visité l'Amérique à diverses reprises, d'applaudir à tous ces efforts, auxquels j'ai tenu à contribuer en répondant à l'appel de la Société des Élèves de l'École des Sciences Politiques.

J'aime l'Amérique comme une seconde patrie. J'y ai trouvé, dans des moments difficiles, des exemples de courage, d'énergie et de confiance en soi, indispensables dans la lutte pour la vie. Je remercie ce grand peuple des leçons qu'il m'a données ; et je ne puis que souhaiter à mes compatriotes de bien étudier les États-Unis ; plus ils connaîtront la nation américaine, plus ils l'estimeront et plus ils pourront recevoir d'elle des exemples vivifiants d'énergie et d'union de tous les citoyens, pour la richesse et pour la gloire de la patrie. (*Vifs applaudissements.*)

Messieurs [1],

Parmi les marchés financiers du monde, il n'en est guère de plus intéressants à étudier que ceux de l'Amérique, pour une double raison : la première, c'est qu'ils sont encore imparfaitement connus de nous ; la seconde, c'est qu'ils sont en voie de développement constant et qu'ils présentent à la vieille Europe non seulement des sujets d'observation, mais des occasions pratiques de placements fructueux. Ici cependant, comme dans tous les organismes en croissance, la maladie est menaçante et l'équilibre aisément rompu : il est donc indispensable de nous renseigner minutieusement, et de regarder de près. Nous ne pouvons guère y réussir sans examiner sur place les hommes et les choses, sans nous mêler à la vie de ces Américains du Nord, si actifs, si énergiques, si audacieux. C'est ce que M. Aubert a eu le courage de faire, c'est ce qu'il fait pour ainsi dire chaque année. Grâce à ce contact qu'il a pris et qu'il conserve avec New-York, il connaît les ressorts de ce grand marché. Il vous en a parlé avec l'au-

---

1. Discours prononcé par M. Raphaël-Georges Lévy, le 19 janvier 1912.

torité de l'homme qui a vu par lui-même fonctionner le mécanisme qu'il s'est chargé de démon-
ter devant vous et dont il vous a expliqué le jeu
et les effets. Pour bien le comprendre, il faut
avoir présent à l'esprit le milieu dans lequel est
né et a grandi ce marché. Il diffère, sous beaucoup
de rapports, des marchés européens, tant par le
mode d'opérer qui y est en usage que par la
répartition des diverses catégories de titres qui
s'y négocient. Alors qu'aux bourses de Londres,
de Berlin, les valeurs étrangères tiennent une
place considérable et donnent lieu à des échanges
suivis, la cote de New-York ne contient presque
que des rentes, des actions et des obligations indigènes. Quelques fonds d'Etat ou bons des Trésors
anglais, japonais, allemand ont trouvé accès dans
les portefeuilles américains ; mais ils sont en quantités modestes et bien souvent même, après avoir
fait une apparition de l'autre côté de l'Atlantique, ils sont revenus, au bout de peu de temps,
à leur point d'origine. L'immense majorité, la
presque totalité des titres qui alimentent ce
gigantesque marché, sont des rentes fédérales,
des actions et des obligations de banques, de
compagnies fidéicommissaires, celles qu'on nomme
Trust companies, des actions et des obligations
de valeurs industrielles. Parmi celles-ci, les titres
de chemins de fer occupent le premier rang, et
avec raison : car il est permis de dire, au point de
vue économique, que c'est la voie ferrée qui a

fait les États-Unis. Les 400.000 kilomètres de rails qui sillonnent le territoire de la grande République, entre l'Océan et le Pacifique, depuis la frontière mexicaine jusqu'à celle du Canada, ont été le lien grâce auquel les relations entre les divers États qui composent la Confédération sont devenues faciles et fréquentes ; ils ont permis de mettre en valeur d'immenses étendues, fertiles au point de vue agricole et fécondes en ressources minières de tout genre. Bien des contrées américaines ont connu la locomotive avant d'avoir des routes carrossables, et aujourd'hui encore beaucoup de points ne communiquent entre eux que par l'intermédiaire du ruban d'acier qui les unit.

Nul ne s'étonnera donc de voir la cote de New-York faire une place hors de pair aux actions et aux obligations des sociétés qui ont construit et qui exploitent cet immense réseau. On a calculé que les deux tiers environ des transactions quotidiennes portent sur des titres de chemins de fer. Le total varie entre 300.000 et 2.500.000 titres. Si on ajoute les échanges d'obligations qui s'opèrent à la bourse et en dehors de la bourse, dans les bureaux des banquiers et des changeurs, on voit à quel chiffre on arrive pour une seule ville américaine, la métropole financière il est vrai.

Tous les achats et les ventes se font au comptant et doivent être réglés dans la matinée du jour qui suit celui de l'opération. Mais, bien que les opérations à terme, au sens strict, n'existent pas en Amérique, une organisation très simple les a acclimatées et les rend aussi fréquentes qu'en Europe. Les principales banques et les banquiers de New-York sont toujours disposés à faire des avances sur titres, grâce auxquelles les acheteurs qui désirent spéculer sans acquitter le prix de leurs actions peuvent attendre les événements, en versant seulement une faible fraction du prix, qui représente la marge de garantie du prêteur. Ces prêts se font au jour le jour, à vue, *on call*, c'est-à-dire qu'ils sont révocables moyennant vingt-quatre heures de préavis. Depuis une dizaine d'années, l'usage s'est introduit d'en faire à échéance de trois et même de six mois. Des maisons comme Morgan ou d'autres grandes banques consentent ces prêts à des taux plus élevés et moyennant des garanties plus amples : aussi les cotes des bourses enregistrent-elles maintenant les taux non seulement de l'argent à vue, mais des prêts à un trimestre et à un semestre de date.

Le *Stock Exchange* de New-York est une société particulière, entièrement indépendante du gouvernement fédéral aussi bien que du gouvernement de l'Etat de New-York et de la municipalité. Les courtiers, qui portent le nom de *stockbrokers*, achètent leurs sièges, dont le prix varie, suivant les époques, entre 20.000 et 100.000 dollars (104.000 et 520.000 francs). On a vu des ventes d'office se faire même au-dessous du premier de ces chiffres en temps de crise, tandis qu'aux époques de prospérité la valeur en quintuplait.

Après New-York, les principales bourses des États-Unis sont celles de Boston, Philadelphie, Chicago, Baltimore, San Francisco, Saint-Louis, Denver, Nouvelle-Orléans. Ce qui frappe, lorsqu'on examine la cote de l'une quelconque de ces villes, c'est le peu de place qu'y tiennent les fonds d'État, soit indigènes, soit étrangers. Ces derniers sont inscrits en tout petit nombre et ne donnent lieu pour ainsi dire à aucune affaire, même à New-York. Cela s'explique par le fait que les besoins de capitaux sont nombreux de l'autre côté de l'Océan et que la rémunération, sauf en ce qui concerne les placements de tout repos, telles que les obligations de première hypothèque, en est couramment plus élevée qu'en Europe. Ce n'est toutefois pas vrai en ce qui concerne les fonds de la Confédération, actuellement cotés plus haut qu'aucune autre rente publique : il existe un 2 pour 100 américain coté au pair. Hâtons-nous d'ajouter que cette cote est quelque peu fictive ; les échanges de ces titres sont rares ; ils sont pour la plupart enfermés dans les caisses de la Trésorerie de Washington, à laquelle ils ont été remis par les Banques nationales, en couverture de leurs billets. La loi ne permet pas en effet à ces établissements de gager la circulation autrement que par des fonds publics. Comme ceux-ci n'existent qu'en quantités très limitées, — tout le capital de la dette à intérêt des États-Unis n'atteint pas 5 milliards de francs — les demandes dépassent souvent les offres et maintiennent à un niveau artificiel cette rente 2 pour 100 : par surcroît, des avantages spéciaux y ont été attachés en ce qui concerne les impôts payés par les banques qui s'en servent comme couverture de leurs billets. La meilleure preuve en est que le 3 pour 100 fédéral se négocie à peu près au même prix, entre 101 et 102. Le 4 pour 100 remboursable en 1925 s'échange aux environs de 113 (janvier 1912). Ces cours élevés sont dus en première ligne à l'excellence du crédit américain, mais aussi à la modicité de la dette. A d'autres époques, lorsque les États-Unis empruntaient des sommes considérables, ils payaient 6 pour 100 à leurs créanciers ; mais ils ont appliqué une politique d'amortissement tellement énergique qu'en moins d'une génération leur dette a été presque entièrement remboursée. Rien de plus naturel dès lors que le haut prix atteint par leurs fonds : il est la récompense d'une sagesse financière exemplaire. La guerre de Cuba, les dépenses du canal de Panama ont amené les Américains à rouvrir le Grand Livre de la dette publique : mais, même après ces emprunts, le total n'en atteint qu'un milliard de dollars, soit 5 milliards de francs pour une population qui approche de 100 millions d'âmes. Le chiffre correspondant de la dette française devrait être de 2 milliards de francs; on sait qu'il est quinze fois plus élevé.

Ce qui forme l'objet principal des échanges à New-York et dans la plupart des bourses américaines, ce sont les valeurs de chemins de fer, pour les raisons que nous avons expliquées et sur lesquelles il est inutile de revenir. Il est probable qu'à mesure que les années s'écouleront, les actions de cette catégorie, qui ont donné lieu à d'énormes spéculations, tendront à devenir plus stables et à se classer dans les portefeuilles. On ne reverra plus l'action Union Pacific, qui se traînait aux environs de 5 dollars à la fin du XIXᵉ siècle, subir des oscillations comme celles qui la portèrent à 220 en 1906, la firent retomber aux environs de 100 lors de la crise de 1907 et la ramenèrent ensuite au cours actuel de 165. Les réseaux ne subissent plus les transformations violentes et profondes qui résultèrent pendant nombre d'années, d'une part, du développement vertigineux de la contrée, d'autre part de combinaisons financières qui réunissaient des milliers de kilomètres sous le contrôle d'une direction unique et augmentaient ainsi les éléments de prospérité de l'entreprise.

Aujourd'hui le pays, tout en étant encore en progrès, marche à pas moins rapides qu'il y a vingt ans. La législation hostile aux trusts empêche toute extension nouvelle des « systèmes » existants et arrivera peut-être à en briser quelques-uns. Toutefois en ce moment l'effort des adversaires des grandes combinaisons paraît plus spécialement dirigé contre celles qui ont pour objet de monopoliser certaines industries ou certains commerces, plutôt que contre les compagnies de chemins de fer. Ces dernières entreprises sont entrées, au point de vue financier tout au moins, dans une ère de calme qui contraste avec l'agitation extraordinaire de la période de début.

Cependant il ne faut pas croire que les pouvoirs publics cessent de s'en occuper. En 1910, le président Taft avait nommé une commission chargée d'élucider la question des valeurs de chemins de fer. Elle a publié en décembre 1911 son rapport, dans lequel elle semble préparer les voies à une extension de législation fédérale sur la matière, tout en reconnaissant qu'il faut se garder d'aller trop vite, de peur que des lois fédérales, venant se superposer à celles des États particuliers, n'augmentent la confusion au lieu d'y porter remède [1].

Le marché américain est en ce moment dominé par la campagne que mène, avec une ténacité singulière, contre les trusts, le président Taft. Son message du mois de décembre 1911 est entièrement consacré à cette question. Il

1. Voir *Financial Chronicle*, 16 décembre 1911.

insiste sur le fait que, selon lui, l'opinion publique s'est de plus en plus prononcée contre
les trusts, que la législation *anti-trust*, que
l'on tournait d'abord en dérision, est devenue
peu à peu une arme efficace entre les mains du
pouvoir exécutif, qui a mis en mouvement le
judiciaire et a obtenu la dissolution de quelques-
unes des principales ententes, en premier lieu
du *Standard Oil* et du *Tobacco Trust*. Ces
deux sociétés ont été obligées d'entrer en liquidation, et des mesures sévères ont été prises afin
qu'elles ne pussent ni directement ni indirecte-
ment reconstituer l'agrégat qu'elles formaient.
Le trust du tabac a été brisé en quatorze compagnies, dont les unes sont la reconstitution d'anciennes sociétés existant avant la formation du
trust et les autres de nouvelles créations, ordon-
nées par la Cour. Toutes les parties qui ont
comparu au procès ont reçu défense à perpétuité
de tenter aucune combinaison tendant à unir les
tronçons épars. Il est défendu aux diverses sociétés d'acquérir des titres des autres. Il leur est
interdit d'avoir des administrateurs communs,
des employés communs, de se prêter mutuellement de l'argent. Les vingt-neuf individus qui
étaient poursuivis ne pourront, pendant trois ans,
acquérir plus de titres des compagnies en cause
qu'ils n'en possèdent. Le président Taft voudrait
une législation fédérale sur les sociétés, qui, selon
lui, éviterait beaucoup des difficultés actuelles,

dues au fait que ce sont les Etats particuliers qui légifèrent sur la matière.

Il est difficile de prévoir quel sera le résultat final de cette campagne. En tout cas il est certain qu'elle a arrêté net le mouvement qui aurait pu fortifier encore les grandes organisations existantes et entraînait de plus en plus l'industrie dans la voie de la concentration. Celle-ci répond d'ailleurs bien à l'esprit des Américains qui manient ces marchés, qui fondent et dirigent les vastes entreprises dont les titres donnent lieu à tant de transactions, qui déploient la merveilleuse activité que nous voyons se manifester avec tant d'éclat.

Il n'est pas aisé pour nous de pénétrer dans l'âme américaine. Si beaucoup de jeunes Français savent l'anglais, le nombre de ceux qui se rendent aux États-Unis est encore limité. D'autre part, les Américains parlent rarement notre langue, ou n'en ont qu'une connaissance rudimentaire, qui ne facilite pas les échanges d'idées.

Ceux d'entre eux qui viennent séjourner parmi nous, cherchent à se délasser de leur rude labeur et ne nous donnent guère occasion de les voir à l'œuvre. Or c'est en plein travail qu'il faut les regarder, lorsque, munis de tous les instruments que la civilisation met à leur disposition pour simplifier et accélérer l'ouvrage, ils s'appliquent à la poursuite du but qu'ils se sont assigné. Ils témoignent alors d'une faculté de concentration, d'une acuité de vision extraordinaires, et l'on comprend les succès qu'ils obtiennent en devinant l'effort de pensée auquel ils se livrent pour embrasser tous les côtés du problème qu'ils cherchent à résoudre. La ténacité est un des traits de leur caractère, un de ceux auxquels ils doivent leurs étonnants succès. Aussi bien Edison dans la poursuite de ses découvertes que Morgan ou Rockefeller dans la recherche des moyens de développer et de consolider leur œuvre financière ou industrielle, ont déployé, au plus haut degré, cette qualité maîtresse.

On a parfois accusé les Américains d'être joueurs. Je ne crois pas que ce soit là le côté distinctif de leur mentalité. Ils sont audacieux, entreprenants ; ils ont surtout une puissance de conception remarquable, qui leur a permis de mettre sur pied et de mener à bonne fin des combinaisons dont la grandeur eût fait reculer la plupart des hommes d'affaires européens. La forme favorite sous laquelle l'Américain envisage la constitution d'un commerce ou d'une industrie est celle du *trust*, c'est-à-dire d'une vaste organisation, dans laquelle entrent, autant que possible, la totalité ou la majorité des entreprises similaires. Cette réunion dans une même main, sous une direction unique, des éléments de la production ou de la distribution, parfois des deux ensemble, d'une même nature d'objets, plaît à cet esprit organisateur. Il y voit le moyen de s'enrichir plus vite ; mais il n'ignore pas que de nos jours l'opinion publique se révolterait contre des prix excessifs imposés par un monopole de fait constitué en faveur d'une société ou d'un particulier : aussi s'efforce-t-il d'user de sa puissance pour améliorer les conditions de l'exploitation, de façon à abaisser le prix tout en se réservant une marge de bénéfice. Il se contente d'un écart d'autant plus faible entre le prix de revient et le prix de vente, que ses opérations portent sur des quantités plus considérables.

Il faut donc se garder de croire que les trusts aient pour conséquence inévitable un renchérissement de la vie. Si beaucoup d'entre eux usent de leur puissance pour élever les prix, c'est parce que les tarifs douaniers sont très élevés aux États-Unis : c'est là, beaucoup plus que dans l'organisation industrielle, qu'il faut chercher la cause d'un phénomène auquel le législateur voudrait remédier. C'est du reste une question qui est à l'ordre du jour à Washington en même temps que la première : des abaissements de droits d'importation ont déjà été décrétés et seront vraisemblablement suivis de plusieurs autres. Si l'élection de 1912 envoyait à la Maison Blanche un président démocrate, nous verrions s'accélérer encore le mouvement. Il ne nous paraît d'ailleurs pas de nature à porter atteinte à la prospérité du pays : celle-ci repose sur des bases trop solides pour redouter la concurrence étrangère.

Nous croyons au contraire que l'introduction d'un régime moins éloigné du libre-échange que le système actuel, ne ferait que développer les transactions internationales et stimuler l'activité créatrice des États-Unis.

Ceux-ci peuvent envisager l'avenir avec confiance : leurs marchés financiers changeront peut-être d'allure, connaîtront de moins en moins les sautes violentes par lesquelles ils ont passé à mainte reprise, mais deviendront de plus en plus solides. Ils feront une place grandissante aux valeurs à revenu fixe, répondant aux désirs de placement qui se répandront dans des couches de plus en plus profondes de la population. Depuis le commencement du XXᵉ siècle, on a déjà remarqué que les titres de certaines entreprises, jadis concentrés dans un petit nombre de mains, se dispersaient dans les mille canaux de la petite clientèle. L'esprit d'épargne, si puissant chez plusieurs nations européennes, s'infiltrera à son tour chez les travailleurs américains et modifiera peu à peu l'allure des marchés financiers. Mais jusqu'à ce que cette évolution soit accomplie, nous assisterons vraisemblablement à des péripéties, au cours desquelles il fera bon d'avoir présentes à l'esprit les leçons du passé, afin de bien juger les événements d'outre-Atlantique et d'agir en conséquence.

En tout cas, il est extrêmement intéressant pour nous de nous éclairer sur ce qui se passe à New-

York et d'apprendre à connaître cette place. Nos
capitalistes ont commencé à y placer des fonds :
mais ils l'ont fait timidement, incomplètement, et
surtout sans coordonner leurs efforts, sans chercher à s'assurer une influence légitime dans la
direction des affaires qu'ils ont commanditées. Ils
se sont d'abord servis du détour de Londres et ils
ont opéré leurs achats de valeurs américaines
par l'intermédiaire des courtiers et des banquiers
anglais, auxquels ils ont procuré ainsi des bénéfices considérables, dont l'économie eût aisément
pu être faite. Puis, lorsque des établissements
de crédit français se sont décidés à intervenir,
ils ont certainement fait un choix judicieux de
titres recommandables, mais ils les ont payés à
des prix représentant des taux de capitalisation
bien favorables pour les vendeurs, et très différents parfois de ceux qui étaient en vigueur pour
des valeurs similaires de l'autre côté de l'Océan.
Là comme ailleurs il faut que nos jeunes gens
aient le courage de s'expatrier pendant quelque
temps et d'aller se mêler à la direction des
sociétés dans lesquelles nous voulons prendre
une part. C'est ainsi qu'agissent les Américains
du Nord quand ils s'occupent de banques, d'industries, d'entreprises étrangères, par exemple
dans l'Amérique du Sud. Ils prennent en mains
la gestion ; ils installent leurs directeurs, leurs
fondés de pouvoirs, leurs employés, et font ainsi
prévaloir les idées et suivre les ordres de ceux qui

fournissent le capital et qui entendent être les maîtres. Imitons-les : chaque fois que nous souscrivons des titres d'une entreprise, exigeons un certain nombre de places d'administrateurs qui offrent à nos compatriotes des débouchés intéressants et qui nous garantissent la surveillance effective de nos capitaux. Nous avons une force financière qui rayonne dans le monde ; cherchons à l'utiliser de la façon la plus profitable à notre pays et à nous-mêmes. La première condition à remplir pour cela est de connaître d'une façon complète et exacte les marchés étrangers sur lesquels nous sommes appelés à opérer. Cette soirée consacrée aux États-Unis a marqué la première étape de la voie que nous nous sommes tracée pour cet hiver : nous avons le sentiment que notre programme répond à un véritable besoin ; nous avons la confiance que nos brillants conférenciers l'ont rempli à la satisfaction de leur auditoire et de la Société qui a eu la bonne fortune de s'assurer leur collaboration. (*Vifs applaudissements.*)

TABLE DES MATIÈRES

II. LES MARCHÉS FINANCIERS
DE PROVINCE

IV. LE MARCHÉ FINANCIER ALLEMAND

Allocution de M. Paul BEAUREGARD,

De l'Institut, Député de Paris, Professeur à la Faculté de droit de Paris
et à l'École des Sciences politiques.   239-240

Conférence de M. Gabriel DELAMOTTE,

Inspecteur des Finances, Chef du Service
de l'Inspection générale des Finances.

Le marché de l'argent et le marché des titres constituent
les aspects essentiels du marché financier.

Discours de M. Raphaël-Georges LÉVY,

Professeur à l'École libre des Sciences politiques.

Les caractéristiques du marché financier américain. — Les opérations à terme à la bourse de New-York. — Les valeurs négociées : les rentes fédérales et les trusts. —

TABLE DES MATIÈRES

ÉVREUX, IMPRIMERIE CH. HÉRISSEY, PAUL HÉRISSEY, SUCCᵗ

LIBRAIRIE FÉLIX ALCAN

ARNAUNÉ (Aug.), directeur de la Monnaie. **La monnaie, le crédit et le change.** 1 vol. in-8, 4ᵉ édition, revue et augmentée. . . . . 8 fr.

BAMBERGER. **Le métal argent au XIXᵉ siècle.** Traduction par M. Raphael-Georges Lévy. 1 vol. in-8º. . . . . 6 fr. 50

COURCELLE-SENEUIL, de l'Institut. **Traité théorique et pratique des opérations de banque.** 10ᵉ édition, revue et mise à jour par A. Liesse, professeur au Conservatoire des Arts et Métiers. 1 vol. in-8. . . . . 9 fr.

COURTOIS (A.). **Histoire des banques en France.** 1 vol. in-8, 2ᵉ édition. 8 fr. 50

EICHTHAL (Eugène d'), de l'Institut. **La formation des richesses et ses conditions sociales actuelles** *Notes d'économie politique.* 1 vol. in-8. . . . . . 7 fr. 50

GOSCHEN. **Théorie des changes étrangers.** Traduction et préface de M. Léon Say. *Quatrième édition française* suivie du *Rapport de 1875 sur le paiement de l'indemnité de guerre,* par le même. 1 vol. in-8 . . . . 7 fr. 50

GUILMARD (E.). **De la vente directe des valeurs de bourse sans intermédiaire.** 1 vol. grand in-8 . . . . 10 fr.

LEROY-BEAULIEU (P.), de l'Institut. **Traité de la science des finances.** 8ᵉ édition, revue, corrigée et augmentée. 2 forts vol. in-8 . . . . 25 fr.
— Essai sur la répartition des richesses *et sur la tendance à une moindre inégalité des conditions.* 3ᵉ édition, revue et corrigée. 1 vol. in-8 . . . . . 9 fr.

LEVASSEUR (E.), de l'Institut. **La question de l'or.** 1 vol. in-8. . . . . . . 6 fr.

LIESSE (André), professeur au Conservatoire National des Arts et Métiers et à l'École des Sciences politiques. **Portraits de financiers.** Ouvrard, Mollien, Gaudin, Baron-Louis, Corvetto, Laffitte, De Villèle. 1 vol. in-18. 3 fr. 50

MAURY (François). **Les valeurs françaises depuis dix ans.** *Leurs résultats, leurs garanties. Études statistiques.* 1 vol. in-8. . . . . 4 fr.

NEYMARCK (A.). **Finances contemporaines.** — Tome I. *Trente années financières 1872-1901.* 1 vol. in-8, 7 fr. 50. — Tome II. *Les Budgets 1872-190?.* 1 vol. in-8, 7 fr. 50. — Tome III. *Questions économiques et financières 1872-1904.* 1 vol. in-8, 10 fr. — Tomes IV-V. *L'obsession fiscale, propositions et projets relatifs aux impôts, depuis 1871 jusqu'à nos jours.* 2 vol. in-8, 15 fr. — Tomes VI-VII. *L'épargne française et les valeurs mobilières.* 2 vol. in-8. . . . . . . 15 fr.

NOUEL (R.), docteur en droit, avocat à la Cour d'Appel de Paris. **Les sociétés par actions.** *Leur réforme.* Préface de P. Baudin, sénateur. 1910. 1 vol. in-16. 3 fr. 50

RAFFALOVICH (A.). **Le marché financier.** France, Angleterre, Allemagne, Russie, Autriche, Japon, Suisse, Italie, Espagne, États-Unis, Turquie. Questions monétaires, métaux précieux. Années : 1891. 1 vol. 5 fr. ; 1892. 1 vol. 5 fr. ; 1893-1894. 1 vol. 6 fr. ; 1894-1895 à 1896-1897, chacune 1 vol. 7 fr. 50 ; 1897-1898 à 1901-1902, chacune 1 vol. 10 fr. ; 1902-1903 à 1909-1910, chacune 1 vol. . . . . . . 12 fr.

SHAW (W.-A.). **Histoire de la monnaie (1252-1894).** Traduit par M. Ar. Raffalovich. 1 vol. Prix, broché. . . . . 7 fr. 50

ENVOI FRANCO CONTRE MANDAT-POSTE.

830-12. — Coulommiers. Imp. Paul BRODARD. — 6-12.

www.ingramcontent.com/pod-product-compliance
Lightning Source LLC
Chambersburg PA
CBHW061120220326
41599CB00024B/4114